마흔 살,
불혹전략

마흔 살,
불혹전략

펴 낸 날 2018년 10월 12일

지 은 이 최문규
펴 낸 이 최지숙
편집주간 이기성
편집팀장 이윤숙
기획편집 최유윤, 이민선, 정은지
표지디자인 최유윤
책임마케팅 임용섭
펴 낸 곳 도서출판 생각나눔
출판등록 제 2008-000008호
주   소 서울 마포구 동교로 18길 41, 한경빌딩 2층
전   화 02-325-5100
팩   스 02-325-5101
홈페이지 www.생각나눔.kr
이 메 일 bookmain@think-book.com

• 책값은 표지 뒷면에 표기되어 있습니다.
ISBN 978-89-6489-897-0 (03190)

• 이 도서의 국립중앙도서관 출판 시 도서목록(CIP)은 서지정보유통지원시스템 홈페이지
(http://seoji.nl.go.kr)와 국가자료공동목록시스템(http://www.nl.go.kr/kolisnet)에서
이용하실 수 있습니다(CIP제어번호: CIP2018030755).

마흔 살,
불혹전략

군인이 말하는 삶의 전술

대한민국 축구대표팀 감독이 전술을 구사하듯
나는 내 인생의 감독으로서, 인생의 전반전이 끝나가는 시점에서
'마흔 살, 불혹전략'을 꺼내 들었다.

2018년 러시아 월드컵, 대한민국은 세계 최강 독일에 승리하였음에도 불구하고 아쉽게도 예선전에서 1승 2패의 성적으로 16강 진출에 실패하였다. 메시가 이끄는 아르헨티나, 호날두로 대표되는 포르투갈도 8강의 문턱을 넘지 못하고 우승의 꿈을 조기에 접어야만 했다. 이를 통해 증명된 것은 특정 몇 명의 선수의 개인기에 의해 승리를 달성하기는 어렵다는 것이다. 팀의 승패를 결정하는 것은 개인기가 아닌 팀의 전술이다. 손흥민, 메시 그리고 호날두 선수의 개인기는 팀 전술이 제대로 작동된다는 전제 하에서만 빛을 발할 수 있는 것이다. 전문가들은 이번 러시아 월드컵을 통해 모든 선수의 수비, 일대일 능력의 중요성, 역습보다는 점유율 축구 등을 전술의 트렌드로 짚었다. 또한, 이영표 해설위원은 선수를 뛰게 하는 감독의 리더십의 중요성을 언급하면서 "축구를 하다 보면 네 공도 내 공도 아닌 상태로 떨어지는 게 한 경기에 평균 40~50번이 된다. 그 공을 내가 가져가게 만드는 것은 감독의 리더십이다."라고 말했다. 그렇다, 축구경기에서의 승리는 결국 리더십을 발휘하는 감독이 구사하는 전술로 결정된다고 할 수 있다.

그렇다면 우리의 인생은 어떠한가? 인생은 축구 경기에 비유할 수 있다. 내가 인생의 감독이고 나는 내가 수립한 전술을 통해서 인생을 살아가는 것이다. 내가 어떤 전술을 구사하고 어떻게 이를 실행에 옮기느냐에 따라 인생의 성공과 실패는 판가름 날 수 있는 것이다.

유치원, 초등학교에 다닐 때부터 나는 늘 장래의 꿈이 무엇이냐는 질문을 받아왔다. 나는 진지하게 또는 막연하게 그 질문에 답을 해야 했다. 적어도 일 년에 한 번씩 실시한 장래희망에 대한 답 달기는 인생의 방향키와 같은 역할을 했다. 해마다 나는 그 질문에 대한 답을 달면서 진로에 대해 고민을 했고 그 고민은 오늘날의 나를 만드는 데 적지 않은 역할을 했기 때문이다. 마흔, 불혹의 나이가 되고 나서 바뀐 것 중의 하나는 사람들은 이제는 나에게 장래의 꿈을 물어보지 않는다는 점이다. 마흔이 되면 직업을 바꾸기가 어렵기 때문이기도 하겠지만, 무엇이 되느냐보다 '어떻게 사느냐?'가 더욱 중요한 나이가 되었기 때문이라는 생각이 든다. 그런데 '어떻게 사느냐?'에 대한 해답은 쉽게 찾기 어렵다.

간과하지 말아야 할 사실은 직업을 선택하는 것도, 어떻게 살 것인지를 결정하는 것도 나 자신이라는 것이다. 그렇다, 나는 내 인생을 디자인하는 감독으로서 어떻게 살 것인가에 대한 해답을 찾아야 한다. 대한민국 축구 대표팀의 감독이 그러하듯이 나 역시 내 인생의 감독이라는 절대 쉽지 않은 책임자로서의 역할을 해야 한다.

그렇다면 나는 내 인생의 책임자라는 소명을 부여받고 인생을 살아가는 데 있어 필요한 전술, 그중에서도 어떻게 살아야 할 것인가에 대한 전술을 수립하고 구사해 나가야 한다.

어떻게 살 것인가에 대한 전술은 대한민국 축구대표팀 감독이 구사하는 전술의 역할과도 같다. 어떤 전술을 펼치느냐에 따라 승패가 결정된다. 또한, 그 전술은 한 번 정해져 있다고 해서 매번 동일하게 적용하기는 어려우며, 경기가 진행되는 과정에서 상황에 따라 그때그때 변화가 필요하다.

인생을 축구경기 90분에 비유한다면 40대의 '마흔 살, 불혹전략'은 전반전을 마무리하면서 후반전을 시작하기에 앞서 펼치는 전술이다. 다행스럽게도 아직 절반 이상이 남아 있다. 전반전이 계획대로 잘 진행되었다면 기존 전술을 유지할 것이요, 의도대로 잘 진행되지 않았다면 새로운 전술을 꺼내 들어야 한다. 전반전 종료를 알리는 호루라기가 울린 후 선수들과 라커룸에 모여 전의를 새롭게 다지고 격려 또한 아끼지 말아야 한다. 그동안 준비해왔던 비장의 조커를 꺼내 들 시기 역시 판단해야 한다.

인생의 절반을 마치고 인생 2막을 시작하는 시점에서 나는 후반전에 펼칠 전술을 묶어 책으로 완성했다. 『마흔 살, 불혹전략』은 불혹의 나이 마흔이 되기까지의 지난날을 뒤돌아보고 앞으로의 인생을 어떻게 살아갈 것인지를 정리한 책이다. 엄밀히 말하자면 이 책은 인생의 후반전을 새롭게 시작할 나를 위해 쓰인 책이다. 나는 이 책을 항시 옆에 끼고 후반전을 시작할 것이다. 축구경기의 50분, 60분, 70분 그리고 80분이 경과할 때마다 감독이 상황에 맞는 새로운 전술을 구사하듯 나 역시 50세, 60세, 70세 그리고 80세에 지천명(知天命), 이순(耳順), 종심(從心)전술을 준비할 것이다.

감독의 목표는 승리다. 설령 경기에서 승리하지 못하더라도 나는 감독으로서 후회 없는 경기를 하고 싶다. 후반전 종료를 알리는 호루라기가 울리면 나는 그라운드에 선수들과 같이 주저앉으리라. 한 발짝도 내디딜 수 없을 정도로 온 힘을 불살랐기 때문이다. 이기고 지는 건 그다음 문제다. 거친 숨소리, 부스러질 듯한 육체를 뒤로하고 '나는 정말 후회 없이 최선을 다했다, 네 공도 내 공도 아닌 40~50번의 공을 내가 처리하기 위해 이를 악물고 뛰었다.'라고 스스로에게 말할 수 있다면 그것으로 충분하다. '마흔 살, 불혹전략'은 인생의 후반전을 뛰기 위해 진정한 나를 재발견하고, 나와 내 주변의 모든 사람과 상황에 지적으로 적극적으로 다가가는 투혼을 발휘하는 것이다. 그래서 유혹에 흔들림이 없이 '행복한 삶'이라는 삶의 의미를 찾아가는 것이다. 그것이 곧 40대 인생을 어떻게 살아갈 것인가에 대한 해답이자 전술인 것이다.

이제 유혹에 흔들리지 말아야 할 마흔 나이의 독자 여러분들과 '마흔 살, 불혹전략'으로 인생의 후반전을 힘차게 시작하려 한다.

2018.07.01 강원도에서
최문규

목차

제 2 장

나이 마흔을 '불혹'의 나이로 만든 것들
- 해온 일

제 3 장

'불혹'의 유지를 위하여 필요한 것들

— 해야 할 일

제 4 장

한 단계 높은 '불혹'을 위하여

— 하면 좋은 일

제5장

'불혹'을 지탱하는 다섯 개의 기둥

— 인생 필수 요소 준비

제 6 장

세상과 마주하는 '불혹'

– 현실문제 적용

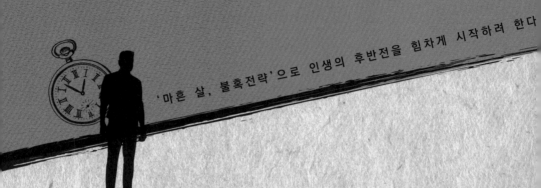

'마흔 살, 불혹전략'으로 인생의 후반전을 힘차게 시작하려 한다

제 1 장

'불혹'에 갖게 된 신념들

나는 누구인가?

"이런 식으로 공부하면 올 대학입시에서도 또 떨어질 수 있다. 학교 다닐 때 반장도 여러 번 하고 리더십도 있으니 육군사관학교에 응시를 해보는 게 어떻겠니?"

"육사가 뭐 하는 곳이죠?"

"군인, 그중에서도 장교가 될 수 있는 좋은 엘리트 과정이란다."

고등학교 때 나름 공부를 한다는 소리도 들었지만, 대학교 입시에서 고배를 마셨다. 무엇을 해야 할지 잘 몰랐다. 대학입시에서 떨어지는 사람들이 대체로 그러했듯 재수과정에 돌입했다. 지금 와서 생각해보면 재수를 할 것인지 말 것인지 결정도 내가 했어야 했다. 그 당시에는 그런 결정권이 내게 있다는 의식 자체도 못했다. 재수는 당연히 하는 것이었고 재수 학원에 등록했다. 2월부터 집에서 한 시간 가량 소요되는 곳에 있는 노량진 학원을 다녔다. 아침 7시에 통원버스를 타고 8시에 도착하였다. 8시부터 밤 9시까지 공부하고 집에 밤 10시 어간 도착하였다. 어느 대학을 갈지

뚜렷이 정해진 것은 없었다. 학교를 정하고 공부를 하는 것이 아니었다. 공부를 하고 성적이 나오는 대로 학교를 정하는 것이었다. 그렇게 5개월 동안 뒤늦은 모범생이 되어 열심히 공부했다. 7월 여름이 다가오자 나에게도 슬럼프가 찾아왔다. 재수생에게 있어 모의고사 성적이 오르지 않는 것은 커다란 상처이자 두려움이다. 또다시 입시에서 떨어질지 모른다는 불안감이 엄습했다. 잘 다니던 학원을 포기하고 친한 친구와 고시원에 들어갔다. 창문 하나 없는 고시원은 정오까지 잠을 자도 아무도 깨우는 사람이 없었다. 해가 중천에 떴는데도 알 수가 없었다. 초조하고 불안한 마음에 육군사관학교(이하 '육사')에 지원했다. 불안하고 막연한 현실을 벗어나고자 나는 잘 알지도 못하는 군인의 길을 선택했다. 그렇게 군복을 입고 17년을 앞만 보고 달렸다. 때로는 고비도 있었지만, 진급이라는 영광도 안았다. 그러던 중 인생의 터닝 포인트를 맞게 되었으며 '나는 과연 누구인가?'라는 쉽고도 어려운 질문을 던지게 되었다.

'나는 누구인가?'라는 질문은 그 범주를 스스로 국한하지 않으면 답을 내기가 어렵다. 여러 가지를 고민한 끝에 '나는 누구인가?'라는 질문은 다시 '나는 무엇을 할 수 있는가?', '나는 무엇을 해야 하는가?', '나는 무엇을 잘할 수 있는가?'라는 세 개의 질문으로 다시 나눌 필요가 있다는 판단을 했다. 그중에서도 마지막 질문 '나는 무엇을 잘할 수 있는가?'라는 질문에 대하여 답을 얻는 것이 가장 현실에 필요하면서도 중요하다는 생각을 했다.

나는 두 명의 딸을 키우고 있다. 남들도 그런 경험을 하겠지만 첫째 아이는 중국어에 상당한 소질이 있다고 생각했다. 중국어를 하는 것을 보면 중국인 같았다. 억양도 그렇고 잘은 모르겠지만 잘만하면 중국어 통역사 정도는 당연히 할 수 있을 것 같았다. 그런데 나이가 들어갈수록 잘 모르겠다. 남들도 다들 그만큼 하는 것 같기도 하였다. 특별히 남들보다 잘하는 줄은 모르겠다. 그만큼 어떤 사람이 무엇을 잘하는지 파악하기는 어렵다. 나 자신에 대한 파악은 더욱 어렵다. 내가 무엇을 잘하는지, 남들보다 어떤 분야에서 특별한 재능을 갖고 있는지 알기는 매우 어렵다. 내가 피아노, 국악 신동처럼 정말 천재적인 재능을 가지고 있지 않은 한 내가 무엇을 잘하는지 파악하기는 매우 어렵다. 이것은 사람이 자신의 내면을 직면하려 하지 않기 때문이기도 하다.[1] '내가 무엇을 잘하는지'가 답하기 어려운 질문이라면, 질문을 조금 바꿔서 '내가 무엇을 좋아하는지'는 조금 답을 쉽게 찾을 수 있다.

---

1 사이토 다카시 지음, 위즈덤하우스, 2015년, 『혼자 있는 시간의 힘』, 64쪽

산신령님이 찾아준 '눈에 독기'

육사에 입학하여 1학년이 되기 위해서는 5주간의 기초군사훈련 과정이 있다. 민간인에서 생도가 되기 위한 일련의 과정이다. 매일 아침 저녁 달리기 그리고 잘못한 것에 대한 얼차려가 나의 체력적 한계를 점검하고도 남음이었다. 재수하는 과정에서 어렵게 육사에 합격한 나는 육사 입학에 대한 별다른 준비 없이 다소 방탕한 시간을 보냈었다. 육사 입학 직전까지 술과 늦잠 등 나태한 생활로 체력은 거의 바닥이었다. 그래서 기초군사훈련 과정은 배까지 많이 나온 나에게는 정말 힘든 과정이었고 시간은 정신 없이 흘러갔다. 동료들은 내가 중간에 포기하지 않을까 걱정을 많이 하는 눈치였다. 특히, 나를 지도하는 어떤 분대장 생도님이 계셨는데 뜀걸음과 얼차려에 정신이 없는 피교육생들을 보면 항시 "눈에 독기!"라고 외치면서 정신을 바짝 차릴 것을 아침, 저녁 하루에도 여러 번 외치고 또 외쳤었다. 그렇게 기초군사훈련도 시간이 흘러 3주차가 되었고, 쉬는 시간에 자기소개 및 간단한 장기자랑을 하는 시간이 왔고 나의 순서가 도래하였다.

이렇다 할 장기가 없었던 나는 다음과 같은 이야기를 즉흥적으로 지어서 소대원들 앞에서 하게 되었다.

"옛날에 산신령과 나무꾼이 있었습니다. 나무꾼은 나무를 베다가 연못에 그만 도끼를 연못에 빠뜨리고 망연자실하고 있었습니다. 이때 갑자기 산신령님이 나타나서 나무꾼에게 말했습니다.

'이 금도끼가 네 도끼냐?' '아닙니다.'

'그러면 이 은도끼가 네 도끼냐?' '아닙니다.'

'그렇다면 네 도끼는 도대체 무슨 도끼냐?'

눈에 독기!, 이것이 제 도끼입니다."

나는 아직도 잊을 수 없다. 마지막 말을 하고 나서 흘렀던 잠시간의 그 정적, 분대장 생도, 동료들은 잠시 웃지도 숙연해 하지도 못하고 멍하니 나를 쳐다봤고, 몇 초가 지난 후에야 비로소 탄성과 웃음이 가득했다. 이해와 공감을 하는 데 다소 시간이 걸렸으리라. 나는 자리로 돌아오면서 왠지 모를 후련함이 있었다. 내가 비록 힘들게 훈련을 받고 있지만 '나란 사람은 이런 사람이다.'라는 것을 알린 것 같은 만족감이 있었다. 어쨌든 그 이후로 분대장 생도님들과 동료들이 나를 바라보는 눈빛은 달라졌다. 내가 기초군사훈련을 포기하고 그만둘 것이라는 소문이 더는 돌지 않았다. 그리고 그들은 나를 "눈에 도끼"라고 호칭했다.

나이 마흔이 넘은 지금 나는 자신과 솔직한 대화를 나누어 보았다. 나는 무엇을 잘할 수 있는가? 무엇을 좋아하는가? 스스로 묻고 종이에 답을 써 봤다. '글을 쓰는 것, 남들 앞에서 말하는 것, 좋은 자동차를 보고 타보는 것, 골프나 테니스를 치는 것, 영화 보는 것.' 이런 것이 내가 좋아하는 것이다. 이런 활동을 하면 나는 정말 가슴이 설렐 것 같다. 그렇다면 나는 무엇을 할 것인가, 나는 무엇을 가장 하고 싶은가 이런 고민 끝에 책을 쓰기로 결심하였다. 책 쓰기를 통하여 나 자신을 뒤돌아보면서 나를 세상에 돋보이게 하고 싶다. 내가 하고 싶은 말을 책이라는 메시지로 세상에 던질 것이고, 정치적인 목적으로서 '세상을 더 좋게 바꾸는 문제에 대한 사람들의 생각에 영향을 주려는 의도'를 실천하며 책 쓰기를 평생의 업으로 하기로 결심하였다.[2]

'나는 누구인가'라는 철학적 질문을 '나는 무엇을 좋아하는가'라고 단순화시킨 것은 내 나름대로의 삶의 철학이다. 나는 무엇을 좋아하는가에 대한 정답을 내기까지 40여 년이 흐른 것을 봤을 때 이 또한 결코 쉬운 질문은 아니었다. 세상에 하고 싶은 얘기를 글로 쓰자. 나의 얘기를 세상이 받아들일 것인가까지 생각하는 것은 다음 문제고 거기까지 고민하고 싶지도 않다. 세상을 살면서 당면하는 많은 문제점에 대하여 나름대로의 해답과 미래의 방향을 제시하는 것, 이것이 내가 진정 좋아하는 일이다. 그것을 잘할 수 있을지는 세상이 평가하겠지만, 설령 세상이 나의 글을 혹평 또는 폄훼하는 상황이 오더라도 적어도 '나는 누구인가'라는 질문에 대한 대답은 찾을 수 있을 것 같다.

---

2 유시민 지음, 생각의 길, 2016년, 『표현의 기술』, 18~20쪽

터닝 포인트

2018년 3월 7일 한 통의 전화를 받았다.

"최문규 중령의 보직 해임이 결정되었다. 조만간 타부대로 분류될 것이다. 해임통보서를 받을 준비를 하고 있기 바란다."

어느 정도 예상은 하고 있었으나 설마 하는 생각이 들기도 하였던 것이 사실이다. 사단에서 대대로 복귀하는 차 안에서 전화를 받았는데 부대로 복귀할 엄두가 나지 않았다. 운전병에게 얘기해서 1호차를 관사로 돌렸다. 집에서 나만큼이나 결과를 기다리고 있었을 아내에게 결과를 통보하고 흔들리는 마음의 안정을 찾기 위해서였다.

"자기야 미안해, 보직 해임으로 결정이 난 것 같아."

"괜찮아. 잘 되었지 뭐, 새롭게 출발하자."

아내는 애써 차분히 나를 위로해 주었다.

"어떻게 하지?, 아이들은? 이사도 해야 할 것 같은데…."

"하나씩 풀어나가자, 일단 부대 들어가서 짐 정리하고 와."

동갑내기 아내는 17년 결혼 생활 내내 늘 그러했던 것처럼 차분하게 상황을 바라보고 긍정적으로 받아들였다. 그렇게 나는 용기와 위안을 받고 부대로 들어가 짐 정리를 하였다.

인생을 살다 보면 누구나 터닝 포인트를 갖게 된다. 삶이 화살표의 일직선처럼 곧게 앞으로 뻗기만 한다면 더할 나위 없이 좋으련만 그러한 인생은 거의 없다. 터닝 포인트는 반드시 결정을 수반한다. 터닝 포인트에서는 내가 선택할 수 있는 몇 가지 옵션이 있다. 최선의 옵션, 차선책 등 레벨을 매길 수 있는 옵션이 있을 수 있고 A, B와 같이 레벨 없이 다양한 대안 중에서 하나를 선택하게 되기도 한다.

인생의 터닝 포인트는 언제 오는가? 나와 같이 보직 해임이 되거나 사퇴, 은퇴 등 다소 극단적인 상황으로 인하여 터닝 포인트를 맞을 수도 있다. 우연히 공용 화장실에서 소변을 보기 위해 서 있다가 눈앞에 써 있는 명언을 보게 되는 순간 터닝 포인트를 맞이하기도 한다. 그러나 보직 해임과 같은 극단적 상황이나, 화장실의 문구가 우리 앞에 늘 존재한다고 해서 터닝 포인트를 맞게 되는 것은 아니다. 나 스스로 내가 살고 있는 삶의 방식이나 추구하는 방향이 '이것은 아닌데'하는 생각이 들 때, 적어도 이러한 고민을 진지하게 머릿속에 하고 있을 때 터닝 포인트를 맞게 된다. 좀 더 정확히 설명하자면 어떠한 것을 고민하고 있을 때 보직 해임과 같은 극단적 상황이나, 화장실의 문구와 같은 격언이 눈앞에 들어와서 깨달음을 얻는 순간이 동시에 머릿속에서 맞닿는 순간 인생의 터닝 포인트는 찾아오게 된다.

그렇다면 인생의 터닝 포인트를 맞이하는 데 있어서 출발점인 삶의 고민은 언제 하게 되는가? 자신이 속한 집단이나 직장의 가치관과 나의 가치관, 재능과 열정이 일치될 때 나의 삶은 행복하다. 그러나 이중 하나라도 서로 어긋난다면 나는 행복하지 않고 삶에 대해서 고민하게 된다. 직장의 가치관과 나의 가치관이 다를 경우, 나의 재능과 열정의 방향이 다를 경우 우리는 고민을 하게 된다.[3]

육군이 추구하는 5대 가치관은 '충성, 용기, 책임, 존중, 창의'다. 가치관은 인간이 자기를 포함한 세계나 그 소속의 사상(事象)에 대하여 가지는 평가의 근본적 태도이다. 쉽게 말해서 육군이 가장 중요시하는 것이 육군의 가치관이라는 것이다. 그렇다면 나는 육군으로서 육군이 추구하는 5대 가치관을 인생에서 가장 중요하게 생각하는지를 스스로에게 물어본다. 내가 살면서 가장 중요하게 생각하는 것은 무엇인가? 곰곰이 생각해 내린 결론은 변혁, 창조, 혁신, 명예, 즐거움, 행복과 같은 것이었다. 육군의 5대 가치관과 상당 부분 일치하지 않는다. 여기서 삶에 대한 고민이 시작되었다. 그렇다면 인생의 후반전에서 나는 나의 가치관에 좀 더 부합하는 일에 적극적으로 나설 필요가 있다. 육군과 나의 가치관이 일치하는 영역에 집중한다면 삶이 좀 더 의미가 있을 것이라는 생각이 들었다.

나는 군 생활을 17여 년 해오면서 적어도 남들보다 뒤지지 않을 만큼 열심히는 한 것 같다. 객관적으로 열심히 한 것에 대한 평가도 받았다고 생각한다. 이쯤에서 나 스스로에게 물어본다. 내가 열심히 한 분야에 대하여 나는 재능을 가지고 있는가? 여기에 대해서는 솔직히 '그렇다'라고 선

---

3 유시민 지음, 『어떻게 살 것인가』, 생각의 길, 2013, 167~175쪽

뜻 말하기가 어렵다. 내가 열심히 열정을 갖고 한 것과 재능이 있다는 것은 엄연히 다르다. 흔히들 열정을 갖고 일하는 사람을 보면 그 분야에 재능이 있어 보인다. 그러나 열정을 갖고 있다 해서 그 분야에 반드시 재능이 있는 것은 아니다. 여기서 다시 한 번 인생의 방향을 고민하게 된다.

나는 몇 년 전부터 '과연 인생이란 무엇인가, 내가 하고 있는 일에 나는 과연 만족하고 있는가? 이렇게 군 생활이 끝나는 10여년 후에는 과연 나는 무엇을 해야 하는가?'라는 질문을 해왔다. 이러한 찰나에 대대장 보직 해임이라는 삶의 한 단락을 맞게 되었고 이는 내 인생의 터닝 포인트가 되었다. 터닝 포인트는 아이러니하게도 외부적인 힘에 의해 만들어지는 것보다는 나 스스로가 만드는 경우가 대부분이다. 고민을 해오고 있을 때 어떤 순간의 계기로 인해 깨달음을 얻게 되고 그 깨달음을 행동으로 실행할 때 그것은 삶의 전환점, 인생의 터닝 포인트가 된다.

흔히들 나이 40을 불혹이라고 한다. 유혹에 흔들리지 않는 나이라는 것이다. 그런데 나는 궁금했다. 나이 마흔이 되면 저절로 유혹에 흔들리지 않게 된다는 것인지, 아니면 유혹에 흔들리지 말아야 한다는 것인지 말이다. 나이 마흔을 넘기고 몇 해가 지난 이즈음 나는 정확하게 그 대답을 얻었다. 나이 마흔을 넘긴다고 해서 유혹이 저절로 물러나는 것은 아니며, 유혹에 흔들리지 말아야 한다는 것이다. 유혹에 흔들리면 나잇값을 못하는 것이다. 터닝 포인트 역시 저절로 찾아 온다기보다는 내가 터닝 포인트를 만드는 것이 맞다.

군 생활의 의미에 대한 반문과 대대장 보직 해임이라는 상황에 직면했을 때 나는 몇 권의 책을 읽었다. 주로 운명, 인생을 어떻게 살 것인가와 관련된 내용을 찾아봤다. 어떻게 살 것인가라는 물음에 대하여 나는 이런 결정을 내렸다. '내가 오늘 하고 있는 일이 비록 어렵고 나와 잘 안 맞는 일이라고 생각하면서 훗날 좋은 날이 올 것이라는 막연한 기대감과 보상 심리로 인생을 살지 말자.' 하루하루 하고 있는 일이 정말 자신에게 소중하고 나의 심장을 두근거리게 할 수 있는 일을 찾자. 그렇다고 해서 직업 자체를 바꿀 필요까지는 없다. 군인이라는 직업을 하면서도 충분히 나 자신에게 심장이 두근거리는 과업을 찾을 수가 있을 것이라는 결론을 내렸다. 그리고 나에게 맞는 그 과업은 글쓰기였다. 지금 내가 쓰고 있는 글, 이 글을 통해 내가 세상에 하고 싶은 말을 남기는 것. 그리고 기회가 되면 나의 글을 읽어줄 독자와 강연 시 청중에게 나의 작은 지혜와 삶의 활력소를 부여해 주는 것, 잠시나마 삶의 방황과 좌절에서 쓰디쓴 경험을 하고 있을 젊은 사람들에게 올바른 방향을 제시하여 주는 것, 이것이 내가 찾은 나의 인생의 가치관이었다.

군 관련 책을 쓰자. 책을 쓰면서 훗날이 아닌 매일매일을 행복하게 가슴 떨리는 기쁨으로 살아보자. 책을 통해 내가 군과 세상에 말하고 싶은 메시지를 던지자. 그리고 나의 여력이 있는 그 순간까지 이 일을 계속하고 아름답고 의미 있게 삶을 정리하자. 이것이 나이 마흔에 찾아온 인생의 터닝 포인트에서 내가 내린 결정이고 나는 이렇게 방향을 잡았다. 그 방향의 결정이 과연 옳은 것이었던가는 수년이 지나고 판가름 나겠지만 내가 내린 결정이 후회되지 않도록 최선을 다하고 싶다.

생각 ↔ 행동 ↔ 글

누가 먼저라고 할 것도 없이

마라톤에 관심이 많은 선배가 한 이야기가 있다. 마라톤 대회에 참석하기 위해 최초 희망자를 모으니 45명이 손을 들었다. 첫날 연습에서 2km를 달리니 회원이 5명이 줄었다. 다음날은 3km를 달리니 또다시 10명의 회원이 줄었다. 다음 주부터는 5km를 연습하겠다고 미리 공고하였으나 회원이 또다시 10명으로 줄었다. 중간에 포기한 회원들에게 이유를 물어보니 "제가 그만큼을 달릴 자신이 없다."는 이유가 대부분이었다. 연습코스가 10km를 넘으니 그때부터 상황이 달라졌다. 더는 포기자가 나오지 않았다. 그들은 한결같이 "달려보니 더 달릴 수 있을 것 같다."라는 얘기를 하였다.

더는 달릴 수 없을 것이라는 생각이 연습에 참가하지 않는 행동을 낳았고, 반대로 10km 이상을 달리는 행동을 해 보니 더 뛸 수 있겠다는 생각을 낳은 사례이다.

흔히들 생각이 바뀌면 행동이 바뀐다고 한다. "생각을 심으면 행동을 낳고, 행동을 심으면 습관을 낳고, 습관을 심으면 성격을 낳고, 성격을 심으면 운명을 낳는다." "생각하는 대로 살지 않으면, 사는 대로 생각하게 된다."라는 말을 하는 것과 같다.

결론적으로 생각과 행동은 서로를 지배하는 양방향성을 가지고 있다. 생각이 행동을 변화시킬 수도 있고, 행동이 생각을 변화시킬 수도 있다. 대대장을 하면서 매주 부대원들과 흥국사라는 절을 다닌 적이 있다. 부대의 안정과 부대원의 건강을 기원하겠다는 지휘관으로서의 간절한 열망은 종교행사를 반드시 해야겠다는 생각을 낳았고 이는 나를 매주 흥국사로 인도하였다. 흥국사에 가서는 대웅전에서 부처님께 인사를 드리고 108배를 하였다. 절을 108번 해야 하는 절대 간단하고 쉽지 않은 행동이었다. 여름이나 몸의 컨디션이 좋지 않은 날도 있기 마련이었다. 이때는 절에 가기가 싫었다. 절에 도착하여도 막상 108배를 할 엄두조차 나지 않았다. 그러나 그러한 때에도 천근만근처럼 느껴지는 몸을 이끌고 아무 생각 없이 무의식적으로 절을 하기 시작했다. 50회쯤 절을 하고 나니 문득 생각이 들었다. 내가 지금 무엇을 하고 있는지, 왜 여기 왔는지 하는 생각이 들었다. 그때부터 다시 절을 하는 의미를 곱씹어보며 좀 더 경건히 절을 하였다. 나의 생각이 행동을 지배했고, 다시 행동이 나의 생각을 지배한 경우를 이처럼 스스로 깨닫는 때도 종종 있다.

생각과 행동이 이렇게 상호 보완적이고 서로를 지배할 때, 생각과 행동의 유기적 과정을 좀 더 섬세하게 가다듬고 정리하는 것은 글이다. 생각은 행동으로 이어지는데 행동을 하기 전에 생각을 글로 정리한다면 생각을 좀 더 완벽하게 구체적으로 가다듬을 수 있다. 글로 정리된 생각이 행동으로 이어진다는 것이다. 정리된 글로 정제된 생각은 다시 정리된 행동으로 나타나게 된다. 따라서 평상시 나의 생각을 글로 정리한다면 글로 표현된 생각이 행동으로 나타날 수 있다. 내가 하는 많은 생각 중에는 잘된 생각도 있고 판단이 잘못된 생각도 있을 수 있다. 이러한 생각을 글로 옮기는 과정에서 한 번 더 생각을 정리하면서 개념을 가다듬을 수 있다. 생각을 잘 정리한 글은 신념이 될 수 있고 이러한 신념은 나의 일관되고 가치관이 형성된 상태에서의 행동을 낳는다. 따라서 평상시 생각을 글로 정리해 보는 것은 매우 중요하다. 흔히들 일기를 매일 쓰는 것이 좋다고 한다. 자기 자신이 하루에 있었던 일 중에서 인상 깊었던 장면을 일기의 소재로 잡는다. 인상 깊었던 장면은 곧 나의 생각이다. 이 생각을 글로 적는다. 생각을 글로 적다 보니 잘한 것도 있었고, 아쉬운 것도 있다. 일기를 쓰면서 그때를 되짚어 보고, 반성도 한다. 그러면서 나의 생각을 정리한다. 일기로 쓴 정리된 생각은 다음 날 어쩌면 훗날 가까운 미래에 발생하게 되는 나의 행동에 영향을 미친다. 일기는 정리된 생각과 행동을 연결하는 대표적인 매개체가 되는 것이다.

사람의 모든 일상과 인생, 좀 더 깊이 얘기하자면 인류의 역사는 인류의 생각과 행동 그리고 글에 의해서 이루어졌다고 할 수 있다. 생각과 행동 그리고 글은 무엇이 먼저라고 얘기하기 어렵다. 이 세 가지 요소는 서로 유기적이며 상호 보완적이고 서로에게 영향을 미친다. 누가 먼저라고 할 수도 없다. 생각을 바꿔 행동을 바꿀 수도 있지만 먼저 행동을 바꾸는 과정을 통해서 생각을 바꿀 수도 있다. 그리고 글은 이러한 생각과 행동의 연계과정에서 생각과 행동을 다듬는 역할을 한다. 삶과 인생의 의미를 알고 멋진 인생을 살기 위해서는 이러한 생각과 행동 그리고 글의 마법과 같은 메카니즘을 좀 더 잘 이해할 필요가 있다.

책을 쓰면서 증명된 것들

　내가 펜을 잡고 있는 이 책은 분류하자면 자기계발서이다. 40이라는 불혹을 맞이하여 그동안의 경험을 바탕으로 앞으로의 인생을 어떻게 살 것인가를 제시한다. 이 책은 그동안 내가 읽었던 자기계발서와 나의 삶이 합쳐졌으며 그를 통해 내가 느끼고 생각한 위주로 정리되어 있다. 초안으로 50여 개의 챕터를 작성한 것은 이를테면 50여 가지의 살아가는 방법이다. 평상시에 내가 느꼈던 생각들을 다시 한 번 논리적으로 독자의 입장에서 곰곰이 정리하는 시간을 갖게 되었다. 이 책은 독자를 위한 것이지만, 사실은 나를 위한 책이 되고 있다. 내가 그동안 살면서 생각해 왔던 것을 글로 정리한다는 것 자체에서 많은 성과가 있었다. 막연하게 또는 머릿속으로만 혹은 간단한 메모로만 착상을 적어놓았던 것을 글로 정리하는 과정을 거치고 있다. 글로 정리하는 과정을 통해 그동안의 영글지 못한 생각들이 점차 정리되고 있다. 일종의 나만의 삶의 이론이 되어 가는 것이다. 소크라테스가 "너 자신을 알라."고 하였듯이 '너 자신이 알고 있는 답대로 행하라'는 행동명령을 지어내었다. 나의 생각이 어찌 소크라테스의 발밑이라도 따라갈 수 있겠느냐마는 적어도 내가 만든 행동명령은 나에게는 도움이 되고 필요한 것이다. 나는 글로 정리한 생각을 행동으로 실천해 보고 현실과 맞지 않는 것은 수정한다. 책의 글을 수정하는 과정에서 내 생각까지도 바뀌게 된다. '아 그게 아니었구나, 그렇게만 해서는 안 되는구나.' 하는 생각을 하게 되는 것이다. 생각과 행동 그리고 글은 서로 유기적이며 무엇이 먼저라 할 것도 없이 서로에게 영향을 미친다. 생각과 행동 그리고 글은 궁극적으로 서로를 지배하기 때문에 셋 중에서 하나를 바꾸면 나머지 둘은 자연스럽게 바뀌게 되어 있다. 책을 쓰면서 이 유기적인 과정의 마법을 다시 한 번 체험한다. 책을 쓰는 과정은 일기를 쓰는 것보다 한 수준 높은 과정이고 생각과 행동 그리고 글을 연계하는 훌륭한 매개체이다.

나(我) 브랜드

('글(文)로써 사회를 변화(革)시키다') 文革

브랜드는 중요하다. 중학교 2학년 큰딸에게는 브랜드는 중요하지 않다. 인터넷에서 또는 마트에서, 시장에서 자기가 원하는 옷을 고른다. 상표는 잘 보지 않는다. 좀 더 정확하게 표현하자면 아직 큰딸은 상표를 모르는 것 같다. 나와 아내는 다르다. 어떤 물건을 살 때 브랜드를 먼저 선별하고 그중에서 필요한 상품을 찾는다. 브랜드는 그만큼 중요하다. 브랜드를 새롭게 창출하는 과정을 눈여겨볼 필요가 있다. 시장에서 무섭게 상승곡선을 그리며 확장되는 브랜드를 분석하면 브랜드라는 것이 어떻게 그 파급효과를 만들어 내는지 알 수 있다.

'언더아머'는 최근 들어 내가 즐겨 구매하는 의류이다. 편하고 디자인도 대체로 마음에 든다. 아내는 해외 직접구매, 소위 직구를 통해 언더아머 의류를 나에게 구매해 준다. 티셔츠부터 바지, 신발까지 한 세트가 되었다. 언더아머가 아디다스를 넘어 이제 세계 2위의 의류 브랜드가 되었다고 인터넷에 기사가 나왔다. 언더아머 상승세의 원동력은 무엇일까? 옷이 편하고 디자인이 심플하다. 내가 최근에 입고 있는 언더아머 바지는 체육복 긴바지인데 허리 부분을 밴드로 처리했다. 겉에서 보면 그냥 외출용 바지처럼 보인다. 외출용 바지로도 손색이 없다. 그런데 혁대 대신 밴드로 되어 있어 편하다. 최근에는 'Will find a way'라는 이미지 캠페인을 통해 광고하고 있다. 드웨이 존슨 등의 성공한 스포츠 스타를 바탕으로 한다. 등장인물의 공통점은 어려운 환경과 역경을 이겨내고 성공을 거둔 스포츠 스타라는 것이다. 의지가 성공이라는 결과를 낳았다는 것이다. 다른 유명 브랜드의 광고를 보면 대부분 '지금 바로 운동을 하라.'는 포커스에 맞춰져 있다. 그러나 언더아머는 '운동을 통해 이루어낼 수 있다.'는 도전정신을 자극한다. 화려한 플레이를 보여줌으로써 따라 하고픈 욕망을 일으킬 것인지, 아니면 의지를 통해 꿈을 실천할 것인지 분명히 접근 방식이 다르다. 사람들이 화려함에 끌리느냐 아니면 의지를 통한 역경 극복에 끌리느냐인데 적어도 지금은 후자가 승리를 하고 있는 듯하다. 화려함은 보기에는 좋으나 한계가 있다. 의지를 통한 나의 길을 찾는 것은 누구나 도전한다면 가능하다. 그래서 사람들은 화려함보다는 의지에 손을 들어주는 것 같다.

이미지 캠페인을 통해 브랜드를 창출하는 것은 고도의 전략적인 과정이다. 상당한 시간이 필요하고 상품성, 광고, 마케팅 등 다양한 요소가 복합적으로 작용할 때 제대로 된 브랜드를 만들 수 있다. 그런데 우리는 흔히 브랜드 하면 큰 기업이나 회사에 한정 짓는 경우가 많다. 실제로 사람들은 대부분 '기업이미지' 창출에만 관심과 노력을 기울이는 경우가 많고 언론 역시 마찬가지이다. 그러나 분명한 것은 개인에게도 브랜드가 있다는 것이다. 브랜드는 어떤 특정대상이 가지고 있는 이미지를 구체화된 매개체로 형상화한 것이다. 그 특정대상이 사람인 경우에도 브랜드를 만든다. 비록 그 브랜드의 로고는 본인 스스로 만드는 경우는 찾아보기 어렵다. 특정 개인을 후원하는 기업이 상품화하기 위해 만드는 경우가 대부분이다. 타이거 우즈, 페더러, 마이클 조던 그리고 커리는 고유 스포츠 브랜드 로고를 가지고 있다. 이 선수들의 특징은 상당기간 활동을 했다는 점이고 누구나 세계적인 선수라고 인정을 한다는 것이다. 바꾸어 말하면 대부분의 보통 사람들은 자기 브랜드 로고가 없다. 로고가 없기 때문에 브랜드를 만들 필요가 없다. 로고를 만드는 사람은 제법 큰 규모의 회사를 운영하는 사람들이다. 회사의 회장은 회사의 브랜드와 로고를 통해 자신의 이미지를 대신한다. 보통사람들은 자기의 로고, 즉 브랜드가 없다. 그래서 자신만의 이미지, 브랜드를 만들 필요성을 느끼지 못한다. 그러나 각 개인을 자세히 들여다보면 모든 개인은 자신만의 브랜드와 로고를 가지고 있기는 하다. '사인(sign)'이다. 누구나 성명란에 자신의 이름을 적고 서명란에 자신의 사인을 한다. 대부분의 사람들은 그냥 자신의 이름을 조금 흘려 쓰기 하듯 서명을 한다. 연예인이나 스포츠 스타들은 자신만의 독특한 사인을 가지고 있다. 대중들에게 인지도가 있기 때문에 고유 사인 모양을 고안해내는 것이다. 그렇다. 그들은 대기업의 브랜드와 그에서 비롯된 로고까지는 아니지만, 자신을 대표하는 고유 사인을 가지고 있는 것이다. 각 개인과 조직 구성원은 브랜드를 창출하고 그 브랜드를 형상화하기 위해 사인이나 로고를 만드는 것이다. 사람들은 로고와 사인을 보면서 다시 그 개인과 조직을 생각한다. 결국, 로고와 사인 등으로 형상화되는 브랜드는 사회적으로 널리 알려져 있는 사람과 기업들만이 주로 가지고 있는 것이다.

개인과 조직이 유명해져서 브랜드화하고 로고와 사인이 만들어진다. 브랜드가 다시 개인과 조직에 영향을 끼치는 역할을 한다. 이를테면 선순환 작용이다. 그렇다면 각 개인은 자신의 고유 이미지 브랜드를 만들 필요가 있다. 그 브랜드는 자신의 사인 등을 통해 형상화되어야 한다. 필요하면 자신의 개인 로고도 만들 수 있다. 내가 명함에 브랜드의 로고를 만들어 넣는다고 해서 문제 될 것은 없지 않는가.

나라는 사람의 이미지를 만들고 그 이미지를 브랜드화한다. 그리고 그 브랜드를 형상화하는 로고를 만든다. 먼저 내가 나에게 제공하는 나의 이미지는 무엇인가?

1. 어떤 일이든 일을 되게끔 만드는 사람
2. 순간적인 아이디어가 뛰어난 사람
3. 혁신에 앞장설 수 있는 능력이 있는 사람
4. 글과 말을 통해 자신을 표현할 줄 아는 사람
5. 충성심과 용기가 있는 사람

위 5가지가 나를 대표하는 이미지가 되고 싶다. 그렇다면 이 이미지가 포함된 브랜드는 어떻게 만들까? 위에서 언급된 5가지 문장의 키워드를 뽑아보자. 가능, 아이디어, 혁신, 표현, 충성심과 용기이다.

이러한 대표를 함축적으로 표현할 수 있는 하나의 단어는?

가능의 Possible, 아이디어의 Think, 개혁(改革)의 혁(革), 충성의 충(忠), 글월 문(文). 이런 단어들을 한 번에 그리고 동시에 아우를 수 있는 단어가 필요하다. 아이디어와 개혁의 의지와 방법들이 결국 글로서 나타난다. 그리고 아이디어는 주로 개혁에 필요한 방법의 하나가 될 것이다. 결국, 나는 글로써 개혁을 추구하는 사람이 될 것이다. 나의 브랜드는 '글로써 사회를 변화시키는 사람'이다. 브랜드명은 ✐文革 이다.

앞으로 내 서명의 이름 앞에 내 로고를 붙일 것이다. 명함에도 물론 로고를 넣을 것이다. 훗날 내가 출판사의 사장이 된다면 출판사 이름은 ✐文革 이 될 것이다.

내가 로고를 만들었듯이 로고는 나를 만들 것이다.

사람 먼저

　대대장 보직 해임이 되고 나서 스스로를 반성하는 시간을 가졌다. 무엇이 잘못 되었을까 짚어봤다. 나 자신과의 솔직한 대화였다. 바쁘다는 이유로 사람을 살피지 못했다. 임무완수도 중요하지만, 인권이 더욱 중요하다. 임무중심에서 가치중심으로 전환이 필요했지만 충분히 그러지 못했다. 가치의 중심에는 사람이 있다. 사람이라는 단어에는 인권, 존중, 배려, 자존감 등이 포함되어 있다.

사람, 그 절대적 존재

　보직 해임이 되고 나서 휴가를 신청해 봉하마을을 찾았다. '사람 사는 세상'을 외치던 노무현 대통령께서 잠드신 곳이다. 봉하마을 인근에서 1박을 하고 아침 일찍 묘소를 찾았다. 묘소 입구에서 자원봉사자 한 분을 만났다. 참배객들에게 바람개비를 무료로 나누어 주고 계셨다. 7년째 매주 주말마다 자원봉사를 해오고 있다고 했다. 편의점에서 국화꽃 세 송이를 사고 부엉이 바위를 올랐다. 기분이 묘했다. 대통령께서 마지막으로 바라봤던 마을을 쳐다보았다. 넓적한 들판과 산이 있었다. 그 광경이 무엇을 얘기하는지 나는 듣지 못했다.

사람은 부모에 의해 태어난다. 그때는 선택권은 없다. 죽는 것에는 선택권이 있다. 죽음으로써 세상을 향한 마지막 메시지를 던질 수 있다. 그것으로 삶을 완성한다. 라몬 삼페드로의 준칙은 "기쁨이 완전히 사라지고 오로지 벗어날 수 없는 고통만 남아있는 상황에서, 그 고통을 견디면서 삶을 이어나가는데 아무런 의미를 부여할 수 없다면, 그 사람이 자유의지에 따라 죽을 권리를 인정해 주어야 한다."는 것을 말하고 있다. 죽음에 대한 선택권을 부여할 수 있다는 말이다. 창조주가 인류를 만들고 인류가 세상을 만들고 있다면 적어도 우리가 보는 이 세상의 시작과 끝은 사람이다. 그런데 사람은 나이가 들거나 병들어 죽을 수도 있지만 죽음의 시기마저도 인위적으로 선택할 수 있는 절대적인 존재이다. 사람이 우선시되어야 하는 이유이다.

'감정신호등'을 살피다

"김 일병! 왜 오늘 감정상태 신호등이 적색이지?"

"네, 어제 여자친구와 다투었습니다. 헤어지자는 얘기가 나왔습니다. 전화통화를 한 30분 했는데 해결되지 않았습니다. 감정의 골만 더 깊어진 것 같습니다."

"오늘 자네의 주요 과업이 무엇이지?"

"오전에 병기본 훈련, 오후에는 막사 주변 화단 제초작업입니다."

"그래 그렇다면 오후에 작업이 종료되는 대로 필요하면 친구와 다시

통화할 수 있도록 해라. 점심시간이라도 통화를 원한다면 시간을 내어
하도록 해라."

약 10년 전 중대장할 때 군대에서 감정(컨디션) 신호등이라는 것을 사용했
던 적이 있다. 매일 부대원들은 자신의 감정과 컨디션을 스스로 확인하고
복도에 있는 상황판에 표시를 했다. 컨디션이 좋으면 녹색, 보통이면 노랑,
좋지 않으면 빨강이다. 소대장과 중대장 등 지휘관은 아침에 출근하면 개
인별 신호등 상태를 먼저 확인했다. 빨강 신호등인 인원에 대해서는 간단
히 면담하고 조치를 했다. 업무를 시작하기 이전에 사람의 상태를 확인했
다. 사람이 업무를 하기 때문이다.

칸트의 정언명령이 지시하는 '사람 이름 외우기'

대대장을 하면서 수백 명의 부하들이 대대에 속해 있었다. 모든 구성원
의 이름을 다 외우지는 못했다. 바쁘다는 스스로 내린 이유 때문이었다.
특별히 대대장으로서 관심을 가져야 할 인원이나 자주 만나는 인원들은
이름을 알았다. 외워서 알게 된 인원도 있고, 자주 만나다 보니 알게 된
인원도 있다. 이름을 모르면 만나도 부를 수가 없는 애매한 상황이 발생
한다. 이름을 모른다는 것은 그 사람에 대해 모른다는 것이다. 사람을 모
르는데 그가 속한 조직을 알 수 없다. 내가 대대원의 이름을 다 알지 못한
것은 내가 대대라는 조직을 다 알지 못하였다는 것이었다. 사람을 수단으
로 생각했기 때문이다. 그들은 '공격 앞으로'라는 명령에 적을 향해 돌진해
야 할 대상이었다. 그러나 나는 과연 그들 개인이 적을 향해 돌진할지 안
할지를 파악 못 했다. 적을 향해 돌진한다는 것은 나의 개인적 착각이었을

지 모른다. 칸트는 존엄한 인간의 자유의지를 옳게 발현하기 위해서 정언명령 두 가지를 실천할 것을 강조하고 있다. 그중 하나는 "나 자신이든 다른 사람이든 인간을 절대로 단순한 수단으로 다루지 말고 언제나 한결같이 목적으로 다루도록 행동하라."이다.

강원도 근무지에 부임해서 내가 가장 노력과 시간을 투자하는 것은 업무파악이 아니라 사람 이름 외우기이다. 일일이 찾아가서 전입인사도 하고 명부에 적혀있는 이름과 매칭시켜보고 있다. 사람을 알면 업무가 쉬워진다. 인접부서와의 협조도 원활해진다. 그러나 이제는 업무의 원활한 협조를 위해 이름을 외우지 않는다. 단지 그 '사람'을 사람으로서 알기 위해서 외울 뿐이다.

상하동욕자승(上下同欲者勝)

좀처럼 이해하기 어려운 패배

승리를 하는 방법에는 여러 가지가 있다. 승리란 패배의 반대말이다. 패배하지 않는 방법을 찾는다면 적어도 비기거나 승리할 수 있다. 그런 방법으로 접근하면 승리의 길을 좀 더 쉽게 접근할 수 있다.

실패에는 여러 가지 원인이 있다. 그중에서도 승리를 할 것 같은데 실패하는 경우를 얘기하고 싶다. 팀 개개인의 능력이 탁월한 팀이 그렇지 못한 팀에게 패배하는 경우가 있다. 마찬가지로 공부를 매우 열심히 하는데 시험 성적이 좋지 않은 학생이 있다. 근검절약하는데 빚이 있는 사람이 있다. 이런 경우가 흔히 말하는 이길 것 같은데 지는 경우, 달리 말하면 '반전', '예상치 못한 결과'이다. 또 하나의 반전은 조직의 리더가 뛰어난 능력을 가지고 있는데 그 조직이 제대로 역량을 발휘하지 못하는 경우이다. 조직이 제대로 역량을 발휘하지 못하는 집단의 리더는 다음과 같은 특징을 가지고 있다.

첫째, 경험과 실전 능력 모두가 탁월하다. 다른 사람보다 많은 경험을 하여 아는 지식도 많고 어떻게 하면 성과를 낼 수 있는지도 안다. 늘 일 잘한다는 소리를 들었고, 한 번도 패배한 적이 없다.

두 번째, 자신은 살면서 늘 성공해왔기 때문에 자신이 하라는 대로 하기만 하면 모두 성공할 것이라는 확신을 갖는다. 실패를 해 본 적이 없기 때문에 의구심이나 배려심은 부족하다.

마지막으로 조직의 이상적인 모습, 목표, 최종상태를 자신의 능력 기준으로 선정한다. 리더가 가지고 있는 능력을 십분 발휘할 경우 아래 조직과 구성원들은 다들 그만큼 따라올 것이라 생각한다. 또한, 그렇게 함으로써 얻는 승리의 대가는 모두에게 나눠진다. 그래서 아랫사람들은 별로 불만이 없을 것이라 생각한다.

'조직을 발전시켰고 이익도 나누어주는데 어떤 불만을 과연 가질 수 있겠는가?'라고 생각한다. 그러나 '나는 이미 그것을 해봤고, 어떻게 하면 승리할 수 있으니 잠자코 시키는 대로 따라오라. 그러면 반드시 승리할 것이고 그 몫 또한 너희에게 공평하게 돌아갈 것이다.', 이것은 다소 과장되게 표현하자면 전지전능한 신만이 발휘할 수 있는 리더십이다. 아빠가 비싸고 멋진 성능 좋은 차를 사주어도 딸은 좋아하지 않을 수 있다. 딸이 좋아하는 빨간색 차를 구매하지 않았기 때문이다.

윗사람의 능력이 100, 하고자 하는 목표가 80이고 아랫사람의 능력이 50이면 결과물은 80이 된다. 그러나 윗사람의 능력과 하고자 하는 목표가 100이고, 아랫사람의 능력이 50이면 결과물은 60이 채 되지 않는다.

그렇다면 결국 윗사람은 목표를 낮게 잡아야 한다. 우리는 그것을 윗사람의 '눈높이 낮추기'라고 흔히 표현한다.

이것은 생각보다 쉽지 않다. 개인마다 달리기 실력이 정해져 있음에도 불구하고 경기에 나가서 일부러 늦게 뛰라고 하는 것과 같다. 어색하고 뭔가를 빠뜨리는 느낌이다. 사람은 누구나 자신이 갖고 있는 능력을 십분 발휘하고 싶은 욕망이 있기 때문이다. 그러나 목표를 높게 잡으면 기대 이하의 성과, 아니 오히려 실패를 가져올 수 있기 때문에 상황에 따라 목표를 조절해야 한다. 이것은 상당한 노하우와 경험이 필요한 기술이다.

대대장을 하면서 참모들의 수준과 능력을 내가 생각하는 만큼이나 높이 생각했다. 여러 명의 참모들의 능력을 파악하여 개인별로 맞춤형 지휘, 이를테면 맞춤형 눈높이를 한다는 것이 생각보다 쉽지 않았다. 집무실에 들어오는 각 개인에 따라 보고서의 수준이 천차만별일 수밖에 없음을 인정하고 받아들였어야 하는데 그렇지 못했다. 일이 많거나 몸이 피곤하거나 컨디션이 좋지 않을 때는 감정이 이성을 지배하곤 한다. 그럴 때는 맞춤형 눈높이 지휘가 더 쉽지 않았다.

나의 눈높이를 낮추는 것이 쉽지 않다면 이론적으로 가능한 방법이 또하나 있다. 나 자신을 낮추는 것이다. 내가 잘하는 사람, 더 아는 사람, 더 잘난 사람으로서 눈높이를 의도적으로 낮추는 것이 아니라 나 자체를 낮추는 것이다. 나는 잘난 사람도 아니고 더 잘 아는 사람도 아니고 더 잘날 것도 없는 사람이다. 어떻게 보면 이 방법이 더 쉬울 것 같다는 생각이 든다.

내가 바라보는 세계, 그리고 눈높이와 조직원이 바라보는 눈높이가 같아지도록 평상시부터 노력해보자. 그런 식으로 조직원들과 완전히 동화되어 간다면 나는 굳이 눈높이를 낮출 필요가 없다. 내가 생각하는 것이 부하의 생각이고, 부하의 생각이 곧 나의 생각이다. 나와 부하는 똑같은 지위에서 같이 일하는 협력자다. 나와 부하가 그런 와중에 우연히 생각이 맞으면, 어떤 목표를 달성하고자 하는 목표가 같다면 승리의 길을 걷게 된다.

하고자 하는 바를 같게 하기 위해서는

상하동욕의 방법은 크게 세 가지가 있다. 첫째는 목표치를 하향 조정하는 '수동적 방식'이다. 나는 A라는 수준으로 일을 하고 싶은데 부하는 C 수준을 넘어설 수 없다. 그렇다면 나의 목표치를 A 수준에서 C 수준으로 하향 조정하는 것이다. 그러면 나와 부하가 하고자 하는 바는 이론적으로 C 수준이 되고, C 수준이 조직이 하고자 하는 바가 된다. 두 번째는 중간점에서 접점을 찾는 '접점 찾기 방식'이다. 이는 나는 하고자 하는 바를 A 수준에서 B 수준으로 낮추고, 부하 역시 현재의 C 수준의 능력에서 B 수준으로 끌어올리는 노력을 하는 것이다. 마지막으로는 나의 수준에 맞게 부하들의 수준을 끌어올리는 '능동적 방식'이다. 내가 원하는 A 수준을 그대로 유지한 상태에서 부하들의 수준과 하고자 하는 바를 A 수준까지 끌어올리는 것이다. 아무래도 수동적 방식보다 접점 찾기 방식과 능동적 방식은 부하들에게는 노력과 부담이 동반될 수밖에 없다. 그러나 조직이라는 것이 언제나 현 상태에서 머물 수는 없다. 원하는 목표를 위해 그리고 오늘보다 나은 내일을 위해 수준을 높여가야 한다. 단, '접점 찾기 방식'과 '능동적 방식'을 추구하고자 할 때는 연역적으로 일을 추진하기보다는 귀납적으로 일을 추진해야 한다. '접점 찾기 방식'과 '능동적 방식'은 처음부터 A 수준을 달성할 것을 기대하고 일을 하는 것이 아니라 적극적이고 올바른 상하간의 의사소통과 자발적 참여를 통해서 결과론적으로 A 수준을 달성하는 방식으로 추진해야 한다. 그러기 위해서 A 수준의 목표치를 기대하는 상급자는 선행해야 할 것이 있다.

첫째, A 수준을 달성해야 하는 이유와 당위성을 충분히 설명해 주어야 한다. 지금 이 일을 그 정도 수준으로 하지 않으면 안 되는 이유를 자신이 알고 있는 범위 내에서 가감 없이 진솔하게 설명해 주어야 한다.

두 번째, 부하들이 A 수준의 목표물을 달성할 수 있도록 충분히 지도해 주어야 한다. C 수준의 부하들의 A 수준으로 자동적으로 올라가는 것은 불가능하다. A 수준의 능력을 가지고 있는 내가 지식과 노하우를 끊임없이 전수하고 알려주어야 한다.

세 번째, A 수준을 달성하게 될 경우 얻게 되는 공과 메리트 등을 사전에 제시하여야 한다. 이것은 비단 물질적인 눈에 보이는 보상만을 의미하지 않는다. 업무를 완수했을 때의 자긍심과 프라이드 그리고 진심 어린 칭찬과 격려가 있을 것이라는 믿음이 부하들에게 있어야 한다. 이것은 어떤 프로젝트를 추진할 때 갑자기 생길 수 없다. 평상시 형성되어 있는 조직에 대한 신뢰와 믿음에서 생성된다.

윗사람과 아랫사람이 하고자 하는 바를 일치시킨다는 것은 생각처럼 쉽지 않다. 손자가 '상하동욕자승'을 주요 병법으로 자주 언급한 것만 보아도 결코 쉽지 않다는 것을 반증한다. 윗사람과 아랫사람은 직위에 따른 환경, 입장, 바라는 것 등이 다르기 때문에 하고자 하는 바가 다를 수밖에 없다. 상하동욕자승이란 어떻게 보면 이상적인 문구일 수 있다. 하나의 조직이 '상하동욕'하려고 노력하는 것만으로도 충분히 의의와 성과가 있을 것이다. 상대방의 입장을 한 번 더 생각하고 배려하는 마음으로 접근하고 솔직한 속내를 털어놓는다면 상하동욕의 방향으로 한 걸음 더 다가갈 수 있다. 그리고 상하동욕하려는 마음이 생긴다면 그들의 마음속에는 이미 승리라는 단어가 자리잡고 있을 것이다. 승리의 길로 가고 있다는 확신을 갖게 될 것이다.

출근하고 싶은 부대

- 비전 공유

"자랑스러운 대대 장병 여러분!

저는 오늘 대대장으로 취임하면서 단 한 가지를 여러분에게

다짐합니다. 출근하고 싶은 부대를 만들겠다는 것입니다."

　대대장에 부임하기 전 광주에서 8주간에 걸친 중령지휘관리과정을 이
수했다. 대대장을 시작하기 전에 필요한 여러 가지 지식과 노하우에 대하
여 교육을 받는 기간이었다. 대대장 취임을 약 1주일을 앞두고 취임사를
작성하였다. 내가 군 생활을 하면서 여태까지 봐왔던 취임사 내용은 대동
소이했다. 완벽한 전투준비태세 확립, 실전적인 교육훈련, 안정적인 부대
관리 이러한 내용이 취임사의 주를 이루는 3가지 사항이었다. 나는 육군
훈련소에서 2년에 걸친 대급 지휘관을 경험한 터라 좀 더 실질적이고 피
부에 와닿는 내용으로 취임사를 작성하여 대대원들 앞에서 제시하고 싶었
다. 그래서 고민 끝에 '출근하고 싶은 부대'를 만들 것을 발표하기로 하였
다. 개인적으로 군 생활을 하면서 가장 중요한 것 중 하나는 출근하고 싶

은 부대를 만드는 것이라고 생각하며 이 생각에는 아직까지도 변함이 없다. 앞으로도 그럴 것이다. 군대의 존재 목적은 전투준비와 교육훈련 그리고 안정적인 부대관리라고 할 수 있지만, 간부와 용사들이 출근하고 싶지 않다면 그 중요한 본질과 추구하고자 하는 가치는 시작조차 할 수 없다. 부대가 단결되고 희망과 비전이 있으며, 동료와 부하 상급자를 서로 보고 싶어 하는 끈끈한 전우애가 넘치는 부대가 출근하고 싶은 부대이다. 아침에 눈을 뜨면 부대에 마지못해 가는 것이 아니라 뭔가 모를 기대감과 자부심에 출근을 서두르고 싶은 부대를 만들고 싶었다. 이를 위해서는 일을 하는 방법도 중요하지만 인간적인 유대관계, 이를테면 전우애가 상당히 중요하다. 일은 일대로 또 놀이는 놀이대로 열심히 하는 그렇게 가족 같은 분위기가 형성된 부대를 만든다면 출근하고 싶은 부대가 될 것이다. 출근하고 싶은 부대가 된다면 부대의 전투력은 필연적으로, 그것도 상당한 시너지 효과를 동반하며 기하급수적으로 상승할 것이다.

사실 대대장 취임 1년 전부터 디자인한, 내 머릿속의 취임식의 모습은 더 과감하고 혁신적이었다. 왜냐하면, 취임사에서 지휘관이 취임사로 한 말은 대부분 참석한 사람들이 기억을 하지 못하기 때문이다. 그래서 어떤 지휘관은 부대 홈페이지 팝업창에 취임사를 며칠간 게시하기도 한다. 장병들은 이취임식이라는 행사에서 떠나는 지휘관을 환송하고, 새로운 지휘관을 맞이한다. 지휘권이 교체되는 것을 대내외적으로 알리는 중요한 이벤트인 것은 사실이지만 행사에 참여하는 장병들은 고생을 한다. 예행연습도 해야 하고 적지 않은 시간을 연병장에서 서 있어야 하기도 한다. 그래서 나는 이취임식은 반드시 필요한 행사이고, 이왕 한다면 메시지를 분명하게 각인시킬 수 있는 이취임식을 할 필요가 있다고 생각했다. 대대장 취임하기 약 6개월 전 나는 대구에서 근무를 했다. 바쁜 일과였지만 나는 시간을 쪼개어 부대 인근에 있는 실용음악학원에 등록했다. 코칭 선생님께서 부르고 싶은 노래와 연습 가용 기간을 물어보셨다. 「걱정 말아요 그대」를 대대장 취임식 때 부르고 싶다고 하였다. 그래서 근 3개월간 나는 그 노래를 연습하였다. 취임식 얼마 전까지도 그 노래를 대대원들 앞에서 부르는 것으로 하였으나 막상 실천하고자 하니 용기가 부족했다. 생각 외로 대외기관에서 손님들이 많이 온다는 사실을 알게 되어 더욱 망설여졌다. 결국 노래는 부르지 못했고, 나는 '출근하고 싶은 부대'를 만인 앞에 공포하는 것으로 목표를 수정하였다. 그리고 취임식에 참석하는 손님들에게 나누어주는 손톱깎이 선물세트에는 포장 디자인을 의뢰하여 '출근하고 싶은 부대, 대대장 중령 최문규'라고 새겼다.

아직도 나에겐 출근하고 싶은 부대는 이상으로 남아있다. 훈련소에서 그리고 대대장 부임지에서 '출근하고 싶은 부대'를 모토로 부대를 지휘했으나 성공하지 못했다. 그 원인 중의 하나는 모토에 부합하는 구체적인 행동화 계획, 일종의 구체적이고 손에 잡힐 수 있는 마스터 플랜을 마련하지 못했기 때문이다. 목표를 달성하기 위한 실천계획을 수립하고 일일, 주, 월간 단위로 체계적으로 실천해가는 행동화가 미흡하였다. 내 머릿속에 막연히 그려지고 있는 출근하고 싶은 부대의 구체적인 모습은 과연 무엇일까? 이것을 그리고 부대원들과 함께 공유했어야 하는데 그러지 못했다. 이제라도 '출근하고 싶은 부대'를 구체화한다면,

1. 아침에 출근하면 간밤에, 휴일에 있었던 일에 대하여 부대원들과 차를 마시며 담소하는 부대
2. 업무는 효율적으로, 행정은 최소화, 성과는 극대화하는 부대
3. 신상필벌이 공정하고 투명하여 누구나 열심히 하고자 하는 의욕과 의지가 충만한 부대
4. 일과 이후 또는 휴일에는 동아리 활동 등으로 인간적인 유대관계와 자기계발이 활성화된 부대
5. 의사소통이 잘 이루어지고, 희로애락을 같이하는 부대

지휘관은 조직을 대상으로 비전을 제시해야 한다. 그리고 비전은 목표라는 문장으로 형상화, 가시화되어야 한다. 그리고 그 목표는 구체화된 행동계획으로 발전되어야 한다. 다시 그 구체화된 행동 계획은 피드백이 이루어져야 하며 정기적으로 평가되어야 한다. 그리고 조직은 지휘관이 제시한 비전대로 일관성 있게 나아가고 있음을 구성원들에게 정기적으로 알려줘야 하며 자발적인 동참을 유도해야 한다. 그렇게 된다면 조직원들은 점차 조직에 대한 신뢰를 갖게 될 것이고 차츰차츰 지휘관을 중심으로 한 방향으로 나아가게 된다. 이때 간과하지 말아야 할 사항은 조직원의 의사결정 참여 과정이다. 비전은 지휘관의 몫이지만 목표와 행동계획 수립은 조직원의 자발적인 참여가 필요하다. 지휘관의 일방적인 목표 설정과 행동계획 수립은 바람직하지 않다. 실패를 낳을 수 있다. '걱정말아요 그대'는 출근하고 싶은 부대라는 비전을 위하여 설정한 목표의 한 가지 행동 계획이다. 그렇다면 나는 취임식 때 노래를 부르는 것보다는 부대원들이 어떤

일로 힘들어할 때, 또는 부대가 어떤 위기에 처해 있을 때 부르는 것으로 했으면 더 좋았을 것이고 실현 가능성도 높아졌을 것이다. 내가 수립한 비전에 따른 목표와 행동 계획 수립이 지휘관 혼자만의 머릿속에 머물러 있는 것은 바람직하지 않다. 그렇게 된다면 부하들은 지휘관이 어떤 생각을 가지고 있는지 전혀 모르고 「걱정 말아요 그대」라는 노래는 다소 황당하게 들릴 수밖에 없을는지도 모른다.

비전은 조직구성원과 공유하고 공감할 때 가치가 있으며, 조직원들과 함께 꿈꾸고 행동으로 이어질 때 의미가 있다.

너가 알고 있는 답대로 행하라

어제저녁 일과 후 오랜만에 축구를 해서인지 몸이 피곤하고 나른했다. 오늘은 금요일로 부대에서 빅토리 파티라는 행사가 있었고 간간이 삼겹살 등으로 배를 채웠다. 저녁에는 동료 선배와 부대 근처 회관에서 생맥주를 마셨다. 그리고 집에 와서는 22:00 어간부터 잠을 잤다. 아침에 일어나니 10시 30분이었다. 머리가 멍하고 다소 어질어질하면서 허리가 욱신거렸다. 피곤한 느낌하고는 다소 거리가 멀다. 어제오늘 잠을 충분히 잤기 때문에 피곤하지는 않은 것이 확실하다. 똑바로 누워서 자진 못한 것 같다. 나도 모르게 무의식적으로 침대에서 잠을 잤기 때문에 아마도 구부정하게 잠을 잤을 가능성이 크다. 10시간을 넘게 잠을 잤기 때문에 머리가 멍할 것이다. 늘 그랬다. 허리가 욱신거리는 것은 아마 3~4시간 갈 것이다. 과거에도 그랬기 때문이다.

살면서 어떤 문제로 조언자에게 조언을 구할 경우 흔히 인용되는 문구가 있다. 소크라테스가 한 "너 자신을 알라."는 것이다. 그렇다. 사회생활을 하면서 일어나는 여러 가지 갈등, 나 자신의 문제와 주변인들과의 마찰, 상대방의 이해하지 못할 행동 등 우리는 내 주변에서 일어나는 적지 않은 문제로 고민하게 된다. 그런데 통상 우리는 상대방에게서 문제를 찾지만, 현자는 다르게 말한다. 우선 너부터 제대로 알라는 것이다. 정작 자신은 어떻게 처신하고 행동하고 있으며 상대의 잘못을 탓하는 본인은 과연 올바르게 행동을 하고 있는지를 먼저 알라고 하는 것이다. 내가 아닌 상대방에게 답을 얻는 것이 아니라 나를 먼저 알게 되면 답을 얻을 수 있다는 말이다. 쉽지 않은 말이지만 진리이다. 세상의 모든 일은 나 자신에서부터 문제가 시작되는 경우가 많기 때문이다.

100세 인생을 살면서 나는 조금 다른 의견을 제시하고 싶다. 100세, 다른 말로 표현하면 죽기 전까지 나 자신을 제대로 알기는 쉽지 않다. 1일 3성(1日 3省)이라는 말이 있듯이 나는 나 자신을 제대로 알지 못하기 때문에 지속적으로, 적어도 하루에 세 번 나를 뒤돌아보고 반성을 해야 한다지 않았는가? 그러나 죽기 전까지 나를 알기 위해서만 노력하는 것은 조금 아쉽다는 생각이 든다. 왜냐하면, 나이 40을 넘으면 이미 나 자신을 어느 정도는 알기 때문이다. 내가 무엇을 잘못했는지, 무엇을 잘못 말했는지 이제는 아는 나이가 되었다. 심지어 나는 내 몸의 상태까지도 정확히 알게 되었다. 몇 시간을 자면 머리가 멍한지, 어떻게 자면 허리가 아프고 몇 시간 후에 회복되는지까지 알 수 있다. 상대방의 어떤 말에 쉽게 흥분하는지, 어떤 기분이 들 때 내가 이성을 잃는지, 그리고 언제 나는 화가 나게 될 것이라는 것조차 이제는 알 수 있다. 신기할 정도다. 배가 어떻게 아프면 변이 어떻게 나오고, 이 증상은 어느 정도 갈지도 이제 안다. 보고서를 작성하면 이게 잘 작성한 것인지, 이렇게 작성하면 상사에게서 어떤 피드백이 올 것인지도 대략적으로나마 미리 추측하고 알 수 있다. 나는 무엇을 잘하고 못하는지, 나의 장점과 단점이 무엇인지도 안다. 40년이라는 적지 않은 시간 동안 경험과 체험, 수많은 사람과의 만남을 통해 칭찬, 조언을 들었다. 이젠 나의 삶에 거리낌이 있다면 또는 어떤 마찰이 있다면 그것은 나를 알지 못하기 때문이라기보다는 내가 아는 바를 행동으로 옮기지 않았기 때문인 경우가 더 많다. 내가 알고는 있지만, 무엇을 해야 하는지 문제를 해결할 수 방법을 알지만 신속히 행동으로 실천하지 못했기 때문에 문제가 발생하였다는 것이다. 여기서 나는 모든 문제의 답을 본인이 알고 있다는 것을 강조하고 싶다. 내가 문제의 답을 알고 있다라는 것을 나 스스로 인식하는 것, 그리고 이를 인정하는 것이 매우 중요하다는 것이다. 어떤 문제가 발생했을 경우 마치 왜 그 일이 발생했는지를 모르는 것처럼 행동하거나 처신할 경우가 많기 때문이다. 그래서 핵심을 간파하지 못하고 어정쩡한 곳에서 또는 주변에서 문제의 원인을 찾는 데 시간과 노력을 낭비한다. 본인은 분명 그 문제의 답을 알고 있다. 그러나 그 현실을 부정하려 한다. 문제의 본질을 본인이 알고 있지만, 본질을 인지하고 있음을 부인한다. 부인하고 싶어서 부인하는 경우도 있고 애써 그 사실을 부인해야 하는 어떤 외적 환경이 작용하기도 한다.

살면서 어떤 예기치 못한 상황이 발생했을 때 잠시 숨을 골라야 하는 이유이기도 하다. 그리고 나 자신을 곰곰이 들여다보아야 한다. 문제에 신속히 대처하는 것이 먼저라는 이유로 우왕좌왕 중심을 잡지 못하고 문제의 본질을 회피하거나 우회하는 것은 결코 옳지 못하다. 아내와 말다툼을 했다면 잠시 숨을 골라보자. 아내와 내가 무엇을 잘못했는지 금방 알 수 있다. 과거에도 비슷한 이유로 다툰 적이 있고, 어떻게 해야 이 문제는 해결되며, 무엇을 행동으로 실천해야 하는지도 나는 답을 알고 있다. 내 안에 있는 나에게 솔직히 접근해야 한다. 그리고 나 자신에게 물어봐야 한다. 나 스스로 알고 있는 대답에 대하여 물어보아야 한다. 그리고 그것을 밖으로 끌어내 실천하고 행동으로 옮겨야 한다. 내 주변에 있는 거의 모든 일에 대해 나는 답을 알고 있다. 인생의 1장을 '너 자신을 알라'를 위해 노력했다면 2장에서는 이에 추가하여 '너가 알고 있는 답대로 행하라'를 실천해야 한다.

'원하는 것' 얻기

"축구를 잘하고 싶으면 시간만 나면 축구를 해라.

축구 할 시간이 없다면 축구에 관한 이야기를 해라.

그럴 시간조차 없다면 축구에 관한 생각을 해라."

내가 중대장을 할 때 대대장님께서 해 주신 말씀이다. 지금 와서 생각해 보면 지극히 당연한 얘기라는 생각이 든다. 쉽게 말해서 축구를 잘하고 싶다면 늘 축구에 대해서 생각하고 말하고 직접 해보라는 이야기다. 손흥민 선수가 왜 세계적인 선수의 반열에 올랐는가? 다큐멘터리를 본 적이 있다. 손흥민 선수는 축구 경기 시간 외에도 늘 축구공을 가까이한다. 아직도 손흥민 선수의 아버지는 손흥민 선수와 매일 간단하고 기초적인 볼 트래핑 연습을 반복한다. 연습장에서 때로는 실내에서 공을 주고받을 수 있는 공간이 있는 한 이 연습은 하루라도 멈추지 않는다. 이러한 노력이 오늘날의 손흥민 선수를 만든 것이다. 축구를 잘하고 싶으면 늘 축구를 하고, 관련된 이야기를 하고 생각을 하라는 이 당연한 원리, 법칙과도 같은 얘기를 왜 나는 실행하지 못했을까. 솔직히 말하면 실행을 안 해본 것은 아니다. 젊었을 때 여자친구를 만날 때다. 내가 좋아하는 이성 친구를 대상으로 그렇게 해봤던 것 같다. 늘 생각하고, 이야기하고, 만나고….. 그러니까 결과를 얻긴 얻었다. 관계가 오래갈 수 있었던 것 같다. 정성과 관심이 계속되고, 한 사람이 한 사람을 좋아하면 다른 사람도 그 사람을 좋아하게 되기 마련이기 때문이다. 그런데 나이가 들어서는 왜 이 만고불변의 법칙과도 같은 이 원리를 실행에 옮기지 못하는 것일까?

원하는 것 생생하게 상상하기

학교 다닐 때 나도 책상 앞에 나의 목표를 적어 놓았던 기억이 난다. "반에서 1등 하기", "중간고사 끝나고 맛있게 아파트 2단지 상가 지하에 있는 떡볶이 먹으러 가자!" 정확하게 기억나지는 않지만 이런 내용이 있었던 것 같다. 원하는 것을 얻으려면 먼저 목표를 명확히 해야 한다. 목표는 사람의 눈빛을 변하게 만드는 힘이 있다. 사람을 변화시키는 목표는 기한이 정해져 있는 목표이다. 기한이 정해져 있는 목표는 '절박함'과 '긴장감'을 사람에게 주기 때문이다. 우리는 다니고 있는 직장에서는 이 목표를 쉽게 만들고 접한다. 목표설정과 목표달성을 위한 노력은 어느 조직에나 있는 업무의 메커니즘이다. 조직에서의 목표는 당연히 달성해야 할 시간이 한정되어 있다. 직장 내에서 늘 따라붙는 기간이 정해져 있는 목표는 구성원들에게 절박함, 긴장과 그리고 활력을 불어넣는다. 때로는 이것이 스트레스로 작용하기도 하지만 조직의 목표는 일의 구심점이고 어떻게 보면 일을 하는 이유가 되기도 한다. 그런데 일이 아닌 나의 개인 영역, 즉 사생활에 있어서도 목표 수립은 부단히 계속된다. 한 달 내 다이어트로 10kg 감량, 3개월 내 토익 700점 달성, 올해 굴착기 자격증 획득, 금연 등의 목표를 수립한다. 그리고 스스로를 절박하게 몰고 가기 위해 목표에 시간 한계를 스스로 설정하기도 한다. 그런데 이런 개인적인 목표는 관리하기가 좀처럼 쉽지 않다. 목표를 포기해도, 기한을 연장해도, 목표를 달성하지 못해도 누구 하나 뭐라 할 사람이 없기 때문이다. 나이가 많이 찬 성인이면 더 그렇다. 내가 이런 목표가 있었다는 것조차 다른 사람들이 모르는 경우가 태반이다. 그래서 목표는 혼자만의 목표수립이 되어서는 안 되며 여러 사람에게 대외적으로 공표를 하는 것이 효과적이다. 어떤 사람들은 SNS상에 자신의 이러한 목표를 게시하여 대중들 앞에 선포하는 방법을 사용하기도 한다. 이만큼 개인이 사적으로 수립하는 목표는 목표 달성을 위한 과정이 조직 내에서의 그것보다 어렵다. 사적 영역의 목표를 달성하기 위한 또 하나의 좋은 방법은 목표를 달성했을 때의 모습을 생생하게 상상하는 것이다. 일종의 나의 꿈을 구체화하는 것이다. 목표를 '토익점수 700점 달성하기'로 수립하고 그를 위해 노력한다면 참 재미없다. 하물며 획득한 토익점수 700점을 바탕으로 취직 등 어떤 관문의 자격요건이 되지 않으면 추동력을 얻기가 쉽지 않다. 그러나 토익 700점을 달성했을 때의 모습을 상상하면 나는 목표에 좀 더 다가가려는 욕망이 생길 수 있다. 700점 획득의 점수표를 받았을 때의 성취감, 그를 바탕으로 800점에 도전하기 위해 새로 한 차원 높은 수준의 영어책을 구매하는 모습, 친구들에게 자랑하는 모습, 이를테면 이런 상상력들이다. 폴 마이어는 성공의 비결을 묻는 사람이 찾아오면 벤츠 영업 대리점으로 데려갔다. 차 앞에서 주인처럼 사람을 서 있게 하고 사진을 찍어줬다. 그리고 날마다 이사진을 보며 생생하게 꿈꾸라고 했다. 그러면 결국 성공해서 실제로 벤츠의 주인공이 될 것이라고 말했다.

자기가 원하는 것, 달성하고자 하는 목표를 수립하는 것도 중요하지만, 목표를 달성했을 때의 모습을 생생하게 상상하고, 가능하다면 벤츠 앞에 서 있는 자신의 사진처럼 가시화되도록 해야 한다. 나는 이것을 실행해보려 한다. 책을 내는 과정에서 말이다. 나는 비록 지금 생애 첫 책을 발간하기 위해 책을 쓰고 있지만, 과연 내가 책을 낼 수 있을까 하는 의구심이 들기도 한다. 내가 책을 쓰면 사람들이 읽기는 할 것인가라는 생각이 집필에 대한 자신감을 떨어뜨리기도 한다. 폴 마이어의 말 "원하는 것이 있다면 생생하게 상상하라."가 과연 맞는 말인지 나는 실험의 대상이 되기를 자처한다. 내가 책을 발간해서 서점에 나의 책이 등장한 모습을 상상한다.

1. 서울 영풍문고 서점에 가보니 내 책 '마흔 살, 불혹전략'이 나와 있다.
2. 출판사에서 만든 홍보물이 벽면에 붙어있다.
   "인생의 2막을 새로 시작하는 이들에게 필수 지침서"라는 문구를 보며 나는 혼자 키득거린다.
3. 나는 아내와 두 딸과 같이 홍보물 앞에서 책 한 권을 들고 기념사진을 찍는다. 아이들은 신기해하고 아내는 고생했다고 격려와 위로를 해 줄 것이다. 인세를 본인 통장으로 들어 오게 하라고 억지 아닌 억지를 부릴 것이다.
4. 나는 내가 아는 동료들을 포함하여 홍보차 책을 보낼 것이다. 책 가

장 앞장에는 내 친필과 서명을 넣을 것이다.

"나이 마흔은 유혹되지 않음이 아니라, 유혹되지 말아야 함입니다. 인생의 참고점이 되기를 기원합니다. ―최문규―"

5. 주변에서 책을 읽어본 몇 명의 독자들에게 문자 메시지가 올 것이다. 호평과 혹평이 채워질 것이다. 나는 이 의견들을 참고하여 두 번째 책을 준비할 것이다.

6. 처음에는 독자가 많지 않겠지만, 점점 공감하는 사람들이 많이 생겨 저자 강연 등의 주문이 들어올 것이다.

나는 반드시 필요한 곳에 찾아가서 강연할 것이다.

7. 내가 2019년에 다시 대대장을 하게 될 때 이 책을 여러 권 가지고 갈 것이다. 중대장들을 포함한 몇몇 부하들에게 나누어 줄 것이다. 간부교육이나 식사자리에서 가끔 책 내용을 인용할 것이다. 책을 쓰게 된 배경과 집필의 과정을 설명할 수도 있다.

8. 나는 항상 이 책을 옆에 두고 인생의 참고서로 쓸 것이다. 분명히 수정하거나 보완해야 할 사항이 있을 것이다. 그때 그때 적어둘 것이다.

9. 『마흔 살, 불혹전략』을 바탕으로 나는 50세가 되어 『지천명(知天命) 전술』 집필을 준비할 것이다.

원하는 것을 달성했을 때의 모습을 이렇게 작성해보니 원하는 것과 과대망상의 사이에서 순간순간 고민을 하게 된다. 과대망상이 되지 않기 위해서는 책을 발간하고 나서의 모습까지만 상상을 해야지 그 책을 통해서 얻고자 하는 것까지 상상해서는 안 되겠다는 생각이 들었다. 서점에 가서 책을 들고 기념사진을 찍는 모습을 핸드폰 카메라에 담았다. 그 사진은 내 핸드폰의 바탕화면으로 설정되어 있다. 원하든 원하지 않던 나는 매일 핸드폰 속에 『마흔 살, 불혹전략』이라는 책을 들고 있는 나를 바라본다. 꿈이 이루어질까?

집념과 몰입

곰곰이 생각해보니 나는 순수함을 잃었다. 다시 말해서 내가 원하는 목표에 대한 집념이 사라졌다. 집념이란 한 가지에 대한 몰입이기도 하다. 그렇다면 나는 왜 집념과 몰입이 사라졌을까?

첫째. 원하는 것, 이루고자 하는 것이 너무 많기 때문이다. 인생도 성공해야 하고, 자녀도 좋은 대학에 보내야겠고, 돈도 남들만큼은 벌어야겠고 좋은 아파트와 차도 사고 싶다. 원하는 것, 이루고자 하는 것이 너무 많아졌다. 목표가 많다는 것은 달리 말하면 목표가 분산된다는 것이다. 목표가 분산되니 나는 당연히 아무것도 얻을 수 없다. 하나라도 제대로 하기 힘들다. 사람들은 이런 나를 흔히들 세상의 때를 탔다고들 한다. 그렇다, 나는 때를 너무 많이 탔다.

둘째는 나 자신을 믿지 못하기 때문이다. 과연 내가 원하고자 하는 바를 위해서 노력할 때 잘할 수 있을까? 어떤 목표를 세웠을 때 젊었을 때처럼 그것만을 위해서 노력할 수 있을까 하는 생각이 먼저 든다. '어떻게 나의 목적만을 위해 열심히 할 수 있겠어? 처자식은? 내가 원하는 것을 위해 노력하기 위해 나만 생각한다는 것은 너무 이기적인 것 아니야?' 등의 이유로 나는 나 자신을 믿지 못할 때가 생긴다. 목표를 세워도 나 자신을 믿지 못하기 때문에 나는 얻고자 하는 바를 쉽게 얻을 수 없다.

셋째는 상대방을 믿지 못하기 때문이다. 내가 바라고자 하는 바는 절대로 나 혼자만의 노력으로 얻기에는 매우 어렵다. 주변 사람들의 도움을 필요로 한다. 가족, 친지, 친구 그리고 직장 내 동료들의 도움이 필요하다. 그 도움은 내가 원하는 바를 얻고자 하기 위한 직접적인 도움이 될 수도 있다. 또한, 내가 원하는 바를 얻기 위해 전념할 수 있도록 여건을 조성해 주는 간접적인 도움이 될 수도 있다. 그런데 내가 그 사람들을 믿지 못하여 모든 것을 나 스스로 해결하려 한다면, 결국 나는 시간 부족 등으로 말미암아 원하는 바를 이루지 못하게 된다. '상대방을 믿고 맡기는 것은 나 스스로 완벽하게 처리하는 것보다 훨씬 중요하다.'[4]

나는 나이 마흔이 넘어서 책을 쓰기로 했다. 책을 쓰는 것이 내가 원하는 바고 나의 목표가 되었다. 동일 선상에 있던 다른 목표들, 이를테면 성공의 기준이라 할 수 있는 다른 성공의 잣대들은 상당수 내려놓았다. 목표의 개수를 과감히 줄였다. 내가 과거에 내 여자친구에게만 전념하였듯이 나는 지금 이 책 쓰기에만 전념해 보고 싶다. 그리고 나는 나 자신을 믿기로 했다. 나는 그렇게 나와의 약속을 못 지켜온 사람은 아니다. 책을 쓰기 위해 나는 사랑하는 가족과 아이들과의 품에서 잠시 멀어짐을 선택했다. 나는 결단력이 있고 냉철한 사람이기 때문이다. 그게 나의 모습이고 나는 그런 나를 믿는다. 그리고 주변 사람들을 믿기로 했다. 가족과 아이들은 아빠를 이해해 줄 것이다. 나는 가족과 아이들에게도 좋은 남편이었고 가

---

4 폴마이어(Paul J.Meyer), 책이 있는 마을, 『성공 시크릿』, 2007년, 159쪽

정의 행복을 위해서 늘 노력했다. 지금은 잠시 목적을 위해 떨어져 있는 것이다. 나는 떨어져 있는 이유를 설명했고 그들은 나를 이해할 것이다.

그리고 내가 책을 쓰는 것을 주변 동료들과 또는 지인들과 공유하면서 그들과 과정을 같이 할 것이다. 책 쓰기 내용에 대하여 의견도 듣고 필요한 조언도 들을 것이다.

나는 내가 몸담고 있는 군인의 길에도 소홀하지 않는다. 나는 업무시간에 최선을 다할 것이고 직장 동료들은 최선을 다하는 나를 인정해 줄 것이다. 그렇다, 나는 목표가 단순하고 명확해졌으며, 나라는 존재에 대한 믿음을 갖기로 했고 나의 주변 사람들을 믿는다. 또한, 이 믿음이 그리고 흔들리지 않기 위해서 내가 하는 70만큼의 행동이 적어도 70 이상의 결과로 나오기 위해서 예전보다 더 적극적으로 종교활동에 참석할 것이다.

진정으로 원하는 것을 얻기 위해서는 목표를 단순화하고 나 자신과 주변 사람을 믿어야 한다. 그리고 순수한 마음으로 목표를 달성하기 위해 매일 부단히 정진해야 하며, 적어도 내가 노력한 만큼의 결과가 나올 수 있도록 절대자에게 나를 의지하고 간절한 바람을 전달해야 한다. 이런 과정과 신념에 의해서 내가 원하는 것은 현실로 이루어진다.

행복과업 달성

"당신이 생각하는 삶의 목표는 무엇입니까?"

"행복한 삶입니다."

어린 시절 미래의 꿈을 묻는 질문에 과학자, 의사, 선생님이라고 답하는 친구들이 대부분이었다. 대부분 무엇이 되고 싶다는 특정 목표 또는 대상이 꿈에 대한 질문의 답의 주를 이룬다. 지금도 딸 아이들의 학교에서 나오는 가정통신문을 보면 '장래희망'란이 포함되어 있다. 두 딸의 장래희망란의 대답은 매년 바뀌는 것 같다. 내가 어렸을 때 장래희망을 물어보는 질문에 '돈 많이 벌기'라고 답한 친구가 있었던 것 같았다. 지금 생각해보면 남들보다 조금 '조숙'했다고 평가한다. 나보다 키가 컸던 같은 반의 여자아이는 '행복하게 살기'라고 답을 했던 기억이 난다. 지금 와서 생각해보면 그 친구는 생각이 상당히 앞서나갔던 것 같다. 아니면 인생에 대해서 남들보다 먼저 공부를 하거나 고민을 했을지도 모른다.

장래희망에 대한 일률적인 답을 내릴 수는 없지만, 모범답안이라는 것이 있다면 그것은 다름 아닌 '행복'이다. 중년 이상의 사람들에게 장래희망을 물어보면 이제는 더는 무엇이 되고 싶다거나, 무엇을 갖고 싶다고 하는 사람은 많지 않다. 그들은 대부분 '행복'을 최고의 가치로 꼽는다. 인생을 살다 보니 인생의 경험이 장래희망에 대한 모범 답안을 만드는 것 같다. 이제부터라도 학생들의 가정통신문에는 '장래희망'이라고 묻는 것보다 '장래의 모습?'을 물어서 행복에 대한 꿈을 좀 더 일찍 갖도록 하는 것이 좋을 것 같다.

행복에 대한 정의

행복이란 무엇일까? 행복에 대한 막연한 정의는 누구나 머릿속에 있을 것이다. 좋은 것, 기쁜 것, 화목한 것, 웃게 하는 일, 이러한 단어들이 행복하면 떠오른다. 그러나 행복을 명확하게 하나의 정형화된 모습으로 정의하기는 어렵다. 행복이라는 단어를 처음으로 만든 사람도 행복에 대한 형상은 만들지는 못했을 것이다. 나는 행복을 최종 상태로 한 모습을 종이에 그리기는 어렵지만, 행복으로 가는 과정은 정리할 수 있을 것 같다.

첫째, 행복은 물질적으로 부족함이 없는 상태이다. 의식주에 있어서의 기본적인 항목들의 부족이 생기면 행복할 수 없다. 부족으로 인한 배고픔, 빈약, 빈곤 그리고 찌듦은 행복을 헛된 이상으로 만든다. 물질이 배재된 정신적인 행복을 주장할 수 있으나 이는 일시적이다. 100년을 살아가는 인생에 있어서 물질이 부족하다는 것은 100년을 참고, 아쉬워하면서 궁핍하게 살아가게 만드는 것이다. 또한, 물질적인 부족은 물질에 대한 집착과 욕심, 탐욕을 만들 수 있다. 그래서 물질이 부족한 행복은 다소 이상적이라고 할 수 있다.

둘째, 타인과 관련된 것으로 타인에 대한 증오, 오해, 시기 그리고 갈등이 없는 상태이다. 인간은 사회적인 동물이기 때문에 타인과 같이 살아갈 수밖에 없다. 직접적으로 만나든 전화를 통해 교감하든, SNS 등을 통해 소통하든 우리는 늘 타인과 마주하며 산다. 그런데 우리가 만나는 사람은 대부분 처음 만나는 사람이 아니다. 업무, 동료, 우정으로 묶인 사람과 많게는 수십 번, 수백 번 만나게 된다. 그런데 이 만남이라는 것은 단순한 친밀감으로 인해 이루어지는 것보다 목적과 이해관계에 의한 것이 대부분이다. 상대방이라는 사람을 행복 자체로 볼 수도 있지만 그러기는 쉽지 않다. 타인을 밟고 일어나야 내가 돋보이며, 타인을 적절히 이용해야 나에게 이득이 생길 수 있다. 이런 자기중심적인 사고는 타인을 목적이 아닌 수단으로 생각하게 한다. 그리고 목적 달성을 위한 이러한 수단이 내가 생각하는 모습대로 되지 않으면 증오, 싸움, 갈등이 생기는 것이다. 타인과 같이 살되 이러한 감정들이 없어진 상태가 행복이다.

마지막으로 행복이란 내가 사람들과 함께하는 것을 느끼는 것이다. 이것은 내가 힘들거나 기쁠 때 같이 감정을 느낄 수 있는 사람이 옆에 있다는 것이다. 또한, 사회라는 공동체가 나를 필요로 하는 것이다. 조직과 사회가 나를 필요로 할 때 나는 외롭지 않고 연대감을 느낄 수 있으며 이것은 나에게 행복을 가져다 준다. 사람은 주변의 사람과 조직 구성원들로 인해 증오, 싸움, 갈등이 일어난다. 그런데 이러한 감정을 일으키게 하는 사람이 없다면 이 또한 나는 행복할 수 없다. 나의 주변에 있는 모든 사람은 나에게서 행복을 빼앗아 갈 수도 있지만 나는 그들이 없으면 행복해질 수 없으니 아이러니하다.

결국, 행복한 삶을 살아가기 위해서는 기본적인 의식주를 해결하는 데 부족함이 없어야 한다. 그리고 타인과 형성된 공동체의 일원으로 살아가되 그들과의 마찰과 갈등이 없어야 하는 것이다. 행복은 이렇게 어려운 과제이기 때문에 많은 사람이 행복을 인생의 최고의 과제로 생각하는 것 같다.

행복으로의 접근

그렇다면 '행복은 늘 이상적인 것으로만 남겨져야 할 과제인 것인가? 행복을 추구한다는 것, 행복을 실현한다는 것은 꿈과 이상에 지나지 않는 것인가?'라는 질문을 할 수 있다. 여기에 '그럴 수밖에 없다.'고 대답할 수도 있지만 '실현할 수 있다.'라고 할 수도 있다.

행복에 대한 정의를 내렸기 때문에 행복은 추구할 수 있는 대상이며 완전한 모습은 아닐지라도 한 발짝씩 행복의 상태로 접근할 수 있다.

가장 먼저, 행복해지려면 기본적으로 물질적인 부족함을 해결해야 한다. 그런데 물질적인 부족함을 해결하는 것에 있어 가장 어려운 것은 부족함을 얻는 것이 아니다. 이보다는 '부족함'에 대한 정의를 내리는 것이다. 과연 얼마만큼 가지고 있어야 '부족함'이 없는 것일까? 개인적으로 '부족함'이 없다는 것은 '기본적인 의식주를 유지할 수 있다, 장기적 또는 갑작스럽게 생긴 필요한 것을 무리 없이 구할 수 있다, 죽는 날까지 남에게 손을 벌리지 않는 것'이다. '부족함'을 없애기 위해서는 일을 해야 한다. 일은 금전적인 보상을 통하여 '부족함'을 없앤다. 또한, 일을 통하여 건강을 유지할 수 있고 성취감을 느낄 수 있어 욕구 실현에 의한 삶의 만족도를 높인다. 따라서 일은 정년 내의 한시적인 일이 아니라 생명을 유지할 때까지 지속적인 반영구적인 일이어야 한다.

둘째로, 행복하려면 타인에 대한 증오, 오해, 시기, 갈등이 없어야 한다. 이 상태를 만들 수 있는 하나의 방법은 오늘 몇 번째 보는 사람도 늘 처음 보는 사람처럼 대하는 것이다. 장점만 보려고 노력하라는 말도 있다. 그런데 장점을 본다는 것은 벌써 그 사람의 과거를 생각하고 있다는 것이다. 장점은 과거에 그를 만나본 경험에서 나오기 때문이다. 그런데 장점을 보기 위해 과거를 보면 단점도 보이게 마련이다. 따라서 사람의 장점만 보는 것은 증오, 오해, 시기 그리고 갈등을 없게 하는 최고의 방법 혹은 이상적인 방법일 수는 있으나, 현실적으로 가능한 방법은 아예 그 사람의 과거를 생각하지 말라는 것이다. 그 사람이 오늘 나에게 보이는 모습 그대로만 보는 것이다. 나를 만나는 상대방을 늘 처음 보는 사람이라고 생각한다. 나는 처음 보는 사람에게 반갑게 인사하고 얘기하고 일과 관련하여 협조한다. 나는 상대방에게 최선을 다한다. 최선을 다한 결과 상대방에게서 나오는 결과에 대하여 연연하지 않는다. 나는 단지 상대방에게 매일 새로운 모습으로 최선을 다하면 된다.

마지막으로 행복이란 내가 사람들과 함께함을 느끼는 것이라면 그 느낌을 배가 될 수 있도록 항시 노력해야 한다. 타인과 손과 손을 맞잡고 연결되어 있는 연결고리가 늘 유지될 수 있도록 해야 한다. 이를 위해서는 타인과 연락하고 식사하고 술자리를 하는 적극적인 방법이 있다. 생일을 챙기고 결혼기념일에 선물을 하고 상대방 가족과 자녀들의 이름을 기억해 주는 것도 적극적인 방법이다. 그러나 일상 속에서의 단순한 방법도 있다.

그것은 주변인들에게 사소한 일에 대해서도 '안녕하세요, 감사합니다, 고맙습니다, 수고하십니다.'라고 말을 건네주는 것이다. 이 간단한 말 한마디가 상대방과의 연민과 유대감을 자극하고 이는 상대방과 나와의 연결고리를 재확인시켜주는 확인점 역할을 한다.

수행을 통한 행복 완성

위에서 언급한 행복으로 접근하는 방법은 이상적이리만큼 어렵다. 행복을 실현하는 방법을 마치 매뉴얼처럼 몇 페이지로 정의 내리는 것 자체가 어불성설일지도 모른다. 그러나 우리는 행복이라는 것을 항상 가까이하기엔 먼 과제로 남겨둘 수만은 없다. 누구나 행복을 추구한다면, 그리고 그 행복이라는 모습을 그릴 수 있다면 우리는 실현할 수도 있는 것이다. 물질적인 부족함이 없도록 하는 것, 타인을 매일 처음 보는 사람처럼 대하는 것 그리고 주변인과의 연을 지속적으로 확인하는 것을 유지하려면 철저한 자기성찰이 수반되어야 한다. 내가 행복을 위해 필요한 위에서 언급한 세 가지 과업들을 매일 제대로 하고 있는가를 항시 되돌아봐야 한다. 그런데 이 되돌아봄의 행위는 평상시의 사고만으로는 제한된다. 사람은 기본적으로 당장에 아쉬움이나 걱정이 없으면 자기가 생각한 이상, 즉 행복이라는 가치를 망각하기 때문이다. 망각하고 시간이 지나면 후회한다. 행복이라는 가치를 잠시 잊고 있었다고 말이다. 그런데 사람은 자신의 심신적으로 힘든 상태에 빠지면 현실을 좀 더 각성하고 자신을 반성하고 평상시 생각해왔던 이상을 꿈꾸게 되는 생리적, 신체학적 특성을 가지고 있다. 따라서 행복 실현의 중간 점검을 하려면 매일 나 자신을 스스로 심신적으로 힘든 상태로 빠져들게 해야 한다. 나의 자발적 의지에 따라 이상적인 모습, 꿈꾸는 가치를 실현하기 위한 되돌아봄을 위한 심신의 고통으로의 초대가 수행이다. 그런데 마음은 단기간 내 인위적으로 힘든 상태로 빠져들게 하기 어렵기 때문에 우리는 통상 신체를 수행의 방법으로 택한다.

수행에는 신체 행동을 수반한 기도, 일정 기간의 참선 등이 있다. 매일 일정 시간과 거리를 달리거나 걷는 방법도 있다. 이러한 행위들은 나의 신체를 자극하여 나를 극한상태로 내몰게 하며, 이러한 극한상태에서의 심리상태는 반성과 뉘우침을 통한 각성을 가져오게 한다. 그러한 각성은 평상시 내가 하고자 했던 것에 대한 게으름과 나태함에 일침을 가하여 원하고자 하는 바를 이룰 수 있도록 다시 한 번 한걸음을 내딛게 한다.

행복의 정의와 실현방법을 알았다면 이제 수행을 통해 그 이론을 눈에 보이도록 하는 것만 남아있다.

'절대자'를 믿는 이유

두려움을 용기로

대대장 임무 수행 중 지휘활동에 문제가 제기되어 조사가 시작되었다. 일주일간 나는 혼자와의 싸움을 하였다. 출근하면 바로 사무실로 가서 진술서를 작성했다. 3일 만에 21장의 진술서를 작성했다. 내가 행한 일에 대한 자세한 소명서였다. 밥도 먹으러 가기 어려웠다. 누가 먹지 말라고 한 것은 아니었다. 식당으로 갈 수가 없었다. 부하들의 얼굴을 볼 자신이 없었다. 말 그대로 식음을 전폐했다. 주임원사가 내 집무실로 식사를 챙겨주었지만, 입맛이 없었다. 새벽 늦게까지 책상에 앉아 있었다. 진술서를 쓰고 생각을 하고 또다시 진술서를 수정하면서 보직해임 심의를 준비했다. 보직해임 심의가 점차 다가올수록 심의준비에만 집중했다. 하루에 한 끼조차 먹지 않았던 것 같다. 두려움이 엄습했다. 평소에 알고 지내던 목사님께 전화를 했다. 당시의 상황을 설명하니 목사님께서 밤늦게 사무실로 찾아오셨다. 늘 그러했듯이 내 얘기를 한참 동안 들어주셨다. 한 시간 정도를 얘기했다. 계속 들어주셨다. 나도 모르게 말하는 중에 눈물이 흘렀다. 계속 흘렀다. 운 것은 아니었다. 그냥 눈물이 많이 흘러 내렸다. 목사님께서 기도해 주셨다. 잘 될 것이라며 위로해 주셨다. 몇 분간 계속 기도를 해주셨다. 그렇게 나의 두려움은 기도와 눈물을 통해 용기로 변해갔다. 나는 두려움이 용기로 변하는 그 과정을 아직도 생생히 기억한다. 군에서 신앙 전력화는 매우 중요하다. 미군은 전투현장으로 출정할 때 군종참모가 편성되어 있지 않으면 해당 부대 지휘관이 출정이 불가능하다고 판단한다고 한다. 그들은 생사의 기로를 많이 목격했을 것이다. 전우들이 적군의 총알에 맞아 숨이 끊어질 때 다시 적진을 향해 돌진하는 용기는 분명 신앙심에서 발로된다고 생각한다. '조국을 위해 목숨을 바치면 신은 분명 죽은 나와 살아 있는 나의 부모 형제들을 보호할 것이다.'라는 신념이 있을 것이다. 두려움이 용기로 바뀌는 과정이다.

적어도 내가 노력한 만큼은

사람은 누구나 죽는다. 죽고 나서의 사후 세계는 누구에게나 궁금하다. 사후세계를 볼 수 있다면 노벨과학상은 따놓은 당상이다. 보지 못하기 때문에 우리는 더욱 궁금하다. 그런데 궁금한 것은 때론 사람에게 독이 되기도 한다. 궁금함이 불안감으로 이어지기 때문이다. 우리는 사후세계의 불안감 때문에 종교를 갖기도 한다. 그래서 우리는 우리가 보지 못하는 사후세계를 위하여 종교를 갖기도 한다. 결국, 종교라는 것은 우리가 눈으로 보지 못하는 것을 믿는 것이다. 종교는 신에 대한 믿음이다. 곧 종교는 믿음이요 믿음이란 우리가 보지 못하는 것을 믿는 것이다. 종교를 사후세계의 안정을 위해서만 믿는다고 하기에는 너무 미래지향적이다. 현실적인 차원에서 우리는 왜 종교를 갖게 되는가? 이 문제에 대하여 누구나 한 번쯤 깊은 고민을 하였을 것이다. 적어도 불혹의 나이가 되는 성인이라면 이 문제를 생각해 봤을 것이다. 각 개인이 이 물음에 해답을 찾았다면 적어도 주 1회 종교활동에 꾸준히 참석할 것이다. 그렇지 못하다면 아마도 불규칙적인 그런 신앙생활을 하고 있을 것이다.

　세상을 사는 중요한 방법의 하나는 최선을 다하는 것이다. 최선을 다한다는 것은 성실하다는 말이기도 하다. 시험에서 좋은 성적을 거두기 위해서는 최선을 다해야 한다. 물론 시험성적을 위해서는 최우선적으로 실력을 쌓아야 하는 것인데 이 실력이란 통상 최선을 다하는 데서 많은 성과를 얻을 수 있다. 그런데 냉철하게 돌이켜봤을 때 시험성적은 실력과 성실 여부로만 결과가 나오는 것은 아니다. 아무리 공부에 최선을 다하더라도 예상치 못한 변수가 있다. 그 변수란 긍정적인 요소도 있고 부정적인 요소도 있다. 다시 말해서 내가 70이라는 노력을 했을 때 70이라는 결과물이 나오는 것이 아니고 50, 70, 90의 다양한 결과가 나온다. 우리는 이렇게 자기 실력과 다른 결과가 나왔을 때 그것을 운의 영역이라고 간주한다. "이번 시험에서 운이 좋았어.", "이번 시험에 나는 운이 좋지 않았어.", 이렇게 말하는 것이다. 나는 70이라는 노력을 했을 때 적어도 70의 결과가 나오게 하는 것은 '믿음'에 의한 영역이라고 생각한다. 믿음은 앞서 말한 바와 같이 종교를 통해 실현된다. 결론적으로 말하면 내가 70이라는 노력을 했을 때 적어도 70이라는 결과가 나오면 다행인데 그렇지 않다. 그래서 적어도 내가 노력한 만큼인 70이라는 결과가 나오기 위해서는 종교를 가져야 한다. 그리고 나는 종교라는 믿음을 통해서 내가 전혀 예상치 못한

70 이상의 결과물을 갖기도 한다.

종교는 나 자신이 흔들리지 않게 바로 세워주는 역할을 한다. 기쁜 일이 있다고 지나치게 기뻐하지 않을 것을 경계하고, 슬픈 일이 있다 하여 지나치게 비관하지 않는다. 항시 나 자신을 일관되고 평온하게 하여 세상사의 순간적인 기쁨과 슬픔에 휘둘리지 않게 한다. 내가 나의 실력인 70을 시험에서 발휘하지 못하는 것은 내가 세상에 휘둘리기 때문이다. 결정적인 순간에 나 자신의 능력을 그대로 발휘하게 하는 보이지 않는 힘의 영역이 바로 종교이다. 그래서 우리는 종교가 필요하다. 이런 논리로 볼 때 종교란 그리고 신앙심이란 일회성으로 종교행사에 참석하는 것으로는 그 신적 영역의 위대함을 체험할 수 없다. 나 자신을 온전한 나로 만드는 것이 신앙심에 의해 이루어진다면 우리는 매일 적어도 일주일에 한 번은 종교행사에 참석하여 신의 영역에 자신을 의탁해야 한다. 신과 교감하여 부족한 나, 완전하지 못한 나를 완전하게 만들도록 지속적으로 노력해야 한다. 그래야만 믿음에 대한 결과를 볼 수 있다. 종교와 신앙으로 말미암는 믿음이 언제나 눈에 볼 수 없는 영역으로만 존재한다면 우리는 쉽게 지칠 것이다. 물론 보이는 것만이 이 세상의 진리는 아니다. 그러나 신앙심의 결과가 절대적으로 볼 수 없는 '희망고문'의 영역으로만 간주된다면 우리는 지치고 말 것이다. 다행스럽게도 믿음에 대한 결과물은 때론 눈에 보이기도 한다. 믿음에 대한 보상은 우리가 보지 못하는 것을 보게 하는 것이다. 70이라는 노력을 하고 적어도 70의 결과물을 얻을 수 있도록 신에게 고할 때 우리는 적어도 70의 결과물을 눈으로 보게 된다.

흔히들 노력한 만큼 결과를 얻는다고 한다. 그러나 사실은 그렇지 않다.

살다 보면 노력한 만큼의 결과를 얻지 못하는 경우가 분명히 있다. 그래서 사람은 때론 비관하고 상심한다. 이 세상이 내가 노력한 만큼의 결과가 늘 나온다면 그것은 정말 이상적인 세계라고 할 수 있다. 노력한 만큼의 보상을 늘 받는 것만으로도 우리는 행복해 질 수 있다. 그러기 위해서는 종교를 가져야 한다. 종교의 신적 영역에 자신을 맡기고 신의 영역에 나 자신을 의탁해야 한다. 신과의 대화를 통해 나는 비로소 온전한 나, 나 자신을 있는 그대로 세상에 투영할 수 있다. 이것이 내가 종교행사에 참석하는 이유이다.

모난 인성을 억누르다

"남자는 누구나 조금씩의 바람기를 가지고 있다. 이 바람기를 없애기 위해서는 한 곳에 미칠 수 있는 뭔가가 있어야 한다."라고 말하시는 분이 계셨다. 그분이 열광한 한 곳은 운동이었던 것 같다. 그분은 매일 운동을 하시는 것으로 유명했다. 골프, 테니스 등 다양한 운동을 두루 섭렵하시는 것 같았다. 나는 인성은 타고난다고 믿는다. 그것은 아버지와 어머니의 DNA를 받은 것이다. 아버지와 어머니의 혈액에 따라 나의 인성도 정해진다. 인성은 쉽게 말하면 성격이다. 사람은 성격을 가지고 있다. 성격은 다시 장점과 단점으로 나뉜다.

우리 둘째 딸은 정말 착하다. 어려서부터 남들한테 싫은 소리를 하거나 억지 한 번 부린 적이 없다. 그런데 그 녀석은 정리를 할 줄 모른다. 무언가를 만들거나 사면 버릴 줄을 모른다. 책상은 늘 어수선하고 지저분하다. 가끔 보다 못한 나와 아내가 한 번씩 정리를 대신해줄 정도이다. 그러나 그 녀석도 인성을 타고났고 착한 장점과 정리할 줄 모르는 단점을 가지고 있다. 이 역시 잘 고쳐지지 않는다. 그러나 안 좋은 단점을 계속 가지고 살 수는 없다. 인성은 변화할 수 없지만 교육을 통해, 그리고 철저한 자기노력을 통해 '겉으로의 변화'를 가져올 수 있다. 겉으로의 변화만으로도 충분히 단점을 극복할 수 있다.

'겉으로의 변화'를 가져오려면 꾸준히 자신을 되돌아봐야 한다. 1일 3성(一日三省)을 실천하여 적어도 하루에 세 번은 반성하고 나 자신을 살펴보는 시간을 가져야 한다. 그런데 하루에 3번씩 자신을 반성한다는 것은 말처럼 쉽지 않다. 시간이 부족해서라기보다는 타이밍을 갖기가 어렵다. 아침에 일어나서부터 저녁에 잠드는 순간까지 자신을 올 스톱시키고 나 자신을 둘러본다는 것은 생각처럼 쉽지 않다. 아침, 점심, 저녁을 먹고 나서 단 5분간 정기적으로 자신을 둘러보고 반성을 한다면 좋지 못한 인성에서 기인하는 불편과 마찰을 느끼지 못할 것이다. 그래서 나는 적어도 일주일에 한 번은 반성의 시간을 가져야 할 필요성을 느낀다. 그 좋은 기회가 종교행사이다. 어느 종파에 가든 참회와 참선 그리고 묵상의 시간이 주어진다. 자신을 돌이켜 보는 시간이 반드시 포함되어 있다. 이 시간을 통해 일주일간의 나를 되돌아보고 나를 반성한다. 나의 인성 중 잘못된, 옳지 못한 성격이 겉으로 드러나지는 않았는지 살펴봐야 한다. 그리고 나는 적어도 모난 인성의 '겉으로의 변화'라도 불러오기 위해 어떤 노력을 했는지 반성해야 한다. 사람의 망각주기와 업무 패턴을 고려할 때 1주일은 최소한의 마지노선이다. 그래서 종교행사는 주일에 한 번씩 반드시 가야 한다.

사람마다 종교관은 다르다. 왜 신을 믿어야 하는지에 대한 이해와 해석은 각기 다를 수밖에 없다. 신의 존재 유무조차 믿는 사람과 믿지 않는 사람이 나뉘고 어떠한 신을 믿을 것인지에 대한 선택 또한 다양하다. 그러나 적어도 신이 존재한다고 믿는다면, 신이 사람의 힘으로 할 수 없는 영역을 지배한다고 믿는다면 신에게 의지할 수 있다. 나는 적어도 내가 노력한 만큼의 보상을 통해 행복을 느끼게 해 주실 것과, 나의 잘못된 인성이 불쑥 튀어나오지 않게 억누르도록 해주실 것을 신께 바란다. 내가 일주일에 한 번 종교행사에 참석하는 이유이다.

깨달음을 위한 책 읽기

'장병 인성 바로 세우기'가 육군에서 한때 주요 과제로 추진된 적이 있었다. 전문강사에 의한 강연 및 독서를 통하여 장병들의 인성을 올바르게 함양한다는 것이었다. 타고난 인성은 교육을 통하여 좋은 방향으로 바로잡을 수 있다는 것을 전제한 것이다.

반면, "인성은 천성이다."라고 말씀하신 지휘관도 계셨다. 사람의 인성은 태어날 때 이미 정해진 것으로 살면서 변화되기는 불가능하다는 것이다. 따라서 교육을 통하여 또는 본인의 컨트롤 등에 의한 잘못된 인성이 밖으로 표출되는 것을 차단해야 한다는 것이다. 개인적으로는 후자에 공감한다. 나와 내가 아는 친족, 그리고 가까운 사람들을 봤을 때 그 사람이 가지고 있는 내재적인 성격이라 할 수 있는 인성 자체는 바뀌지 않는 것 같다. 흔한 말로 인성 DNA는 교육 등으로 쉽게 바꿀 수 없다는 것이다.

그렇다면 우리는 교육과 학습을 통해 본인의 인성 DNA 중 안 좋은 성분과 요소를 개선해 나가도록 노력할 필요가 있다. 이를 위한 다양한 방법이 있지만, 그중 가장 손쉽고 쉽게 접할 수 있는 방법은 책 읽기이다.

'2017 국민독서실태 조사'에 따르면 성인 연간독서율은 59.9%, 독서량 연평균 8.3권이고 독서자의 독서량 연평균은 13.8권으로 나와 있다. 1년에 단 한 권의 책이라도 읽고 있는 사람은 10명 중 6명이고 평균적으로 2달에 1권 남짓하게 책을 읽고 있다는 것이다. 독자와 비독자의 차이가 점점 심각하게 벌어지고 있다. 그런데 본질적인 문제는 책을 많이 읽지 않는다는 점과 책을 대하는 방식, 달리 말하면 읽은 책을 활용하는 방법이다. 결국, 이 두 가지의 문제는 '왜 책을 읽는가.'라는 질문에 대한 답을 먼저 구해야 해결할 수 있다.

책 읽기의 목적은 크게 정보습득과 깨달음이다. 학생, 의사, 과학자, 기술자 등 전문지식을 필요로 하는 사람은 책을 통해 필요한 정보를 얻는다. 주변에서 쉽게 볼 수 있는 다이어트, 요리, 운동, 취미 관련 서적 등도 대부분 정보를 취득하기 위함이다. 이러한 책은 1회의 독서만으로도 관련 팩트를 제공할 수 있다. 그러나 역사, 교양서, 자기계발서, 수필, 시 등은 인간의 깨달음과 관련이 있다. 깨달음과 관련한 서적은 단순한 일회성 독서만으로는 그 본질의 가치를 깨닫기 어렵다.

역사 관련 서적을 읽는 독자는 역사적 사실만을 아는 것도 중요하지만, 그 역사적 사실이 현재와 미래에 제시하는 교훈이 무엇인지를 파악하는 것이 더욱 중요하다. 현재 시중에 나와 있는 서적은 눈을 씻고 찾아봐도 현시점의 문제점과 미래의 방향을 역사적 사실과 연계하여 풀어놓은 것은 거의 전무하다. 그 역할은 역사 평론가나 『썰전』에 출연하는 유명작가 등이 대신하고 있다. 역사서적을 읽는 독자는 지금으로서는 '스스로 교훈 찾기' 역할을 해야만 한다. 스스로 교훈 찾기 방법은 두 가지로 나뉠 수 있다. 첫째는 역사서적을 읽으면서 이와 유사한 현재의 상황을 찾아보는 것이다. 두 번째 방법은 현재의 사실을 바라보면서 이와 비슷했던 과거의 사실을 찾아내는 것이다. 방법적인 측면에서만 고려했을 때 전자가 시간과 노력 면에서 훨씬 수월하다. 독자가 읽고 있는 역사적 사실을 그때그때 현재에 비추어 봄으로써 현재에 대한 평가를 다시 할 수 있다. 후자의 방법은 특별한 목적이 있을 때 사용하는 방법이다. 올해에 18년 남북정상 회담이 성공적으로 실시되었다. 남북 정상 회담 결과를 바탕으로 향후 중국과 일본 그리고 미국과의 관계를 어떻게 형성해 나가야 할지를 역사를 통해 알아보고 싶다는 생각이 든다. 그렇다면 과거의 역사를 검색하면서 이와 비슷했던 사례를 찾아보아야 한다. 시간과 노력이 많이 소요된다. 지금과 비슷한 유형의 사례를 찾는 것도 쉽지 않다. 그러나 역사는 반복된다는 대전제가 있기 때문에 과거에 분명 비슷한 사례가 있었을 것으로 가정하고 관련된 역사 찾기 노력을 해야 한다. 현재의 상황을 역사적인 사실을 들추어 분석하고 평가하는 능력을 가진 사람이 되고 싶다는 생각을 늘 해본다. 적어도 그러한 능력이 있는 사람을 곁에 두고 싶다. 추정컨대 주요 공직이나 기관에는 그러한 역할을 하는 사람이 있을 것이다. 오랜 역사와 근현대사 그리고 가까이는 몇 년 전에 있었던 사실을 오늘날의 사실과 비교하면서 해결책을 내놓을 수 있는 사람은 가치가 높게 평가될 수 있는 사람이다.

자기계발서를 읽는 독자는 본인이 교훈을 얻는 글귀를 체크하고 나름대로의 생각도 책에 메모하는 적극적 독서방법이 필요하다. 또한, 자기계발서는 일회성 독서에 끝나서는 안 되고 몇 번이고 책을 반복하여 읽어야 한다. 책에서 습득한 교훈이 체득될 수 있도록 늘 책을 주변에 소지하여야 한다. 그래야만 진정한 독서의 목적을 달성할 수 있다. 깨달음을 통해 나를 변화시킬 수 있다. '백번 읽고 백번 익힌다.'는 세종대왕의 독서법인 '백독백습(百讀百習)'은 같은 책이라도 매번 읽을 때마다 다른 의미를 깊이 학습하라는 메시지가 담겨 있다.[5]

역사와 서적은 공통점이 있다. 역사 속에 일어난 사실과 서적에 쓰인 글귀는 변하지 않는다. 그러나 시간이 지남에 따라 역사적 사실은 재평가되고, 서적의 글귀는 새로운 의미로 독자에게 다가온다. 역사는 사회 구성원의 정의에 관한 인식, 인권 수준, 가치관에 따라 역사적 의의와 평가가 달라질 수 있다. 서적은 같은 독자가 읽더라도 독자의 의식 수준과 학문적 배경이 변화함에 따라 그 역시 새로운 의미와 해석을 내릴 수 있는 것이다. 이렇듯 역사와 서적에 대한 평가는 몇 번이고 다시 반복되고 번복되는 과정을 겪는다.

인성을 바로 세우기 위한 독서는 깨달음을 위한 독서이다. 깨달음을 위한 독서를 위해서는 양서를 선택하여 반복하여 읽어야 한다. 읽은 내용을 다시 행동화하여야 한다. 이후에는 또다시 동일 서적을 읽어 행동화한 모습을 되돌아봐야 한다. 그래야만 그 독서는 의미가 있다. 서점에는 수많은 자기계발서가 나와 있다. 대화, 설득, 습관, 공부법, 시간 활용, 리더십 관련 서적은 셀 수 없을 만큼 다양하고 풍부하다. 본인에게 적합한 몇 권의 책을 골라 그것이 행동화될 수 있도록 반복 학습하는 노력이 필요하

---

5 서현관 지음, 다할미디어, 2017년, 『책 쓰기, 꼬박꼬박 월급 나올 때 시작하라』, 84쪽

다. 적어도 자기계발서와 같은 깨달음을 얻기 위한 서적은 몇 권을 읽었느냐보다는 몇 회 반복 읽었느냐가 중요하다. 한 사람의 인성을 독서를 통해 개선하고자 하는 주체자는 독자의 독서 유무 파악보다는 반복 학습과 행동화 실천 여부를 체크하고 점검해야 한다.

리더십과 스트레스는 흐르는 물과 같아서…

대대장을 할 때 연대장님께서 업무보고를 하시면서 사용하신 말이다. "리더십과 스트레스는 흐르는 물과 같다. 위에서 아래로 흐르는 물과 같아서 윗사람이 발휘하는, 행하는 리더십과 스트레스는 그대로 아랫사람에게 전해진다."는 것이다. 다소 시적인 표현이다. 쉽게 쓰는 표현으로 말하자면 위에서 짜증 내면 아랫사람들까지 힘들어진다, 뭐 이런 것이다. 내가 이 표현을 그대로 기억하는 것은 참으로 공감하는 문구였기 때문이다. 군 생활 17년을 하면서 체감한 그대로다. 리더십과 스트레스는 흐르는 물처럼 가장 밑에 있는 하급제대 조직까지 흘러 흘러 영향을 미친다. 아침에 부대의 지휘관이 화를 내거나 짜증을 내면 신기하게도 부대 전체가 얼어붙는 것은 어쩌면 진리와 공식과도 같다.

여기서 말하는 리더십을 극단적으로 표현하면 사랑, 칭찬, 배려와 같은 단어로 바꾸어 쓸 수 있다. 어떤 논리적인, 아닌 역학구조에 의해 리더십과 스트레스는 물처럼 흘러 흘러 밑으로 내려가는 것일까? 여기에 대하여 분석해보고 그 구조를 나름 고민해 본다면 흐르는 물과 같은 리더십과 스트레스를 좀 더 효과적으로 대할 수 있지 않을까 하는 생각이 든다.

　리더십과 스트레스가 흐르는 물과 같이 되는 이유를 나름 분석해 본다.

　첫째, 인간은 기본적으로 '보고 따라하기'에 익숙해진 동물이다. 태어날 때부터 인간은 보고 배운다. 엄밀히 말하면 보고, 들은 것을 따라하기 마련이다. 갓난아이가 처음에 "엄마"라고 말하는 것은 옆에 있는 엄마의 입을 보면서 시작된다. "엄마"라고 말하는 엄마의 입을 통해 아기는 옹아리를 하기 시작하고 수없이 많이 들은 "엄마"를 통해 비로소 '엄마'라는 첫 단어가 입으로 완성된다. 그때부터 우리는 보고 따라하는 것을 배운 것이다. 학교 다닐 때도 보고 따라했다. 선생님이 가르쳐주시는 것, TV나 핸드폰에 나오는 아이돌의 행동을 그대로 따라한다. 사람은 자기에게 영향력이 있는 사람, 자기가 생각하는 우상의 말과 행동을 그대로 따라하게 되어 있다. 이렇게 볼 때 상관의 리더십과 스트레스를 하급자는 그대로 따라하기 쉽다. 다이어트가 절실한 사람은 다이어트 영상을 따라한다. '배틀그라운드'를 잘하고 싶은 사람은 유명한 게이머의 게임 방법을 따라한다. 사람은 자기가 필요한 경우, 자기에게 영향을 미치는 사람을 따라하기 마련인데. 직장에서는 당연히 상사가 나에게 중요한 영향을 미치는 사람이기 때문에 부지불식간에 상사의 행동을 따라하게 되는 것이다.

　둘째, 기세라고 하는 분위기가 리더십과 스트레스에는 같이 따라다니기 때문이다. 따라하는 행동은 성인이 되어서는 판단력으로 거부 또는 자재할 수 있지 않는가라는 의문이 제기될 수 있다. 상사가 나에게 화를 내거나 짜증을 내도 나는 냉철한 이성으로 돌아와 나의 부하에게는 웃음을 보일 수 있지 않는가 하고 말이다. '따라하기'가 인간이 어렸을 때부터 체득화된 습성이라고 했을 때 '따라하기'를 스스로 거부하는 행동은 과학적으로 설명하기가 다소 어렵다. 그래서 나는 여기서 '기세'라는 단어를 사용하고 싶다. 공격기세, 분위기, 열세, 우세라는 단어를 사용할 때 우리는 '기세'라는 표현을 쓴다. 기세는 1+1=2가 되는 것이 당연하지만 1+1=3이가 되거나 0이 되는 영향력이 있다. 기세라는 것은 과학적으로 증명하기는 어렵지만 분명히 존재한다. 기세는 사전적으로는 '남에게 영향을 끼칠 기운이나 태도'를 의미한다. 그렇다. 리더십과 스트레스는 그 자체가 존재함과 동시에 '기세'를 가지고 있다. 기세는 상상할 수 없을 정도의 빠른 파급력과 전파속도를 가지고 있다. 말과 글, 심지어 전파의 속도보다 더 빠른 것이 이 기세이다. 기세는 분위기라는 공기를 통해서도 전파가 된다. 연일 계속 승리하는 팀을 보고 우리는 '연승 분위기' 또는 '상승 분위기'를 탔다고들 한다. 리더십과 스트레스는 인간 본연의 습성인 따라하기를 거부해 볼 법하기도 하지만 또다시 기세라는 강력한 파급력에 의해 흐르는 물과 같이 아래로 흘러가는 것이다.

마지막으로 리더십과 스트레스가 흐르는 물과 같이 아래로 영향을 미치게 되는 것은 '조직체계에서의 선(先)전파체계론'에서 기인한다. 어느 조직이든 많은 지시사항과 전달사항이 하달되고 전파된다. 수직적으로 또는 수평적으로 그것은 정보의 흐름과 같이 이동한다. 메일, 전화, 방송, 핸드폰 등 전파의 수단은 다양하다. 그런데 동일한 방법으로 전파되는 내용 중에서도 유독 빨리 전파되는 것이 있다. 이를테면 전파사항 중에서 '가장 듣기 좋은 말'과 '가장 듣기 싫은 말'은 빨리 전파되는 특성이 있다. 가장 듣기 좋은 말에는 칭찬, 성과금, 임시휴일 지정, 출근 시간 연기, 조기 퇴근, 일과 시간 내의 회식 등이 있다. 가장 듣기 싫은 말은 상급자의 호된 질책, 징계, 오너의 화 또는 짜증, 다툼, 사기, 이혼 등이다. 이 두 가지 유형의 정보는 기타 정보와는 다르게 순식간에 전파된다. 정상적인 전파체계에 추가하여 입에서 입으로도 전달되기 때문이다. 가장 듣기 좋은 말과 가장 듣기 싫은 말은 화장실에서도, 휴게실에서 커피를 마시면서도 전파된다. 심지어 직장 내에서 일하는 환경미화원, 식당 아주머니에게까지도 이런 사실은 급속히 빠르게 전파된다.

리더십과 스트레스는 조직 내에서 가장 듣기 좋은 말과 가장 듣기 싫은 말이라는 수단을 통하여 빛과 같은 빠른 전파 속도를 가지고 있다. 인간은 기본적으로 영향력이 있는 사람의 말과 행동을 부지불식간에 따라하게 되어 있다. 그리고 리더십과 스트레스는 과학적으로 설명하기는 어렵지만, 분명히 현실 세계에서 존재하는 누구나 경험해 본 기세를 가지고 있다. 그래서 리더십과 스트레스는 흐르는 물과 같아서 순식간에 조직 내의 전 인원들에게 영향을 미친다. 긍정 리더십은 발휘하면 발휘할수록 부하들에게 조직원들에게 좋은 영향요소로 작용한다. 반대로 지휘관의 화와 짜증 그리고 스트레스는 순식간에 조직 전체에 안 좋은 영향을 미친다.

우리가 이 사실을 받아들인다면 스트레스를 조직의 어떤 계층에서 받건 간에 조직 구성원 각자는 자기선에서 최소화시키려는 노력을 해야 한다. 인간의 능력은 때론 신비롭기까지 하다. 우리는 홈쇼핑에서 아무리 기가 막히게 광고를 하더라도 구매 버튼을 누르지 않을 판단력이 있다. 따라하지 않는 능력이 있다는 것이다. 야구를 보면 공격기세, 상승 무드에 과감히 찬물을 끼얹는 선수가 있다. 그렇다. 기세 또한 억누를 수 있다. 삽시간에 전파되는 전파체계는 인위적으로 그 루트를 끊을 수 있다. 현명한 지휘관은 "오늘 회의에서 내가 한 말은 더는 전파되지 않도록 해라."라는 말을 한다. 본인이 회의 중에 화를 내거나 짜증을 냈더라도 그것이 더는 전파되지 않도록 해야 한다는 순간적인 판단력을 가지고 있는 것이다.

그러나 이러한 인위적인 차단, 분위기를 반전시키는 찬물을 끼얹는 행동은 무리가 따르고 궁극적으로는 어떤 마찰을 동반하기 쉽다. 쉽지 않다는 것이다. 물을 댐으로 막는 것은 일시적으로 막는 것에 불과하다. 리더십과 스트레스는 발생 즉시 물이 된다. 고이든 썩든 어떻게든 물은 하부로 흘러가게 마련이다. 흐르는 물과 같은 리더십과 스트레스를 잘 치수(治水)해야 하는 이유이다.

워라밸 시대의 등장

↗

"오늘 17:30에 모든 컴퓨터의 전원을 끄고 전부 다 퇴근한다."

"일과 중에 최대한 일을 처리하고 혹시 일을 다 마무리하지 못한 사람은 저녁 먹고 다시 들어와서 한다."

워라밸(Work and Life's Balance)이 요즈음 핫한 단어다. 네이버 뉴스에 신세계 정용진 부회장이 워라밸의 선두주자로서 주 52시간 근무를 선포하였다고 떠들썩하다. 그러면서 화장실 가는 시간, 담배 피우는 시간까지 모두 계산하는 등 주어진 일과시간에 집중하여 최대한 업무를 마무리하겠다는 구체적인 방안도 제시하였다.

광고 문구에 "열심히 일한 자여 떠나라!"라는 문구가 있다. 요즈음 젊은 사람들은 좋은 직장의 기준을 업무를 통한 인정과 칭찬도 있지만, 그에 못지않게 중요하게 생각하는 것은 '저녁이 있는 삶'이다.

미국의 대형 구직 사이트 '커리어빌더(Career builder)'의 조사 결과를 주목할 필요가 있다. 설문에 참여한 미국 직장인 3,000여 명 중 34명만이 리더(부장 이상) 역할을 원했고, 단 7명만이 C-Level(고위 임원급)이 되기를 희망했다고 한다. 이처럼 답변한 가장 큰 이유는 '현재의 업무나 직급에 만족해서(52%)'로 나타났고, 그다음 이유가 '일과 삶의 균형을 지키기 위해서(34%)'였다.[6]

토요일 휴무, 삶의 질 향상, 저녁 있는 삶. 이렇게 세상은 조금씩 변하여 왔고 이제 우리나라도 일만큼이나 휴식이 중요한 가치로 떠오르고 있다. 여기에서의 휴식은 단순히 일하고 나서의 잠깐의 휴식을 의미하는 것이 아니다. 또 다른 삶의 성취감과 기쁨을 통해 행복을 줄 수 있는 일종의 놀이를 말한다. 워라밸에서 라이프는 단순한 휴식을 넘어서는 삶의 한 축이라는 것이다.

새로 보직된 직책의 사무실에 가보니 책상에 컬러로 도안된 예쁜 모양의 글귀가 개인별 책상머리에 붙어 있었다.

'Work and Life Balance'

작은 기대와 희망을 품고 주변에 있는 동료에게 물어보았다.

"이것이 잘 지켜지고 있습니까? 지켜지고 있다면 어떻게 지켜지고 있습니까?"

"네, 처장님께서 이것을 강조하셔서 처음 일주일간 정시 퇴근도 하곤 했는데 상급부대 훈련이 있어서 그런지 요즈음에는 제대로 지켜지지 않고 있습니다."

"뭐가 제대로 지켜지지 않고 있다는 말입니까?"

"정시퇴근이죠, 17:30분 퇴근."

---

6 안성민, 미래의 창, 2018, 『하우 투 워라밸』, 20~21쪽

그렇다. 우리는 워라밸 하면 생각하는 것이 정시퇴근이다. 정시퇴근이 지켜지면 워라밸이 되는 것이고 저녁 있는 삶이 보장되는 것처럼 생각한다. 누구의 잘못도 아니다. 그만큼 우리는 워라밸에 익숙하지 못하다.

워라밸 왜 안될까?

요즈음 워낙 워라밸, 워라밸 하니 군대에서도 상급 지휘관들이 워라밸을 강조하면서 나름대로 개념과 정의를 병행하여 하달한다.

"업무에 방해가 되지 않는 범위 내에서 최대한 개인의 저녁 있는 삶을 보장한다."

"워라밸을 강조하는 것은 휴식을 통하여 본연의 업무에 집중하기 위함이니 그 의미를 알고 잘 실천해주기 바란다."

즉, 일(work)과 삶(Life) 중에서 일(work)에 우선순위를 두고 있다는 것이다. 그런데 일도 삶의 일부이다. 어떻게 보면 워라밸이라는 용어 자체부터 잘못되었다고 할 수 있다. 누군가 일을 삶에서 떼어내어 생각한 것이다. 일은 삶이 될 수 없다, 일은 그냥 내가 생각하는 삶과는 다소 동떨어진 어쩔 수 없이 해야 하는 그런 것으로 본 것 같다. 일은 행복하지 않고 어려운 것, 그래서 감히 삶이라는 신성한 분야에 포함시킬 수 없는 것으로 본 것 같다.

다시 말하면 '워라밸'은 '워놀밸'이 되었어야 한다. 일(work)과 놀이(Play)의 조화(Balance)가 되었어야 한다.

'매슬로우의 욕구 5단계'의 최상위 5단계는 자아실현의 욕구(Self Actualization Needs)이다. 그런데 여기서 자아실현이라는 것이 무엇인지 냉정히 살펴봐야 한다. 과거에는 자아실현의 상당 부분이 차지하는 것은 일이었다. 일을 통한 직위 상승, 권력, 명예, 부를 얻는 것이 자아실현이라고 생각했다. 그런데 지금은 자아실현을 이렇게 한정적으로 단정할 수 없다. 놀이도 자아실현의 일부가 되었다. 내가 가슴이 뛰면서, 밤잠 설치는 기대감으로 할 수 있는 놀이를 준비하고 그것을 실제 행동으로 하는 것도 자아실현의 큰 영역이 되었다. 더군다나 '자아실현을 일과 놀이로 구분한다면 어느 것이 더욱 중요한가?'는 개인마다 다르다. 일이 놀이보다 중요하다고 생각하는 것이 당연하다고 생각하는 사람도 있지만 모두가 그렇지는 않다. 조직사회, 관리자의 입장에서는 일이 놀이보다 중요하다고 생각한다. 하지만 조직의 구성원은 이제 일만큼이나 놀이가 중요하다고 생각한다. 심지어 어떤 사람은 놀이가 일보다도 중요하다고 생각한다. 여기에서 오는 괴리감이 마찰을 일으키고 그것이 '워라밸'이라는 상징적인 단어로 표현되어 지금 이 시대의 화두를 만든 것이다.

워라밸이라는 단어가 말해주듯이 일과 놀이의 밸런스, 즉 균형을 원하는 시대가 도래했는데, 이것을 일의 절대적 우선, 일하고 남는 시간만큼의 놀이라는 생각을 가지고 있기 때문에 워라밸은 잘 실천이 되지 못하고 있는 것이다.

워라밸 실천은 어떻게?

"16:30이 되면 모든 대대원은 각자의 동아리에 참석을 한다. 싸이클부, 기타부, 탁구부, 수영부 할 것 없이 모두 정해진 시간에 위치하여 조장 통제하여 동아리 활동을 실시한다."

"연대장이 16:30에 각 대대를 순찰할 시 당직 근무자를 제외하고 사무실에 한 사람이라도 남아 있으면 용서하지 않겠다."

"그리고 동아리 활동 이후 다시 출근은 없다."

신병교육대대 중대장을 할 때 연대장님께서 이렇게 부대를 지휘하셨다. 이렇게 한 달, 두 달 시간이 흐름에 따라 삶의 패턴 자체가 많이 변화되었다. 16:30에 일과를 모두 마쳐야 하기 때문에 업무시간에 집중할 수밖에 없었다. 점심시간에도 시간을 내어 일을 했다. 조직원 모두는 일과시간이 바빠졌다. 멍하니 불필요하게 컴퓨터를 뒤적거리는 시간이 사라졌고, 커피를 먹으며 장시간 담소하는 시간도 자연스레 줄어들었다. 어느 부서가 16:30까지 일을 못 마칠 상황이 발생하면 타부서로 전환된다. 그렇게 테트리스의 퍼즐을 맞춰가듯이 부족한 영역을 서로 보완해가며 일을 하였고 모든 업무는 16:30에 종료되었다. 그리고 모두는 각자의 동아리에 참석하였다. 그때, 우리는 이미 워라밸의 모습을 실천하고 있었다.

우리는 아직 워라밸이라는 용어에 익숙하지 않다. 단어 자체는 많이 들어봤지만 어떻게 실천해야 하는 것인지 구체적으로 준비를 하지 못하고 있다. 단지 정확한 시간에 퇴근을 하면 워라밸이 지켜진다는 생각에 머물러서는 안 된다. 놀이에 대한 구체적인 계획이 세워져야 한다. 일과 놀이의 균형이라고 봤을 때 놀이는 일만큼이나 큰 영역을 차지한다. 삶의 반은 일이고 반은 놀이이다. 그런데 우리는 통상 일에 대해서는 계획이 있고 성과가 있다. 피드백이 있고 경쟁이 있으며, 효율성을 언급하고 효과적인 업무수행을 위해서 상당시간을 할애한다. 일을 원활히 처리하기 위해서 인접부서원과 협조하고 일을 위해 일과 후에 저녁도 먹고 술도 마실 때도 있다.

그런데 우리는 놀이에 대해서도 그만큼의 계획과 성과 검증, 효율성, 효과 등을 고민하고 검토하는 치밀함과 절박함이 있는가. 이 놀이라는 것을 단순히 개인에게 맡겨서는 한계가 있다. 조직에서 어떤 구성원을 조직원으로 받아들였다는 것은 그 구성원의 업무영역만 받아들인 것이 아니다. 그 구성원 한 명이라는 완전체 전체를 받아들인 것이다. 그렇다면 조직은 워라밸의 전체를 보장하고 책임지는 차원에서 일만큼이나 놀이에 대하여서도 관심과 신경을 써 주어야 한다.

놀이를 할 수 있는 시간을 부여하는 것도 중요하지만, 각 구성원의 놀이가 무엇인지를 파악하고 그 놀이가 의미 있게 진행되기 위해 놀이의 여건을 보장해주어야 한다. 회사에서 구성원에게 업무에 필요한 관용차를 내어주듯이 놀이에 필요한 것들을 할 수 있게 마련해 주어야 한다. 그것은 단순히 물질적인 지원에 국한되는 것이 아니라 그 놀이에 대한 인정과 관심을 의미한다. 필요한 물질적 지원이 충분치 못할 경우에는 최소한의 물질적 지원과 시간, 그리고 그 놀이가 제대로 진행되어 가고 있는가에 대한 점검 등의 관심이 필요하다.

조직원이 제대로 놀 수 있게 만들어 주고 제대로 놀았는가, 더욱더 재미있게 놀기 위해 조직차원에서 관심과 배려를 해 줄 수 있는 것이 무엇인가를 찾아 고민하는 것이 필요하다.

원하는 만큼 계획된 놀이를 실천한 사람은 자연스레 일을 생각한다. 계획된 놀이를 한 사람이 계속 놀고 싶다는 생각을 갖지는 않는다. 다음에 더 잘 놀기 위해 일을 한다. 그리고 일에 대해서도 좀 더 집중하고 관심을 갖게 된다.

일과 놀이의 밸런스를 조직이 일방적으로 정하는 것은 위험하다. 일과 놀이의 밸런스는 시간으로 정의하기는 한계가 있다. 한 구성원이 얼마만큼의 노력과 관심을 갖느냐 하는 문제이다. 따라서 그 밸런스는 조직이 정하는 것이 아니고 구성원이 결정한다. 조직이 구성원이 이해할 수 없는 납득할 수 없는 일과 놀이의 균형점을 제시하게 된다면 구성원은 받아들이지 않는다. 일과 놀이의 균형점은 상당히 민감한 부분이다.

다만, 조직은 조직의 가치관에 부합하는 워라밸 균형점의 절대적인 마지노선을 제시할 수는 있다. 군인에게 있어 적의 침투 및 공격 징후가 임박했다면 일과 놀이의 균형점은 일 쪽으로 치우칠 수 있다. 기업에게 있어서는 손익분기점이 장기간 마이너스를 면치 못하고 있다면 일 쪽으로 균형점이 일시적으로 쏠릴 수 있다. 그러나 여기서도 간과하지 말아야 할 것은 놀이를 줄인다고 해서 일의 성과가 늘어나는 것은 아니라는 점이다. 조직에 의한 일과 놀이의 균형점의 인위적인 조정은 그러한 점을 고려한 일시적인 것이어야 한다. 그리고 조직 구성원에게 일과 놀이의 균형점의 인위적 조정에 대한 충분한 배경 설명이 뒤따라야 한다.

조직 구성원 중에서 일에 대하여 고민하지 않는 사람은 찾아보기 힘들다. 인간이기에 조직 구성원으로서 인정받고 자아실현을 위해 고민한다. 열심히 일한 자가 떠나는 것이 아니라, 열심히 일하기 위하여 떠나는 것이라는 놀이에 대한 패러다임의 전환이 필요하다. 놀이의 수준이 업무의 수준에 영향을 미친다면 조직 관리자는 놀이의 수준에 관심을 기울여야 한

다. 조직원이 놀이에 관심을 가지면 가질수록 일의 성과가 높아지도록 만
드는 것이 『하우 투 워라밸』의 해답이다.

제2장

나이 마흔을 '불혹'의 나이로 만든 것들

– 해온 일

누구나 가고 싶은 취사장 만들기

삶의 개선은 끊임없는 문제의식과 고민, 그리고 해결 의지에 의해 이루어진다. 현실의 삶에 순응하는 것도 좋다. 그러나 문제점을 찾아내고 '왜 그럴까? 개선할 수는 없을까?'라는 생각을 하다 보면 삶은 변화한다. 더 많은 사람이 행복해질 수 있다. 인생이 의지에 의해 변화될 수 있다는 것을 체험할 수 있다면 더 값어치가 있다. 흔히 '창의'라 하면 어렵게 생각하기 쉽다. 사전적 의미에서 차이가 있지만 창의, 창조, 혁신, 도약은 비슷한 의미를 가지고 있다. 이 단어들의 공통점은 '현실문제 고민을 통해 지금보다 나은 것으로의 발전'이라는 것이다.

육군훈련소에서 훈련병교육을 하는 교육대장을 2년간 역임한 적이 있다. 당시 훈련소장님은 창의에 대한 각별한 관심과 열정을 가지고 계신 분이었다. 그리고 창의와 관련된 간부들의 다양한 의견을 적극 수렴하셨고 이를 행동으로 옮기시는 분이었다. 나는 교육대장을 하면서 평소에 생각했던 개선이 필요한 부분에 대하여 적극적으로 의견을 개진했다.

첫 번째는 간부식당운영 개선이었다. 훈련소 참모부는 육군 표준일과를 따르다 보니 점심시간이 11:40분부터였다. 그런데 교육대장은 신병교육의 일과, 교장에서의 복귀시간을 고려하면 12:10분이 지나서야 식당에 도착할 수 있었다. 그러다 보니 식당에는 남들이 먹고 간 자리에서 교육대장들이 밥을 먹어야 하는 상황이 벌어졌다. 이미 상당수 간부들이 식사하고 간 상태에서 반찬이 부족한 경우도 더러 있었다. 무엇보다 교장에서 훈련병들과 같이 땀을 흘리고 돌아온 교육대장들이 쾌적하지 못한 상태에서 남은 반찬을 식당관리병들에게 요구하면서 밥을 먹는다는 것은 비합리적이었다. 이에 나는 개선을 요구하는 편지를 훈련소장님께 올렸고 이는 받아들여졌다. 훈련소장님과 참모들이 앉는 약 20여 명의 메인 테이블석에 약 10개의 교육대장 전용석을 만들게 되었다. 그런데 문제가 발생했다. 교육대장들이 부담스러운 생각 때문인지 그 전용석을 잘 이용하지 않았다. 이러한 실태는 다시 피드백되어 반영되었다. 메인 테이블이라는 자체가 없어졌다. 훈련소장님과 참모들은 모두 여러 개의 테이블로 분산되어 식사하는 시스템으로 바뀌었다. 그중에 몇 개는 교육대장들 전용테이블이었다. 테이블 위에는 교육대장 전용석이라는 팻말이 놓였다. 그런데 이 또한 좋은 시스템이 되지 못했다. 훈련소장님을 비롯한 훈련소 지휘부 그리고 참모님들이 점심시간을 통해 의사소통할 수 있는 기회의 장이 사라진 것이다. 결국, 교육대 간부들은 훈련소 간부식당을 사용하지 않고 연대 식당에서 식사를 하는 것으로 다시 수정되었다. 그래서 결국 연대장님과 교육대장을 포함해 교육대 간부들은 훈련병들과 같이 연대 식당에서 식사하게 되었다. 일사천리로 그러한 과정을 거치는 과정에서 나는 한때 죄책감이 들기도 했다. 괜히 점심 식사 문제를 건의하여 일을 크게 만들지 않았나 싶은 생각이 들기도 하였다. 그러나 이것도 잠시 나는 어차피 이렇게 되었으니 마무리를 잘 지어야 하겠다는 결심을 하였다. 우연인지 필연인지 몰라도 연대장님께서 연대식당 개선이라는 임무를 주셨다. 나는 펜대를 잡고 연대 식당 개선을 고민하였다. 기존에 훈련병과 조교들 위주로 사용하였던 연대 식당을 이제는 전 연대 간부들이 함께 사용하게 되었다. 그렇다면 기존보다 더 연대식당에 관심을 기울일 수 있을 것이고 이참에 연대 식당을 개선해야겠다는 생각을 했다. 보고서를 꼼꼼히 작성하였다. 보고서의 제목은 '누구나 가고 싶은 취사장 만들기'였다. 평시에 급양 감독을 하면서 느꼈던 여러 가지 문제점을 제기하고 개선책을 마련하였다. 식판을 닦을 때 필요한 세제, 행주, 취사병 앞치마 등의 소비재 등을 간단 없이 제공하는 방법을 고안하였다. 교장으로 식사 추진을 위해 야외 식사 도구 보관장소를 새롭게 신설하자는 의견과 방안을 제시하였다. 급양 감독을 누가 언제 어떤 식으로 할 것인지에 대한 의견도 제시하였다. 보고는 취사장에서 연대장님을 모시고 각 교육대장, 행정보급관이 배석한 상태에서 이루어졌다. 나는 마이크를 들고 현실태와 문제점 그리고 추진방향을 자신감 있고 소신 있게 피력하였다. 한 달 안에 누구나 가고 싶은 취사장을 만들 수 있다는 비전을 제시하였다. 연대장님의 전폭적인 지지와 관심을 등에 업고 일은 일사천리로 추진되었다. 지금도 당시에 나날이 발전되어 가는 취사장, 여러 사람들이 이구동성으로 취사장이 몰라보게 달라졌다는 말을 하는 것을 들었을 때의 쾌감을 나는 생생히 기억한다.

두 번째로 기억하는 것 역시 훈련소에서의 일이었다. 당시 훈련소는 어쩐 영문인지 정문에서부터 들어오는 길에 도보 전용로가 없었다. 따라서 정문에서부터 약 400여 미터의 길을 차로를 통해 사람과 차가 동시에 이동해야 했다. 그래서 사고 방지를 위해 훈련소 내에서 헌병 등이 차량 과속을 차단하려는 노력을 했다. 그러나 24시간 단속을 할 수는 없었다. 훈련소 내에서 차량 단속을 통해 과속을 방지하고 이를 통해 차로를 통해 걸어다니는 인원들의 차량충격 사고를 막는다는 것은 잘못되었고 불가능하다는 생각을 하였다. 그래서 정문에서부터 도보 전용로를 신설하자는 의견을 훈련소장님께 제시했다. 의견은 받아들여졌고 근 2개월에 걸친 도보 전용로 신설이 추진되었다. 연대별로 책임구역이 할당되었고 나는 이번에도 도보 전용로 신설의 작업책임관으로 임명되었다. 길을 내고 보도블록을 만드는 것이 상부에서 내려온 주된 작업지시였다. 나는 어떻게 하면 좀 더 길을 잘 만들 수 있을지 고민했다. 이 도보 전용로는 간부, 조교, 훈련병들이 모두 사용하는 의미 있는 길이었다. 이 길을 걷는 사람들은 훈련소 내에서 생사고락을 같이하면서 지내는 사람들이었다. 특히, 훈련소는 군대에 처음 발을 들인 훈련병들에게 많은 생각을 하게 할 수 있는 상징적인 장소였다. 전주 한옥마을과 여의도 공원을 다녀온 적이 있었다. 그곳에 있는 도보 길은 다양하고 아기자기하게 꾸며져 있었다. 인공천도 흐르고 지압을 할 수 있는 길도 있고, 길 중간중간에는 좋은 문구들도 적혀 있었던 것이 생각났다. 그래서 이를 벤치마킹하기로 했다. 작업을 잘하는 부사관들에게 나의 의도를 설명했고 실행에 옮겼다. 테마가 있는 도보 길을 만들기 위해 절단된 나무를 가로로 묻고, 몽글돌을 구해다가 바닥에 깔았다. 실제 발바닥 지압을 하기에는 제한이 있었지만 적어도 길이 심심하지는 않았다. 그리고 두어 곳에 시를 적어서 지나다니는 인원들이 볼 수 있게 하였다.

연무대로

− 작자 미상 −

"새벽녘 안개가 떠오른다.

날이 밝으면 연무대의 심장은 뛰기 시작한다.

당당한 훈련병들의 발걸음,

매서운 조교들의 각진 발걸음,

이마저 사랑하는 간부들의 힘찬 발걸음,

연무대로는 이 모든 발걸음을 맞이한다.

육군의 미래를 맞이한다."

여러 시집을 찾아보았지만 연무대로에 딱 적합한 시를 찾기가 어려웠다. 연무대로를 만들자고 제안하고 작업에 직접 뛰어든 내가 이 연무대로 도보 길 의미를 가장 잘 알고 있지 않을까 하는 생각이 들었다. 하루에도 여러 번 가슴 뛰는 벅참과 설렘으로 연무대로를 만들어갔던 당시의 느낌으로 시를 썼다. 작자 미상의 작자는 다름 아닌 나였다.

군 생활을 하면서 나는 아이디어를 통해 좀 더 효율적이고 나은 방법으로의 개선을 추진했다. 시행착오도 있었지만 '현실문제 고민을 또한 지금보다 나은 상태로의 발전'은 이룰 수 있었다. 이를 통해 나는 가슴 설레는 벅찬 감동을 받을 수 있었다. 군 생활의 의미, 인생의 작은 의미 역시 깨달을 수 있었다는 것이 좀 더 솔직한 표현이다.

'현실문제 고민을 또한 지금보다 나은 상태로의 발전'은 나와 조직을 위해 그리고 인류를 위해 반드시 필요한 것이다.

고도의 협업전략 '협조'

"김 소령, 어제 내가 협조한 자료 다 되었나?"

"아, 죄송합니다. 과장님께서 시키신 일이 있어서…. 언제까지 달라고 하셨죠?"

"내일 모레가 보고 날이야. 적어도 오늘 퇴근 전까지는 제출해 줘야 하네. 자네 부서만 아직 제출이 안 되었어."

아버지께서 살고 계신 경기도 이천 백사면에는 품앗이라는 것이 있었다. 내가 어렸을 때다. 모내기를 할 때 즈음이면 아버지는 누구네는 며칠, 누구네는 며칠 하면서 날짜까지 외우고 다니셨다. 물론 당연히 우리 집 순서도 꿰뚫고 계셨다. 지금에야 기계가 모내기 등 농사일의 상당 부분을 대신하고 있지만 그때만 해도 사람들이 일일이 모내기를 했었다. 혼자서 모내기를 한다는 것은 불가능하였을 것이다. 내가 남의 논에 가서 일하고 상대방도 나의 논에 와서 일을 해준다. 모두를 위한, 공생을 위한 필수적인 요소였다.

직장생활을 하면서 우리는 상당수의 일을 협업을 통해 처리한다. 우리 처·부내에서 스스로 자생적으로 일을 해결하는 것도 있다. 그러나 상당수의 일은 타부서와의 협업에 의해 이루어진다. 단적으로 말하면, 처·부내에서 자체적으로 생산한 문서는 한계가 많다. 타부서에 참여를 요청해야 하고 체계적으로 참여할 수 있도록 시스템을 강구해 나가야 한다. 협조는 개인적으로 봤을 때 나의 업무와 별개의 것이 아니라 나의 업무의 일부이다. 협조를 잘한다는 것은 대인관계가 좋은 것이 아니라 일을 잘하는 것이다. 내 PC에 있는 자료들을 정리해서 보고서를 작성하는 것은 그리 어렵지 않다. 그러나 집단의 지성과 업무 공유를 통한 하나의 보고서를 만드는 것은 정교하고도 고도의 상호 협조가 바탕이 된 상태에서 이루어져야 한다. 그런데 이 협조라는 것은 문서를 작성하기 위한 회의에 참석해 달라는 전화 한 통으로 해결되는 것은 결코 아니다. 어떻게 하면 효율적이고도 의미가 있는 협조를 이루어 낼 것인가?

가장 먼저 어떤 일을 왜 하는가에 대한 충분한 설명이 협조 대상자들에게 이루어져야 한다. 협조가 필요한 일은 상급 지휘관의 지시, 정기적으로 해야 하는 일 등 여러 가지가 있을 수 있다. 이것은 어떤 과업이 특정부서에 국한된 것이 아니라 관련 부서 모두가 참여하여야만 하는 당위성에 대한 충분한 설명을 필요로 한다. 그리고 회의에 참석한 인원들에게 업무 추진 경과와 사명 등을 열정적으로 설명할 필요가 있다. 업무를 협조함에 있어 흔히들 하는 말이 "다들 본인 일 하는 것도 많이 바쁘고 힘드실텐데 이렇게 회의에 참석해 주셔서 감사합니다."인데 이는 바람직하지 않다. 이렇게 말하는 것보다는 "여러분들이 바쁜 일과 중에서도 오늘 합의 각서 개정 프로젝트를 위해 참석해 주셨습니다. 여러분의 협조 하나하나는 이 프로젝트의 성공을 위해 반드시 필요한 것입니다. 여러분들이 협조한 업무 결과는 그대로 결과물에 나타날 것입니다. 여러분은 이런 중차대한 일에 참석한 각과의 대표자이십니다. 여러분들만큼 이번 일에 깊이 지식을 갖고 있는 분들도 없습니다. 아무쪼록 각자의 재능을 충분히 발휘하여 여러분 각 개인과 부대 전체의 발전이 이루어지는 계기가 되기를 희망합니다."라고 말하여 참석자들로 하여금 긍지와 자부심을 느끼게 해야 한다.

둘째는 평상시부터의 유대관계 형성이다. 협조에는 공식적인 드러나는 협조도 있지만 드러나지 않는 물밑협조도 있다. 업무적으로만 딱딱히 접근하여 협조를 구한다면 일은 원활하게 진행되지 못하는 경우가 있다. 얼굴도 전혀 모르는 인원에게 전화를 해서 협조가 필요한 사항이니 참석하라고 하면 그 협조의 질은 생각하는 대로 낮은 수준에서 이루어지는 수가 많다. 평상시부터의 유대관계 형성의 방법은 별도의 답은 없다. 그러나 너무 어렵게 생각할 필요도 없다. 매일 복도에서 지나칠 때 정겹게 인사하는 것, 점심시간에 같은 테이블에 착석하게 될 경우 대화를 나누는 것, 각종 행사나 파티에 참석할 때 서로 인사를 나누는 것만으로도 충분하다. 흔히들 협조를 위한 유대관계를 얘기하면 저녁에 밥을 같이 먹는다거나 술 한 잔을 함께 하는 것이라고 생각하는데 요즈음 같이 개인적인 시간이 중시되는 때에는 위에서 언급한 것으로도 충분히 의미를 가질 수 있다.

셋째는 품앗이 정신에 기반한 신뢰구축이다. 쉽게 말하자면 협조요청이 들어왔을 때 적극적인 협조를 해야 한다는 것이다. 아낌없이 주어야 아낌

없이 받을 수 있다. 타부서에서 협조가 들어오면 본인이 하고 있던 일보다 먼저, 그리고 최선을 다해서 처리해 주어야 한다. 협조 요청을 받는 순간부터 내가 한만큼 다음에 돌려받을 수 있다는 생각을 머리에 인지해야 한다. 물론, 반드시 주는 대로 거두는 것은 아니지만 품앗이는 결국 해준 만큼 받는 것이다. 그런데 적극적인 협조, 이것은 말처럼 쉽지 않다. 업무의 우선순위를 굳이 매기자면 1번은 나의 직속상관이 기한을 정해놓고 즉각적인 보고를 지시한 것, 2번은 타부서의 협조가 들어온 것, 3번은 마지막으로 내가 일상적으로 또는 시간을 두고 해도 되는 일을 하는 것이다. 이때 특히 협조의 업무는 신경을 많이 써야 한다. 보고서에 필요한 자료 제출을 요청받았을 경우 최신 자료임을 확인해야 한다. 또한, 그것의 출처와 최신자료임을 알려줘야 한다. 메일로 요청문서를 보낼 수도 있지만 가능하다면 출력해서 직접 찾아가는 것이 좋다. 협조 요청부서에 요청한 것이 무엇이며 그래서 내가 준비한 자료는 이것이다라는 것과 필요한 부가적인 설명까지 해주어야 한다. 그리고 혹시 추가적인 자료가 필요하면 언제든지 요청할 것을 메시지로 남겨주어야 한다. 이것이 적극적인 협조 모습이다.

조직사회에서 일을 하다 보면 내가 속한 부서만의 일은 거의 없다. 조직은 유기적으로 연관되어 있다. 그렇기 때문에 당연히 나 스스로의 능력으로만 만드는 문서는 존재 가치가 떨어진다. 협업 없이 만든 문서는 상급 지휘관의 결재는 받을 수 있으나 실효성은 떨어지게 마련이다. 오히려 타 처부로부터 비난을 받을 수도 있다. 어떤 프로젝트를 함에 있어서 그 목적과 당위성을 공유하고 시작부터 관련자를 참석하게 하여야 한다. 중간 토의나 회의 과정은 다소 시끄러울 수 있고 갑론을박할 수도 있다. 회의 때마다 전화를 해서 참석하게 하는 과정과 각 부서에 결과물이나 자료를 제시간에 제출해 달라고 하는 과정도 쉽지 않다. 번거롭고 힘들다. 그러나 그런 과정에서 만들어진 결과물이야말로 의미가 있고 지속성이 있으며 가치가 높다. 협조는 지휘 및 지시관계가 아닌 사람들과의 관계 형성을 통한 업무성과를 이끌어내는 과정이다. 협조는 부가적인 것이 아니고 본질적인 업무이며 나의 일보다 더 중요하게 다루어야 하는 것이다. 협조는 업무를 진행함과 동시에 관련자들의 인간적인 면도 평가하게 된다. 협조를 위해서는 협조 당시가 아닌 그전부터의 유대관계가 필요하다. 협조에 참여하는 자들의 자발적 참여 의지를 이끌어내는 것이 중요하다. 협조는 조직 내에서 업무를 추진함에 있어 집단 지성을 통한 성과 있는 결과물을 창출하는 고도의 협업 전략이다.

주인 정신

내가 보고한다는 마음으로

"참모님, 지시하신 대로 보고서 수정해 왔습니다."

"최 대위, 만약 자네가 보고를 한다면 이 보고서에 만족하겠는가, 이 보고서로 상급자를 이해시킬 수 있겠는가?"

"죄송합니다…."

대위 계급장을 달고 작전장교를 할 때였다. 중대장을 막 마치고 온 나로서는 업무파악이 제대로 되지 않았다. 3개월 정도는 문서가 어디에 있는지 등 업무파악을 하느라 시간을 보냈다. 참모님께서 지시하신 보고서를 작성했다. 기존에 있는 양식을 떠와서 날짜와 내용을 조금 수정하고 정리하여 보고하였다. 참모님께서 검토를 하셨는데 오탈자는 물론이고 내가 봐도 앞과 뒤가 일관성이 부족했다. '점검 중점'에 들어가 있는 항목이 점검표에는 빠져있기도 하였다. 내가 만든 보고서를 사단장님께 직접 보고하는 경우는 거의 없었다. 내가 참모님께 보고하면 참모님께서 검토하여 사단장님께 보고를 하였다. 그렇다, 나는 내 머릿속에 '일단 보고서를 작성하면 참모님께서 검토를 하시니까…'라는 생각이 있었다. 실제로 당시 나로서는 보고서를 만드는 데 시간이 급급했다. 전화도 받으랴, 여기저기 회의에도 참석하랴 눈코 뜰 새 없이 바빴다. 그런 와중에 정해진 시간 내에 보고서는 만들어서 참모님께 가져가야 했다. 그렇게 급작스럽게 만든 보고서는 당연히 앞뒤가 안 맞고 오탈자도 몇 개씩 있기 마련이었다. 나는 나를 합리화시켰다. '바쁘니까, 나는 할 일이 많으니까 보고서를 그 정도로 만들 수밖에 없다.'라고 말이다. 그런데 나의 머리를 띵 하고 치는 종과 같은 소리를 듣게 된 것이다. '내가 사단장님께 보고한다고 생각하고 보고서를 만들어 봐라.' 하는 것이다. 그렇다. 아무리 바빠도 내가 사단장님께 직접 보고를 하게 된다면 나는 그 짧은 순간, 내가 부족하다고 하는 그 짧은 시간에서도 한 번 더 보고서를 검토했을 것이다. 연필로 밑줄을 그어가며 오타가 있는지 확인했을 것이고 앞뒤가 제대로 맞는지, 예상질문은 뭐가 있을지, 보고서에 포함된 시행날짜는 가변요소나 변동사항을 고려 시 문제가 없는지 한 번 더 확인했을 것이다. 사단장님실에 들어가기 전 비서실에서 대기하는 시간에도 한 번 더 내용을 확인했을 것이다. 그렇다. 보고서를 잘 작성하는 방법 중의 첫 번째는 내가 최종 결재권자에게 직접 보고한다는 마음가짐을 갖는 것이다. 이것이 보고서를 작성할 때 발휘되는 주인정신이다.

내가 부대의 주인이다

훈련소에서 교육대장을 2년간 역임했다. 훈련소 교육대장은 주말에 순번제로 연대 당직사령 임무를 수행하였다. 휴일에 연대 전체를 통제하는 것이다. 각 교육대는 당직사관이 있다. 연대 당직사령은 각 당직사관을 통해 교육대를 확인하는 시스템이다. 나는 교육대장이었지만 적어도 당직사령 완장을 찬 순간부터는 연대장이라는 생각을 했다. '내가 연대장이다…. 내가 연대장이다….' 그런 나만의 의식을 잠시 가지고 하기도 하였다. 내가 곧 연대장이다라는 생각을 가지고 당직회의를 시작했다. 각 교육대의 당직사관을 연대 지휘통제실로 불러서 당직근무 중점을 하달하였다. 주말에 가장 신경 쓰이는 것은 훈련병들의 일과 진행이다. 훈련병들은 주말에도 주어진 일과에 의해 움직인다. 종교행사를 가야 하고, 침구류 및 장구류 정비, 보충 교육, 목욕 및 세탁 등 빠듯하게 시간이 돌아간다. 그런데 주말에는 통제하는 간부가 평일 대비 줄어든다. 자칫 소홀하면 식사간의 정량배식, 온수 샤워 등에 있어 문제가 생길 수 있다. 거기다가 눈이라도 오게 되면 주어진 일과에 제설작업까지 해야 하기 때문에 넋 놓고 있다가는 당장 월요일 일과에 영향을 미치게 된다. 연대 예하의 교육대를 낮과 밤으로 순찰하면서 취약요소를 점검하였다. 특히, 훈련병들이 밥을 먹는 취사장은 반드시 순찰을 하였다. 제대로 관리하지 않으면 훈련병들이 따뜻한 밥을 먹지 못하는 경우도 있고 정량배식에 실패하는 경우도 있다. 당직사관들을 불러다가 미흡한 것도 지적하고 훈련병들과 같이 밥도 먹었다. 밤에 눈이 오면 나름대로 작전을 세워야 한다. 몇 번의 제설작업을 통해 노하우를 쌓았다. 아침에 기상해서 일과가 시작되기 전까지 약 한 시간 반 동안 연병장 등 연대 울타리 안의 눈을 감쪽같이 치우는 방법! 그것은 정확한 제설작업 책임 지역을 구분하는 것이다. 울타리 내부 요도에 교육대별, 그리고 중대별로 섹터를 구분하는 선을 긋는다. 제설작업이 완료된 섹터는 무전기를 통하여 보고토록 하고 완료된 중대는 먼저 밥을 먹으러 가게 한다. 단순히 '교육대별로 제설작업을 시행하라.'와 '각 교육대와 중대는 섹터를 나누고, 섹터별로 완료되면 보고를 하고, 완료되는 대로 식사를 하러 갈 것.'에는 엄청난 차이가 발생한다. 단순히 제설작업의 속도로 친다면 3배 이상 빨라진다. 그도 그럴 것이 당시에 훈련소는 '팀 경쟁방식'이라는 것이 활성화되어 있어서 교육이든 작업이든 경쟁적으로 실시하였고 승리하는 팀에게는 확실히 메리트가 주어졌다. 이러한 습득된 기질과 기세를 충분히 이용하여 선의의 자극을 통한 동기 부여를 한 것이다. 아침에 연대장님께서 출근하시면서 어떻게 벌써 눈을 다 치웠느냐고 물어보신 기억이 여러 번 난다.

어느 조직의 구성원이 되든 적어도 내가 한 단계 위의 상급자라는 생각을 갖고 근무를 하면 좋은 점이 많다. 다소 일이 힘들게 느껴질 수도 있지만, 상급자와 내가 생각하는 바를 일치시킬 수 있어 오히려 일을 쉽게 풀어나갈 수도 있다. 단 이를 위해서는 윗사람은 아랫사람에게 평시 자신의 의도를 설명하는 데 많은 시간과 노력을 투자해야 한다. 반대로 아랫사람은 윗사람의 의도를 파악하려 평시부터 부단한 노력을 기울여야 한다. 그리고 그 뒤에는 주인정신이 밑바탕이 되어야 한다. 주인정신은 '나도 언제가 저 자리에 갈 수 있다. 지금 내가 노력하는 만큼 나도 그 자리에서 보상을 받을 것이다.'라는 자기 암시 등이 전제되어야 가능하다.

투철한 사명감에서 비롯되는 주인정신은 생각의 폭을 넓게 하는 동시에 주도적인 업무를 할 수 있게 한다. 주인정신은 자기 주도적인 삶을 살아가는 데 있어서 반드시 필요하고 습성화되어야 한다.

시졸여애자

"대대장님 보직을 바꾸어 주십시오."

"생활하는 데 뭔가 문제가 있구나, 무엇 때문에 그런지 말해줄 수 있나?"

"모든 것이 힘듭니다. 사람들 대하는 것도 어렵고, 일도 적응이 안되고 그냥 그렇습니다."

"보직을 바꾼다고 그런 것들이 해결될까?"

"일단 바꿔보고 싶습니다. 그리고 잠을 제대로 자지 못하고 있습니다. 온종일 멍합니다."

"병원은 다녀왔지? 약은 먹고 있나?"

"네 그렇습니다. 자기 전에 매일 먹고 있습니다."

부대 내에서도 이런 유형의 상담을 하는 병사가 더러 있다. 대체로 그런 병사들은 성장환경에서부터 문제가 있는 경우가 많다. 부모가 이혼을 하였거나 따로 떨어져 혼자 살아온 경우 더 그렇다. 나이 마흔이 넘은 대대장도 이러한 병사들을 관리하기는 쉽지 않다. 군내에서 간부들은 적지 않은 시간을 병력관리에 할애한다. 특히, 문제가 있는 병사들은 한 번 상담한다고 문제가 해결되지 않는다. 지속적인 추적관리가 필요하다. 정성, 지혜, 지식이 결합된 병력관리가 되어야 효과적인 관리를 할 수 있다.

용사(병사) 대하기

"視卒如愛子故 可與之俱死(시졸여애자고 가여지구사)." 『손자병법』에 나오는 말로써 부하를 사랑하기를 자식과 같이 한다면 생사를 함께할 수 있다는 말이다. 병사를 자식과 같이 대하기가 가장 쉬운 사람은 자식을 군대에 보낸 간부이다. 내 아들도 저럴 수 있다라는 생각이 충분히 들 수 있기 때문이다. 그다음은 자식을 학교에 보낸 간부이다. 학교와 군대는 사람을 관리하는 조직이라는 공통점을 가지고 있기 때문에 그렇다. '내 아들이 만약 학교와 군대에서 다쳤다면 나는 어떻게 할까?'라는 생각을 해보면 다른 사람의 아들도 귀하게 여길 수밖에 없다. 그런 의미에서 보면 병사들보기를 자기 자식과 같이 하라는 말은 초급간부들에게는 적용하기가 다소 어렵다라는 생각이 든다. 초급간부들은 아직 자식이 없기 때문이다. 소대장과 부소대장급 간부는 나이로 치면 자식이 없는 경우가 대부분이다. '시졸여애자'를 진정으로 공감하여 실천하기 어렵다. 이런 간부들에게 아무리 '병사보기를 자식과 같이 하라.'라고 얘기해도 제대로 받아들이지 못한다. 이해하지 못한다. 따라서 자식을 키우는 간부가 자식을 대하는 마음으로 병력관리 시스템을 만들고 초급간부들은 그대로 이행할 수 있도록 하는 것이 좀 더 현실적이다.

상 담

사람이 가지고 있는 정신적 문제의 상당수는 상담에 의해서 해결되기도 한다. 병사가 정신적인 문제를 호소하는 것은 무엇인가 해결되지 않는 것이 있기 때문이다. 따라서 이것을 잘 들어주고 적절한 조처를 할 경우 상당 부분 문제가 해결된다. 그런데 일차적으로 상담을 하게 되는 초급간부들의 상담 능력은 부족하기 마련이다. 간혹 상담기법 교육을 하기도 하지만 간부의 상담 능력은 평가되지 못하고 있다. 흔히들 상담, 대화의 기법을 얘기할 때 경청을 강조한다. 단지 들어주는 것만으로도 큰 도움이 될 수 있다는 것이다. 그런데 현역 간부들이 부하의 얘기를 오래도록 들어줄 시간은 충분하지 못하다. 할 일이 많다. 그래서 전문 상담관 제도를 운영한다. 상담관은 간부들에 비해 오랜 시간 병사들의 얘기를 들어줄 수 있다. 그래서 병사 중에도 간부들에게 얘기하지 않는 속내를 전문 상담관에게 털어놓는 경우가 많다.

사람 알기(지식)

나는 군 생활을 하면서 가족과 떨어져 사는 기간이 적지 않았다. 그렇다 보니 오랜만에 보는 두 딸은 매우 반갑고 사랑스럽다. 한 달에 한 번 만나 1박 2일을 만나고 헤어질 때면 두 딸의 장점만 보이게 마련이다. 사달라는 것, 먹고 싶다는 것 대부분 해준다. 그런데 아내는 그렇지 않다. 가끔 푸념을 털어놓기도 한다. 큰딸이 학교생활에 문제가 있다는 둥, 공부를 잘 안한다든지 주로 그런 얘기다. 분명한 것은 아내는 나보다 두 딸에 대하여 잘 알고 있다는 것이다. 장점, 단점을 포함하여 훨씬 잘 알고 있다. 신체의 어디에 점이 있다든지, 밥을 저런 식으로 먹으면 분명 밤에 체할 것이다라는 것까지 알고 있다. 당연한 얘기지만 사람을 알아야 문제를 해결할 수 있다. 한 명의 병사에 대하여 자식같이 알고 있다면, 적어도 자식같이 세심하게 파악하고자 노력한다면 상당 부분의 문제는 쉽게 해결할 수 있다.

사람 다루기(지혜)

한두 명의 자식이야 굳이 자료를 유지하지 않아도 어떻게 살아가고 있는지 현황 유지가 된다. 그런데 군대같이 큰 조직에서는 개인별로 기록을 유지해야 한다. 좋은 병원일수록 환자에 대한 관리가 잘 이루어진다. 환자가 기본적으로 어떤 신체적 특성을 가지고 있고 언제 어떤 처방을 내렸는지 하는 기록을 잘 유지한다. 따라서 다음에 병원을 찾더라도 일종의 연계된 처방이 된다. 그러면 병원을 찾는 사람도 병원을 신뢰하게 된다. 군대에서는 연대행정업무통합시스템에 병사의 특징을 기록한다. 휴가, 병원진료, 상담 등의 내용을 기록한다. 날짜별로 특이사항을 기록하는 시스템이다. 그런데 날짜별로 기록하다 보니 최근의 6개월 동안 병원진료 현황을 일목요연하게 한 화면으로 보기는 어렵다. 만약 그 자료가 필요하다면 일자별 작성현황을 찾아봐야 하는 시스템이다. 시스템의 개선이 필요한 부분이다. 그래서 나는 병력결산을 할 때 보고해야 할 목록을 만들고 거기에 맞게 현황을 유지하고 관리를 하도록 했다. 초급간부 수준에서 필요하다고 판단하는 조치를 하는 수준에서 끝내는 것이 아니라 병력 관리 시 필수 목록을 만들어 그것을 언제 몇 번, 최근에는 언제 했는지를 보고하게 하였다. 병원진료, 상담관 면담, 부모와의 통화, 군의관 진료, 그린캠프 입소 준비, 현역복무 부적합 판단 등을 보고받았다. 이렇게 하면 누가 어떤 문제가 있을 것인지까지 예상할 수 있다. 지혜를 모으면 예측할 수 있고 문제를 예방할 수 있다.

사람에게 최선 다하기(정성)

초급간부는 '시졸여애자'가 어렵기 때문에 나는 대신 여자친구 대하듯 하라고 한다. 과거에 여자친구 준다고 학을 접는 친구들을 본 기억이 있다. 수백 개를 접는다. 어지간한 시간과 노력 투자 없이는 불가능하다. 그런데 학을 접는 사람은 그것이 노력이라고 생각하지 않는다. 사랑이라는 감정에서 자연스럽게 뿜어 나오는 정성이다. 이를테면 노동이 힘들게 느껴지지 않고 정성을 거쳐 사랑으로 승화되는 것이다. 사랑을 하면 제3자는 쉽게 이해하지 못하는 행동도 서슴지 않는다. 하루에 단 한 시간을 보기 위해 수백km를 운전하여 연인을 보러 가는 사람도 있다. 새벽에도 기꺼이 아픈 여자 친구에게 약을 사다 줄 수도 있다. 결과와 성과, 보상 없이도 행동을 이끄는 것이 사랑이다. 그런 정성으로 부하들을 관리해야 한다. 정성은 사람의 마음을 움직이게 하고 사람의 마음을 움직일 수 있다면 대부분의 문제는 해결할 수 있다.

용사를 대하기를 내 아들, 딸 그리고 사랑하는 연인을 대하는 마음과 같이 해야 한다.

상담을 통해 고민거리를 들어주는 것만으로도 용사의 어려움을 상당수 해결할 수 있다. 미처 해결하지 못한 것은 지식과 지혜 그리고 정성으로 해결할 수 있다. 그들 역시 마음과 마음으로 통하는 사람이기 때문이다.

느낌 그리고 분위기를 말하기

"스트레스 좀 많이 풀었어? 얘기도 많이 했구? 아이들도 재미있게
보낸 것 같네…."

"응 재미있었어, 맛있는 것도 많이 먹구, 아이들은 옆에 있어."

5월은 가정의 달이다. 그래서 쉬는 날이 많다. 5월 5일부터 7일까지 처
갓집을 다녀오는 아내의 전화통화 목소리는 밝았다.

늘 그러했듯이 아내는 목소리만 들어도 안다. 어젯밤에는 친구를 만난
다고 늦게까지 커피숍에 있었다고 한다. 밤 11시에 커피전문점을 닫는 바
람에 자리에서 쫓겨났다는 문자를 보고 나는 잠이 들었다. 나는 다른 곳
에 혹시 문을 열었을지 모르니 찾아보라고 했던 기억이 어렴풋이 난다.

이모티콘 아바타

상대방과 대화를 나눌 수 있는 수단은 다양하다. 편지, 핸드폰 문자, 전
화, SNS가 있다. 요즘은 화상통화도 하곤 한다. 화상회의가 이제 상용화

되어 보편화되었다. 결론적으로 상대방과 하고 싶은 얘기는 두 사람이 직접 만나서 얼굴을 보며 하지 않아도 다 할 수 있다. 거슬러 올라가면 이미 화상통화가 되기 전에도 하고 싶은 말은 다 할 수 있었다. 언어라는 것은 음성만으로도 전달하고자 하는 메시지를 대부분 전달할 수 있기 때문이다. 그런데 사람들은 왜 화상통화를 만들었을까? 상대방 얼굴을 보고, 안 보고에 따라 대화의 내용이 달라지는 것일까? 어려운 문제인 것 같지만 어떻게 보면 단순하다. 사람이 상대방에게 전달하는 메시지는 음성을 통해서는 100% 완전히 전달하지 못하기 때문이다. 우리가 일상에서 주고받는 문자를 유심히 살펴보자. '감사합니다'라고 문자를 보내는 사람도 있지만 '감사합니다^^'라고 문자를 보내는 사람이 있다. '어제 작성한 보고서가 모두 날아가서 너무 슬펐어'라고 보내기도 하지만 '어제 작성한 보고서 모두 날아가서 너무 슬펐어ㅠㅠ'라고 보내기도 한다. 이 작은 아이콘이 문장의 전달 메시지를 다르게 한다. 큰 차이점은 없지만 미묘한 차이점을 만들어낸다. 그래서 사람들은 SNS를 하면서 이모티콘을 사용하고 추가적인 이모티콘을 돈을 내면서까지 구매하기도 한다. 글로써는 다할 수 없는 감정을 이모티콘이 표현해 주기 때문이다. 원점으로 다시 돌아와서 언어의 음성, 그리고 문자의 한글만으로는 충분히 내가 전하고자 하는 메시지와 감정을 전달할 수 없다는 것이다. 요즈음 젊은이들이 전화통화보다 문자를 많이 하는 이유는 이모티콘 등을 통해서 자신의 감정을 쉽게 전달할 수 있기 때문이다. 그렇다, 지금은 음성보다 이모티콘을 동반한 문자가 자신의 메시지를 상대방에게 전달하기가 좀 더 수월하다. 그러나 이모티콘은 일종의 나의 아바타다. 내가 아니다. 화상통화를 하면 굳이 아바타를 동원할 필요가 없다. 내 얼굴 자체가 표현하고 싶은 이모티콘이기 때문이다. 그래서 사람들은 화상통화를 만들어냈는지 모른다.

얼굴이 아닌 사람을 만나다

그렇다면 이모티콘 아바타를 완전히 대신할 수 있는 화상통화가 있음에도 불구하고 사람을 직접 만나는 이유는 무엇일까?

여기서 다시 사람의 메시지 전달을 들여다볼 필요가 있다. 한 사람이 다른 사람에게 메시지를 전달하는 모든 수단을 곰곰이 들여다보자. 음성이 있고, 표정이 있다. 추가적으로 손짓 발짓과 같은 제스처가 있다. 느낌과 분위기라는 것도 있다. 그런데 제스처, 느낌과 분위기는 화상을 통해 전달하기가 쉽지 않다. 느낌과 분위기는 대화를 통해서만 만들어지는 것이 아니다. 한 사람을 직접 옆에서 마주하는 순간부터 시작되는 보고, 듣는 것이 주변 환경과 조화되어 느낌과 분위기가 만들어진다. 이를테면 냉소, 싸늘, 호감, 비호감, 환대, 친절 이런 것들인데 이러한 것들은 상대방을 직접 만나야 비로소 전달될 수 있는 것들이다. 또한, 느낌과 분위기라는 것은 대화를 통해서만 전달되는 것이 아니다. 사람이 사람을 만나게 되면 통상 대화만 하지는 않는다. 차를 한잔 하게 되고, 식사를 같이 하기도 한다. 차와 식사를 하기 위해 특정 장소로 이동하게 되고, 그 과정에서 장소를 선정하는 문제, 메뉴를 결정하는 문제, 좌석 배치, 계산과정 등 많은 부가적인 상황이 발생하게 된다. 이런 일련의 과정을 통해서 상대방이 나를 대하는 태도를 느낄 수 있고, 이를 통해 느낌과 분위기를 전달받을 수 있는 것이다. 2018 판문점 남북 정상 회담 시 도보다리에서 남북 정상은 30여 분간 대화를 주고받았다. 온 국민과 세계는 도보다리에 이목을 집중하였다. 두 명의 정상을 제외하고는 아무도 어떤 말이 오가는지 알 수 없었다. 무언가를 열심히 설명하는 사람, 그리고 그 말을 듣고 고개를 끄덕이는 행동, 그리고 무엇인가 그에 답하는 대화, 우리는 단지 그 숨 막히는 광경을 가만히 보고 있었다. 30분간 나는 소리는 새 소리뿐이었지만 우리는 그 당시의 분위기와 느낌을 고스란히 전해 들을 수 있었다. 남북 정상이 도보다리에서 찻잔을 앞에다 두고 나눈 대화를 화상통화가 대신할 수 있었을까?

느낌과 분위기를 말하다

남녀 간에 연애할 때에도, 주인과 고객과의 갈등에서도 상당수 많은 마찰과 문제는 당사자들끼리 직접 만나서 해결되는 경우가 많다. 얼굴을 본다고 해서 전화나 이모티콘을 동반한 메시지 이상의 특별한 내용이 더해지지는 않는다. 그러나 얼굴을 직접 보고 대화를 하면서 문제가 해결되는 이유는 대화와 메시지를 통해서 전달되는 내용보다 서로 만나서 전달되는 것들이 더 많다는 것을 의미한다. 따라서 사람을 직접 만나러 갈 때에는 전달하려는 메시지에만 신경 써서는 안 된다. 같은 메시지라도 사람을 만났을 때의 분위기와 환경에 의해 메시지 전달 효과는 차이가 나기 마련이기 때문이다. 2018년 판문점 남북 정상 회담을 이런 시점에서 바라보면 우리 정부가 전달하려는 메시지 내용 외에 메시지를 효과적으로 전달하기 위한 것들에 신경을 많이 썼다는 것을 볼 수 있다. 결국, 이것은 우리가 전달하고자 하는 '평화, 그리고 새로운 시작'이라는 메시지 전달을 효과적으로 하는 데 이바지했다고 생각한다. 따뜻한 환대, 의장대 사열, 기념식수, 도보다리 이동, 남북군사분계선 푯말 바라보기, 만찬, 기념사진 함께 관람하기 등 이러한 일련의 행사들은 우리가 전달하고자 한 메시지를 좀 더 효율적으로 전달하는 데 큰 몫을 했다고 판단한다.

그렇다면 상대방에게 내가 하고 싶은 말이 있다면 방법에 있어 순서를 정해놓고 시행하는 것이 좋을 듯하다. 먼저 전화로 얘기한다. 통화 간에 어떤 문제가 발생하면 문자를 주고받는다. 나의 아바타를 동원해서 내가 가진 감정을 포함하여 표현한다. 그래도 잘 안 풀리는 내용이 있다면 그 사람을 직접 만나야 한다. 사람을 만날 때는 사전에 치밀한 준비를 해야 한다. 할 말만 준비하기보다는 내가 상대방에 갖는 느낌과 분위기를 전달할 준비를 해야 한다. 상대방에 대한 존중, 상대방에 대한 경청 의지 등을 행동으로 표현해야 한다. 그러면 내가 그 사람을 직접 만나는 효과를 얻을 수 있고 전하고자 하는 메시지를 충분히 전달할 수 있게 된다.

'말하는 보고서' 작성하기

사회생활을 하는 사람이라면 누구나 한 번쯤 고민하게 되는 것이 보고서 작성이다. 어떻게 하면 좋은 보고서를 만들 것인가를 고민한다. 훌륭한 보고서 작성과 관련하여 시중에 많은 책이 나와 있다. 과연 어떻게 보고서를 만드는 것이 효과적일지 경험을 통해 소견을 내놓고자 한다.

먼저 보고서를 작성하는 이유를 살펴보아야 한다. 여러 가지 이유가 있겠지만 대부분 내가 하고 싶은 말을 글로 옮겨서 표현하기 위함이다. 그렇다면 왜 말로 하지 않고 글을 사용하는가?

첫째, 복잡한 내용은 말로만 하기에는 말하는 사람도, 듣는 사람도 이해하기가 어렵다. 말은 허공을 맴돌기 때문에 가시화된 글과 그림이 필요한 것이다.

두 번째, 상사를 만나서 직접 보고하는 데에는 여러 가지 제한이 있을 수 있기 때문에 보고서를 작성하는 것이다. 시간이 부족할 수도 있고 공간적인 제한사항에 맞닿을 수도 있다.

세 번째는 문서화함으로써 오래도록 내용의 근거를 남길 수 있고 보고

한 내용을 타인들에게 전파하기에도 용이하게 활용할 수 있기 때문이다.

그렇다면 보고서를 잘 쓰기 위해 첫 번째로 해야 할 것은 내가 하고자 하는 말을 머릿속으로 정리하는 일이다. 보고서를 통해서 무엇을 말할 것인지, 소위 개념을 명확히 정립해야 한다. 다음 단계는 개념화된 생각을 바탕으로 내가 하고 싶은 말을 작성해보는 것이다. 이를테면 시나리오를 작성하는 과정인데 보고서를 통해 말하고 싶은 정리된 개념을 서술식으로 작성하는 것이다.

다음 과정은 위에서 언급한 정리된 생각과 개념을 표현하기 위하여 문서화하는 것이다. 일반적인 보고서 양식에 서식과 표, 그래프와 그림 등을 어떻게 구성해야 할지 고민해야 한다. 보고서를 몇 번 작성해 본 사람은 이 일련의 과정이 어렵지 않다. 본인이 말하고자 하는 생각과 개념이 확고하다면 이를 표현하는 것은 크게 어렵지 않다.

흔히 보고서를 작성할 때 범하는 오류는 다음과 같다.

먼저, 개념을 정립하지 않고 보고서를 작성하기 때문에 보고서 내용의 일관성이 없게 되는 경우이다. 개요부터 결론까지 논지가 일맥상통하지 않고 처음과 끝이 다르다. 그러다 보면 상사로부터 "도대체 무슨 말을 하는 것인가?"라는 핀잔을 듣기 쉽다.

두 번째, 머릿속에 든 생각을 미리 정리해 놓는 과정을 하지 않았기 때문에 말하고자 했던 내용이 글로 다 표현이 되지 않는다. 머릿속에 든 생각과 보고서에 반영된 내용이 사뭇 다르게 표현되는 것이다.

셋째, 말하고자 하는 바를 확고히 결론짓고 작성하지 않았기 때문에 보고서를 작성하는 과정에서 시작과 결과가 바뀌곤 하는 것이다. 머릿속에 든 생각, 말하고자 하는 바가 보고서 작성과정에서 바뀌어 보고가 된다는 것이다. 보고하는 자는 흔히 보고서의 내용(오타, 띄어쓰기 등)만 여러 번 검토하지 실제 보고서를 바탕으로 무엇을 보고할 것인지는 연습하지 않는 경우가 많다. 따라서 머릿속에 든 생각과 이를 뒷받침하지 못한 보고서가 혼재할 경우 상사 앞에서 공황을 맞게 된다.

살아있는 보고서를 작성하기 위해서는 보고서 작성이 필요할 경우 가정 먼저 PC 앞에 앉는 행위를 지양해야 한다. 수첩과 펜을 들고 사색에 잠길 수 있는 나만의 공간을 찾아야 한다. 내가 이번 보고서를 통해 무엇을 말할 것인가를 수첩에 메모하듯이 기록해야 한다. 그다음으로 해야 할 일이 PC를 켜고 내가 보고서를 통해 보고할 내용을 수첩 메모를 바탕으로 일기를 쓰듯이 서술하는 것이다. 이렇게 주관이 명확한 생각의 정리가 끝나면 어떠한 폼의 보고서를 사용할 것인지를 구상한다. 이를 바탕으로 보고서를 작성한다. 보고서가 작성되고 나면 최초에 서술식으로 작성한 시나리오와 보고서 작성에 사용된 그래프 등을 비교하면서 내가 말하고자 한 바가 모두 정확히 표현되었는가를 검토한다. 이런 과정으로 보고서를 작성하면 대면보고를 하든, 비대면 문서 보고를 하든 훌륭한 보고를 할 수 있게 된다. 보고서 작성에 소요되는 시간도 절약된다. 이것이 '말하는 보고서' 작성법이다.

보고는 일과의 50%

"자네는 요즘 뭐하나?"

어쩌면 이 한마디는 실무자에게는 가장 듣고 싶지 않을 말이다.

상사가 "그 보고서 왜 아직 안 가져오나?"라고 하면 빨리 작성하여 보고하면 된다. "자네 요즘 왜 일 열심히 안 하나?"라고 하면 반성하고 열심히하면 된다. 열심히 안 한다는 소리를 들으면 오히려 뜨끔했을 것이다. 일을 열심히 안 한 것을 상사에게 들켜버렸기 때문이다.

그런데 가장 억울하고 답답한 것이 나는 나름 열심히 일을 한다고 하는데 "자네 요즘 뭐하나?"라는 말을 듣는 경우이다. 나 역시 그런 경험을 했다. 출근하면 아침부터 바쁘다. 다소 멍한 상태로 컴퓨터를 켜고 간밤에온 메일을 확인한다. 이어서 아침 상황보고에 참석한다. 상황보고에 갔다와서 일하려고 하면 전화가 걸려온다. 때론 별로 중요하지도 않은 전화가시간을 빼앗아 간다. 점심을 먹는다. 동료들과 커피를 한잔 한다. 오후에는 서류를 뒤적거리고 몇 가지 문서를 수정한다. 인접부서에서 누군가 사무실에 찾아와서 말을 건다. 대화하다 보면 시간이 훌쩍 지나간다. 곧 퇴근 시간이다. 하루를 되돌아봤을 때 헛되이 보냈다고 판단하지 않는다. 숨막힐 정도로 일한 것은 아니지만 나름 최선을 다했다. 그런데 상사는 내가 요즘 뭘 하는지 물어본다.

왜 그럴까? 스스로에게 물어봤다. 답은 간단했다. 내가 보고를 하지 않았기 때문이다. 여기서 말하는 보고란 비단 보고서만을 말하지 않는다. 내가 무엇을 하고 있음을 보고하는 것이다. 전문용어를 쓰자면 중간보고 또는 수시보고라 할 수도 있다. 내가 오늘 종일 한 것이 무엇인지를 상급자에게 보고를 할 필요가 있다. 지시한 사항을 시간 내에 못했다면 무엇 때문에 못했는지 보고해야 한다. 하루 단위로 봤을 때 나의 일과를 어떻게 보냈는지 어떤 식으로든 간단히라도 보고해야 한다. 이것이 보고의 시작이다. 어느 조직이나 상급자는 하급자가 오늘 무엇을 하는지 궁금하다. 상급자는 자신의 상급자가 오늘 무엇을 하는지만큼 신경 쓰이는 것이 하급자의 오늘 하는 일이다. 오늘 내가 무엇을 해야 할지 고민하는 것보다 더 신경을 쓰이게 하는 것이 하급자에게 어떤 임무를 줄 것인가이다.

나는 이 문제를 심리학적으로 접근해 보고 싶다. 나라는 주체는 기본적으로 최소 2명 이상의 하급자를 데리고 있는 경우가 많다. 내가 일을 제대로 주지 못하면 나보다 많은 숫자의 사람이 일을 제대로 안 하거나 엉뚱한 일을 하게 된다. '나'라는 조직은 하급자의 일에 의해 비로소 완성된다. 따라서 하급자들이 단순히 일이 없어 놀고 있는 것이 불편한 것이 아니라, 나로 인한 다수의 인원이 잘못된 길로 갈 수 있다는 것이 불안하다. 그래서 하급자가 무엇을 하고 있는지 궁금하다. 또한, 나는 상급자의 의도에 맞추기 위해 신경을 많이 쓴다. 지시사항과 의도를 맞추어야 한다. 그러기 위해서는 하부조직도 같은 방향으로 가야 한다. 제대로 점검해 주지 못하면 다른 방향으로 간다. 그래서 아랫사람이 지금 무엇을 어떻게 하고 하는지 궁금하다.

마지막으로 내가 윗사람 때문에 전전긍긍하면서 바쁜데 아랫사람들은 일이 없어 한가하기만 하다면 나는 조직을 제대로 활용하지 못하고 있는 것이다. 윗사람과 아랫사람 사이에서 적절한 조화와 갈등을 해결해 나가면서 성과를 내는 것이 중간자의 역할이다. 이러한 이유로 상급자는 하급자가 무엇을 하는지 궁금하다. 내가 무엇을 하고 있는지 보고를 해야 하는 이유이다.

내가 하고 있는 것이 무엇인지를 보고하는 것이 첫 번째 보고라면 다음은 중간보고를 해야 한다. 상급자가 지시한 사항에 대해서 반드시 중간보고를 해야 한다. 중간보고는 어렵다. 어설프게 중간안을 가지고 보고했다가 되레 꾸지람만 받을 수 있다. 괜히 보고했다는 생각이 들 수도 있다. 따라서 중간보고를 할 때에는 반드시 '중간보고'임을 강조해서 먼저 말해야 한다. 중간보고는 아래와 같은 이유에서 대단히 중요하다.

첫째, 중간보고는 상급자가 지시한 사항에 대한 중간 피드백이다. 상급자는 여러 가지 지시를 동시에 내리기도 하고 다수의 지시를 할 수도 있다. 내가 중간보고를 하는 것은 지시를 받은 내용 중에서 어떤 것을 지금 하고 있다는 피드백이 된다.

둘째, 중간보고는 일의 방향을 중간 점검할 수 있다. 중간보고 없이 최종보고를 할 경우 방향성이 잘못되면 처음부터 일을 다시해야 하는 상황이 발생하여 시간과 노력의 낭비가 이만저만이 아니다.

그러나 중간보고를 통해 방향성을 점검받으면 조금만 수정해서 올바른 방향으로 전환할 수 있다.

셋째, 중간보고로 일의 완급조정을 할 수 있다. 중간보고를 통해 상급자는 일의 방향성을 수정하거나 언제까지 보고하라던가 하는 추가 지침을 줄 수 있다. 급하지 않을 경우 보고서 작성자는 시간의 여유를 가져올 수 있어 차분하게 일할 수 있다.

다음은 보고 수단이다. 서두에서 상급자는 하급자가 무엇을 하는지 상시 궁금하다고 했다. 상급자의 그러한 특성을 이해한다면 보고의 수단은 그야말로 무궁무진하다. 상급자는 기본적으로 하급자의 일에 대해 궁금해하는 사람인데 어떤 수단과 방법인들 사용하지 못하겠는가?

흔히 사용하는 일과 내의 문서, 구두, 메일 보고는 기본이다. 일과 이후의 핸드폰 문자, 메일, 포스트잇 붙여놓기, 운동시간 및 식사시간 또는 종교행사 간 가용시간을 이용한 보고 등이 모두 가능하다. 상급자가 휴가를 갔거나 일과 시간 이후에의 전화보고, 식사가 아닌 공식 회식시간에의 업무보고 등 몇 가지 지양해야 할 사항을 제외하면 보고의 수단과 방법은 다양하고 풍부하다. 보고를 하겠다는 의지만 있다면 방법은 충분히 있다.

필자가 중위 시절 서울에서 대대 교육장교를 할 때였다. 대대장님께서는 저녁 식사 후 몇 시간 취침을 하시고 새벽 01:00경 순찰을 나가셨다. 그래서 대대장님 저녁 취침 시간에 발생한 중요한 일에 대해서 보고를 해야 할 경우가 생긴다. 그런데 전에 몇 번 대대장님께서 포스트잇을 책상 위에 올려놓지 말라고 하셨던 기억이 났다. 책상 위를 안 보고 바로 순찰을 가는 경우가 있기 때문이다. 나는 이 말씀을 기억하고 포스트잇을 대대장실 출입문 눈높이에 맞추어서 붙여 놓았다. 대대장님께서 순찰을 가시기 위해서는 출입문을 반드시 거쳐야 했고 눈높이에 맞추어 붙여놨기 때문에 분홍색 메모지는 눈에 안 보일 수 없었다. 다음날 아침 상황보고는 나에 대한 대대장님의 칭찬 일색이었다. 중위가 얼마나 생각을 많이 했느냐부터 시작해서 똘똘하다, 배려가 깊다는 등 많은 미사여구를 붙여서 말이다.

"자네는 요즈음 뭐하나?"부터 눈높이 포스트잇까지 경험하면서 내가 느낀 결론은 '보고는 일과의 50%'이다. 그만큼 중요하다는 것이다. 보고는 절대 어렵지 않다. 윗사람은 내가 무엇을 하는지 궁금해한다는 것, 중간보고를 해야 한다는 것 그리고 수단과 방법을 가리지 않고 다양한 수단을 동원해 보고하려 노력하면 보고는 어렵지 않게 할 수 있다.

보고는 달리 말하면 '보호'이다. '보고'하면 나는 '보호'받는다. 일과 중에서 나의 시간과 노력의 50%는 '보고'에 할애해도 지나침이 없다는 생각이다. 그중에서는 '내가 무엇을 하는지에 대한 보고', '중간보고', '다양한 수단의 보고'에 노력과 신경을 많이 써야 한다. 일이 즐거워지고 성과를 만드는 중요한 하나의 과정이기도 하다.

2만 원짜리 수첩이 만드는 '능동태' 와 '수동태'

'올해 3월말이 되어서야 나는 비로소 2018년 다이어리를 구매했다. 여러 번 미루다가 실행에 옮겼다. 다이어리 구매는 처음이 아니다. 나에게 있어서 다이어리 구매는 좀 더 열심히 살겠다는 의지의 표현이기도 하다. '플랭크린 다이어리'는 지금도 시중에서 꾸준히 수요자를 가지고 있다. 한 번 써본 사람은 다이어리의 속지만 매년 바꾸어서 몇 년째 사용한다.

다이어리를 이용하여 한 시간 단위로 계획을 세우는 것을 해 본 적이 있다. 내가 사단 실무자를 하면서 일이 많았을 때였다. 할 일도 많고 능력도 부족하다 보니 시간이 매우 귀했다. 그래서 시간단위로 할 일을 적었다. 완료된 일은 삭선을 그었다. 그렇게 시간을 쪼개어 사용해도 시간이 부족할 경우가 있었다. 다이어리를 사용했던 다른 이유는 중요 시간계획을 잊어버리지 않기 위해서다. 하루 중 중요 일과를 깜빡하기도 하고 며칠 뒤의 일을 잊어버려서 중요 안건을 놓치기도 했다. 그래서 다이어리에 일 자별로 예정사항을 적어 놓았고 중요한 것은 별표에 형광색까지 표시하였다. 그렇게 다이어리에 색상별로 색을 그어가면서 치열하게 산 적이 있다.

최근에 다이어리를 작성하는 사람을 옆에서 우연히 본 적이 있다. 그 당시의 기억이 되살아났다. 다시 그렇게 살고 싶지는 않았다. 좀 여유 있게 살고 싶었다. 일상을 그렇게 빠듯하게 살고 싶지 않았다. 그렇게 약 10년을 다이어리를 손에 놓고 생활했다.

10여 년이 지난 지금 나는 다시 2만 원짜리 다이어리를 구매했다. 3월에 구매하니 50% 할인된 가격으로 살 수 있었다. 다이어리 구매에 많은 돈을 투자하고 싶지는 않았던 터라 흡족했다. 내가 구매한 다이어리 역시 시간대별로 일정을 기록하게 되어 있다. 다이어리 구매 후 한 달이 지난 지금 사용 흔적을 되돌아보았다. 빼곡히 작성되어 있지는 않았다. 다만 그날 해야 할 중요한 일들과 갑자기 생각나는 아이디어를 기록했다.

나는 나 나름대로의 다이어리 사용에 관한 기준을 정립한 것이다. 시간대별 할 일을 세부적으로 기록하지는 않는다. 다만 내가 오늘 해야 할 주요 일들은 작성하기로 했다. 나는 불혹이 되어서 다이어리를 작성하는 이유를 새롭게 찾았다. 다이어리 작성은 나의 삶을 나에 의한 주도적인 삶이 되게 한다.

첫째, 내가 오늘 해야 할 일을 미리 계획하고 기록함으로써 그 일을 어떻게 할 것인지 생각하게 만든다. 시간이 도래하면 그 일을 하게 되어 있는 상황에서 그냥 일을 하는 것이 아니라 한 번 더 미리 생각하고 일을 하게 한다. 내일 오전 9시에 종교행사 참석을 내가 미리 다이어리에 기록했다고 해보자. 평시 같으면 시간에 맞추어 종교행사에 참석하기에 바빴을지도 모른다. 그러나 전날 미리 계획을 함으로써 나는 한 번 더 사색의 시간을 가질 수 있다. 종교행사에 어떤 마음가짐으로 갈 것인지 무엇을 위해

기도를 할 것인지를 고민할 수 있다.

둘째, 다이어리 작성은 내 삶을 수동형이 아니라 능동형으로 만든다. 나의 일과를 되짚어 보면 해야만 해서 하는 일이 대부분이다. 아침에 일어나서 출근하고 일하고 퇴근한다. 때로는 직장동료들과 저녁을 같이 먹거나 술자리를 한다. 그때그때 필요로 해서 하는 일이 대부분이다. 그런데 다이어리를 작성하면 내일 시간계획에 '내가 하고 싶은 일'을 반영할 수 있다. 그 시간이 비록 아주 짧은 시간일지라도 내가 원해서 하는 일을 반영할 수 있다. 또한, 언젠가는 해야 할 일을 미루고 쌓인 상태에서 하는 것보다는 내가 내일 해야 할 일을 찾아서 하게 됨으로써 나는 훨씬 능동적으로 그 일에 달려들 수 있다.

마지막으로 다이어리 작성은 내 삶을 좀 더 의미 있고 윤택하게 만든다. 다이어리를 항시 휴대하고 다니게 되면 순간순간 떠오르는 아이디어를 작성할 수 있다. 내일 또는 앞으로 할 일을 손으로 기록하다 보면 창의적인 발상이 떠오른다. 그 순간 떠오르는 아이디어를 잘 기록해 두었다가 나중에 실행에 옮기면 나는 좀 더 창의적이고 멋진 삶을 살 수 있다. 지금 내가 쓰고 있는 책의 이번 제목 『마흔 살, 불혹전략』도 순간적인 아이디어와 기록이 만든 결과물이다.

일상은 거의 정해진 비슷한 패턴으로 반복된다. 나의 일상에서 하게 되어 있는 일, 다가오는 일, 처리해야 할 일은 거의 정해져 있다. 다만 언제 어떤 식으로 그 일을 하는 것은 대부분 나의 선택에 따라 결정된다. 나의 삶을 주도적으로 산다는 것은 내가 하고 싶은 일만 한다는 것을 의미하지 않는다. 정해져 있는 일을 내가 스스로 결정해서 나만의 모습으로 해 나가는 것이 자기 주도적 삶이다. 그런 의미에서 나의 일상을 내가 생각하는 모습대로 살기 위해서는 계획이 필요하다. 나의 일상을 내가 지배하기 위해서는 적어도 하루 전의 계획과 구상이 필요하다. 그 계획과 구상을 하는 데 있어서 필요한 것이 다이어리다. 번뜩이는 생각과 아이디어를 쉽게 까먹지 않기 위해 휘둘러 쓴 몇 글자가 나의 일상을 변화시킬 수 있다.

2만 원짜리 수첩이 내가 삶을 대하는 방식과 태도를 바꿀 수 있다면 충분한 값어치가 있지 않을까? 나는 지금도 항시 국방색의 다이어리를 손에 들고 다닌다. 다이어리는 주도적이고 계획적인 삶을 안내하는 이정표이다.

한 통의 전화가 가져다주는 것들

"내일 토요일 빈방이 있습니까?"

"이번 주말 만실입니다."

"혹시 인근에 다른 숙소가 없을까요?"

"죄송합니다만 직접 확인해 보셔야 할 것 같습니다. 별도로 유지하고 있는 것은 없습니다."

서울 용산에서 근무할 때였다. 훈련소에서 교육대장을 마치고 서울로 혼자 올라왔다. 숙소가 나오기 전까지 몇 달을 가족과 떨어져 지냈다. 2주에 한 번씩 아내는 아이들과 같이 서울로 올라왔다. 나는 당시 독신자 숙소 한 방에서 여러 동료와 거주하고 있었기 때문에 가족이 올라와도 그 방을 이용할 수 없었다. 그래서 나는 주말에 가족이 올라올 때가 되면 서울과 서울 인근의 군 숙소에 예약을 해야 했다. 위례신도시에 있는 밀리토피아, 육사 화랑회관 숙박시설, 공군회관, 해군회관 등을 주로 이용하였다. 그런데 깜빡하고 숙소 예약을 놓치는 경우가 있었다. 적어도 2주 전에는 예약해야 하는데 시기를 놓치는 경우가 있었다. 그럴 때면 곤혹스러워진다. 금요일에 토요일 예약을 한다는 것은 거의 불가능하다. 알면서도 여러 곳에 전화를 돌려본다. 만실이라는 것이 거의 되돌아오는 답변이었다. 숙소 예약을 하지 못하면 서울에 있는 처형집에서 자야 했다. 번번이 그러는 것도 부담스러웠다. 그래서 핸드폰에 알람을 맞춰 놓는 등 여러 방법을 썼지만 예약을 놓치는 경우가 있었다. 한 번은 주말에 가족이 올라오고 있는 상황에서야 숙박예약 생각이 났다. 전화를 여러 군데 돌렸지만 방은 없었다. 하필 그 주는 처형까지 집에 없는 경우였다. 난감했다. 결국, 나는 아내와 논의 끝에 찜질방에서 자기로 했다. 난생처음 찜질방에서 자야 한다는 사실을 알게 된 아이들은 재미있겠다는 천진난만한 생각을 했다. 한 시간을 이동하여 그래도 깨끗하고 큰 찜질방을 찾아갔다. 밤새 누워서 뒤척일 생각을 하니 마음이 편치 못했다. 아내와 아이들 보기에도 미안했다. 마침 호텔에서 근무하는 친구에게서 연락이 왔다. 사정을 설명하니 호텔에 빈방이 있으니 오라고 했다. 한 시간을 다시 이동하여 호텔에서 투숙했다. 강남에 있는 '라까사'라는 호텔이었던 것 같다. 예상치도 못한 횡재를 했다는 생각이 드는 것도 잠시, 정말 대책이 없었던 나 자신이 한심했다. 적시에 전화 한 통만 했더라면 이런 고생과 나 자신에 대한 자책을 하지 않아도 되었을 것을….

살다 보면 전화 한 통의 예약이 엄청난 위력을 발휘한다는 것을 느낄 때가 종종 있다. 예약을 하는 것은 돈도 들지 않고 많은 노력도 필요로 하지 않는다. 단지 전화 한 통이다. 1분여의 전화통화, 그것이 가져오는 결과는 정말로 상상 외로 크다. 특히 사람이 많이 모이는 곳이나 성수기의 예약전화 한 통은 신기할 정도로 많은 위력을 가지고 있다. 전화 한 통의 예약은 나에게 빈자리를 줄 뿐 아니라 마치 내가 VIP라도 된 듯한 느낌을 준다. 나의 전용석이 준비되어 있는 것이다. 사람들로 북적거리는 음식점에 전화 한 통의 예약으로 정해진 시간에 가면 내 자리가 마련되어 있을 때, 나는 조금의 기다림 없이 자리에 가서 앉을 수 있을 때의 그 기분은 웬만한 사람이라면 한 번쯤은 경험해 봤을 것이다. 그런데 그 예약전화 한 통은 절대 쉽지만은 않다. 예약이라는 것은 치밀한 스케줄을 갖고 있는 사람만이 가능한 것이기 때문이다. 일상의 삶을 주도적으로 계획하고 오늘과 내일 그리고 가까운 미래를 설계하는 사람만이 스케줄이 있다. 스케줄이 있어야 미래를 내다볼 수 있고 미래를 내다볼 수 있어야 예약을 할 수 있다. 여름 성수기에 강원도 숙박시설을 예약하려면 먼저 휴가 기간을 정해야 한다. 휴가 기간을 정하려면 여러 가지 현안 업무와 일정을 검토해야 한다. 나의 업무와 일정 등 여러 가지를 고려해야 휴가 변경을 하지 않는다. 그렇게 신중히 휴가 일정을 선택해야 나는 정해진 휴가를 쓸 수 있다. 그리고 그 휴가기간에 맞추어 예약한 숙박시설을 사용할 수 있다. 모든 것이 기계적으로 짜 맞추어져야 나는 숙박시설 예약을 할 수 있다. 전화 한 통 예약의 힘은 효과가 크다. 그러나 그 짜릿함을 느끼기 위해서는 삶을 계획적으로 살아야 한다.

예약 전화 한 통이 우리에게 가져다주는 많은 것들은 주도면밀하고 계획적인 삶에 대한 일종의 보상이다.

처 세

보직이 끝나기 세 달 전부터

"이제 간다 이거지? 대충하는 거야?"

"그런 말 하지 마, 가뜩이나 그런 말 많이 들어서 스트레스야."

다른 곳으로 전출 가는 일정이 나오게 되면 본인보다 주변에서 더 난리다. "서울로 간다며? 좋겠다." 이렇게 말을 건네기 시작하면서 진심으로 축하해주는 사람도 있다. 반면 속마음과 다르게 농담을 섞어 말을 건네는 사람도 있다. 이제 일을 대충 해도 되겠느니, 일과시간이 끝나면 일찍 퇴근하겠다느니 하고 말이다. 주변에 있는 동료들이 이렇게 말하는 것은 그래도 괜찮다. 상급자들도 으레 나의 전출 일자가 잡히면 일을 대충 하는지, 의심 아닌 의심을 하기도 하는 것같이 느껴진다. 나는 전과 다름없이 똑같이 일하는데 그렇게 생각하지 않는 경우가 발생한다. 전과 다름없이 일하는데 성의 없이 일한다고 여기고, 동일한 시간에 퇴근을 하는데 이제 퇴근만 신경 쓴다는 얘기를 듣기도 한다. 이것은 어찌 보면 사람 사는 세상에서는 당연하기도 한 것 같다. 따라서 전출을 가기 전에는 자신을 낮추고 몇 가지를 준수해야 한다.

첫째, 평상시 해오던 것에 비해 120% 일을 해야 한다. 좀 더 적극적으로 일하는 모습을 보여주고, 퇴근도 평상시보다 30분 늦게 하는 것이 낫다. 출근도 마찬가지로 지각하는 것은 절대 금물이고 평상시보다 10분이라도 먼저 출근하여 자리에 위치하는 것이 좋다. 누군가 해야 할 일이 생기면 자발적으로 나서는 모습을 보여야 한다. 각종 회의시간에 평상시보다 5분 일찍 도착하고 사무실 청소도 열심히, 동료들에게 커피 서비스도 기꺼이 해야 한다. 자신이 떳떳하게 평상시처럼 행동하면 되지 왜 남들을 신경 쓰냐고 반문할지도 모른다. 그러나 전출 전의 유의해야 할 행동은 결국 본인을 위한 것이다. 전출 가기 전 '소홀하다.'라는 말을 들으면 본인만 기분이 나빠지고 위축된다. 사기가 떨어진다. 또한, 신경이 쓰이게 되어 나 스스로의 중심을 잃게 된다. 다시 말하자면 전출 전의 120%의 일은 나 자신을 위한 올바른 처세이다.

둘째, 언행을 신중히 해야 한다. 평상시처럼 했던 말과 행동이 전출 전에는 더욱 부각되어 나타날 수 있다. 상급자, 주변 동료, 하급자들을 대함에 있어 언행을 신중히 해야 한다. 전출 가기 3개월 전부터의 언행은 그 사람의 이미지로 남을 가능성이 크다. 남에게 상처를 주거나 오해받을 수 있는 말은 삼가야 한다. 전출 가기 직전에 내뱉는 말은 다시 돌이킬 수도 없다. 나중에 자신의 잘못된 언행에 대하여 해명, 번복 그리고 사과할 기회조차 없다는 것이다. 특히 본인이 속했던 조직, 부서 그리고 상급자에 대한 비판이나 뒷담 등은 절대 금물이다. 그 비슷한 말도 해서는 안 된다.

그럴 경우 '아, 이 사람은 여태까지 이런 마음을 갖고 있었구나.' 하는 안좋은 이미지로 각인될 수 있다. 전출이 임박하면 본인 주관이나 상급자, 동료 주관의 회식자리가 많이 생긴다. 술자리에서 내뱉는 한마디, 소감은 오래 기억이 남을 수 있다. 이때는 되도록 사전에 준비한 메시지를 축배사나 소감 표현 등으로 남겨야 한다. 이때의 메시지는 조직과 남아 있는 자들을 위한 건전하고 생산적인 메시지가 되어야 한다. 비판이나 잘못된 점을 실토하는 개인적인 소회나 의견을 말하는 것은 될 수 있으면 삼가야 한다.

마지막으로 전출 전에는 뒷정리를 깔끔히 해야 한다. 뒷정리에는 여러 가지가 있다. 사람들과의 정리, 업무에 대한 정리 그리고 자기가 머물렀던 책상에 대한 정리 등이 있다. 사람들을 만나서는 진심 어린 아쉬움의 인사말을 하고, 혹시 서운한 것이나 잘못된 것이 있었다면 너그러이 용서하라는 식으로 말을 건네야 한다. 본인이 추진했던, 그리고 본인에게 부여되었던 일을 가급적 후임자에게 넘기지 말고 마무리해야 한다. 그리고 그동안 해왔던 업무에 대해서는 바인더, PC 내 파일 정리 등을 통하여 후임자에게 건네주도록 해야 한다. 시간이 가용하다면 업무 노하우집을 만들어서 후임자에게 건네도록 해야 하며, 노하우집은 상급자에게 보고하는 것이 좋다. 본인이 근무했던 책상은 깨끗하게 비우도록 해야 한다. 후임자에게 넘겨줄 품목들은 별도로 사물함에 정리해서 넘겨주도록 해야 한다. 가위, 자와 같은 사무용품을 후임자가 쓰라는 의미에서 책상에 그대로 남겨두는 경우가 있는데 깔끔히 정리하여 넘겨주지 않으면 방치해 놓고 떠나는 인상을 준다.

위기에 직면했을 때

조직에 머물다 보면 크고 작은 사고를 접하게 된다. 이러한 사고는 나와 직접 관련이 있는 것일 수도 있고 그렇지 않을 수도 있다. 나는 조직에 속해 있는 사람이기 때문에 나와의 관련성 유무와 상관없이 사고 발생 시 말과 행동에 있어 신중해야 한다. 사고가 일어날 때마다 그렇게 처신하게 될 경우 행동의 제약이 많지 않느냐고 반문할 수도 있다. 어떤 사고가 발생했는지에 따라 어떻게 행동하라까지 구체화하기 어렵다. 그러나 되도록 이면 사고가 발생하면 나 자신과 주변을 단속하면서 신중하고 조심스러운 태도를 보여야 한다. 사고가 발생하면 말을 조심해야 한다. 근거 없는 소문을 발설한다든지 정확하지 않은 내용을 전파해서는 안 된다. 그리고 사고와 관련이 없는 자들에게 전파는 지양해야 한다. 가정 내 아내에게까지 사고 관련 얘기를 할 필요는 없다.

다음으로 술 먹는 것을 지양해야 한다. 사전에 약속되었던 회식이나 전출자 회식 등도 최소화하고 연기해야 한다. 골프 운동은 하지 말아야 한다. 필드에 나가지 않는 것뿐만 아니라 연습장 출입도 삼가야 한다. 이유를 논리적으로 설명하기는 힘들다. 그러나 사회 인식이 그렇기 때문에 받아들여야 한다. 사고가 났을 때 골프장을 출입하는 것은 여론의 뭇매 대상이 될 수 있다. 사고가 났을 때 테니스 하는 것은 문제가 되지 않는다. 그런데 골프는 문제가 된다.

다음으로 표정관리에 신경 써야 한다. 가급적 웃음기를 없애야 한다. 특히, 사고처리반 주변에서 웃고 다니거나 장난을 치는 행위 등이 발생하지 않도록 해야 한다. 또한, 옷차림을 주의해야 한다. 사고가 발생하면 되도록이면 공식 복장을 착용해야 한다. 전투에 임하듯이 달려들어야 한다. 본인이 직접 사고 사후처리에 관여하지 않게 되더라도 밝은 색이나 눈에 띄는 색깔의 옷, 슬리퍼 등 편한 복장을 하고서 사고 수습반 인근에 나타나는 것은 피해야 한다.

마지막으로 사고 당사자나 가족 그리고 수습하는 인원들에게 위로와 격려의 메시지 등을 보내야 한다. 사고 후속조치를 위한 성금, 모금에 적극적으로 참가하는 것이 좋다. SNS 등에 글을 남기는 것은 신중해야 한다. 사고를 애도한다는 의미에서 SNS에 글을 남기는 것은 자칫 사고를 무분별하게 전파하는 결과를 낳을 수도 있다. 시간이 좀 지나고 나서 필요하면 SNS상에 글을 남기도록 하는 것이 좋다.

진급 발표가 임박했을 때

진급은 자신이 몇 년 동안 힘들게 일한 것에 대한 일종의 보상이다. 해마다 진급시즌이 다가오면 비슷한 풍경이 일어난다. '초조주'를 먹는 회식자리가 많아지고, 근거 없는 소문이 돌기도 한다. 진급 당사자는 물론이거니와 같은 사무실에서 근무하는 동료들도 신경이 많이 쓰이게 된다. 더군다나 같은 부서, 같은 사무실에서 근무하던 사람 중에서도 진급자와 비선자가 동시에 나오는 일이 발생하게 되는 경우가 흔하다. 그 기쁨과 슬픔의 명암을 당사자들과 동료들도 같이 직면해야 한다. 후배는 진급하고 선배가 비선되는 경우도 있다. 몇 번 진급에 누락된 사람이 또 비선되고 첫번째 기회에서 바로 진급되는 사람도 있다. 진급하는 사람에게는 축하전화가 빗발친다. 전화를 받느라, 전화를 건네주느라 바쁘다. 비선된 사람은 슬퍼할 겨를도 없이 다음을 기약해야 한다. 내년 진급을 바라봐야 하기 때문이다. 본인과 가족들을 위해 위로 휴가도 가야 한다. 진급자는 진급자대로 상급자의 면담과 축하 인사가 이어지고 비선자는 비선자대로 위로를 위한 상급자들의 호출이 이어지기도 한다. 해마다 그렇게 진급발표 당일은 어수선하고 만감이 교차한다. 나 역시 진급 발표라는 긴장되는 순간을 몇 차례 경험하였다. 발표 당일은 일이 손에 잡히지 않는다. 발표가 오후 2시라고 하면 아침부터 신경이 쓰인다. 아침에 출근해서 책상에 앉아있지만, 머릿속의 생각은 딴 곳에 가 있다. 몇 차례 경험하면서 또는 간접적으로 봐오면서 진급 발표에 임박해서 해야 할 행동에 대한 정리를 할 필요가 있다는 생각을 했었다.

먼저 공통적으로 진급대상자들이 해야 할 행동이다. 진급 전에 초조주를 먹는다는 이유로 회식이 많아지는데 지나치게 많은 회식을 참석하지 않도록 해야 한다. 처부장 주관의 공식적인 회식과 친한 지인들과의 한두 차례의 회식은 인간미가 있고 이해할 수 있다. 그러나 진급 발표 몇 주 전부터 매일 연거푸 회식에 참석하고 다음날 업무에까지 지장을 주는 모습은 좋지 않다. 오히려 진급 발표 전날까지 묵묵히 자신의 업무에 최선을 다하는 모습을 보이는 것이 본인과 주변 사람들에게도 좋은 결과를 남기게 된다. 그리고 진급대상자들은 지나치게 초조해하거나 긴장하는 모습을 외부로 표현하지 않도록 해야 한다. 안 피우던 담배를 피운다던지, 일희일비한다든지의 언행이 표출되지 않도록 마인드 컨트롤을 잘해야 한다.

진급자는 가장 먼저 비선된 주변 동료들에게 감사와 위로의 말을 건네야 한다. 되도록이면 직접 얼굴을 보는 것이 좋지만, 전화로라도 심심한 위로의 말을 건네야 한다. 특히, 본인과 끝까지 경쟁을 펼쳤던 동료에게는 용기를 내서 직접 찾아가야 한다. 이것은 쉽지 않다. 그러나 반드시 가장 먼저 해야 할 행동이다. 다음은 주변 동료들에게, 같은 사무실 사람들에게 감사의 말을 전해야 한다. 그다음은 상급자에게 감사의 인사를 표해야 하며, 자신만큼이나 긴장하고 있었을 가족과 친지들에게 연락해 주어야 한다.

되도록이면 일과시간이 종료됨과 동시에 퇴근을 하도록 해야 한다. 남아 있는 시간이 길어질수록 사무실에 같이 근무하는 사람에게 방해 아닌 방해가 된다. 축하전화를 연결해 주어야 하고, 축하하러 오는 사람들도 많아지기 때문에 일찍 퇴근해서 개인적으로 사람들과 만나야 한다. 진급자는 다음날 출근해서 티를 내지 말고 평상시 해오던 대로 오히려 그 이상 열심히 일을 해야 한다. 진급발표 직후의 지나치게 여유 있는 행동은 오해를 일으킬 수 있다.

비선자는 가장 먼저 진급자에게 축하 인사를 건네야 한다. 특히, 막판까지 경쟁을 펼쳤던 인원에게 전화해서 진심 어린 축하의 말을 건네야 한다. 쉽지 않다. 진급자에게서 먼저 연락이 오기 전 본인이 먼저 연락을 해야 한다. 먼저 연락을 받게 되면 본인이 초라하게 생각되거나 패배감이 생길 가능성이 높다.

다음은 사무실 동료들에게 감사의 말을 전해야 한다. 그리고 집에서 노심초사하고 있을 아내와 가족들에게 연락을 하면서 '다음에 다시 도전하자'하고 격려를 해 주어야 한다. 또한, 상급자를 찾아가야 한다. 행여라도 원망하거나 해서는 안 된다. 상급자 역시 본인의 진급을 위해 백방으로 노력했을 것이다. 감사의 말을 정중히 드리고 죄송하다는 말씀을 올려야 한다. 흔히 비선자들은 위로휴가를 가게 되는데 그보다 우선시해야 할 행동은 차후 보직을 알아보는 것이다. 비선된 것은 비선된 것이고 내년을 기약해야 하기 때문이다. 슬퍼해하거나 후회할 시간도 없다. 누구나 비선될 수 있다. 이를 인정하고 즉각적으로 차후 보직을 알아봐야 한다. 보직이 확실히 정해지지는 않더라도 갈 수 있는 자리를 알아보고 예약을 해 놓아야 한다. 필요하면 다음날 출근해서라도 이 문제를 먼저 해결해야 한다. 그리고 위로 휴가를 며칠 보내면서 심기일전의 시간을 갖도록 해야 한다. 특히나 일 년을 같이 달려온 사랑하는 아내와 가족들에게 충분한 위로와 보상을 주어야 한다.

진급당일 진급자와 비선자의 행동 매뉴얼이 정리되어 있지 않으면 누구나 당황하게 되고 우왕좌왕하게 된다. 실제로 그런 모습을 많이 봐왔다.

진급자는 겸손하고 비선자는 당당한 모습을 보이는 것이 가장 아름답다.

제3장

'불혹'의 유지를 위하여 필요한 것들

– 해야 할 일

'꾸준'을 꾸준하게

어느 순간부터 '꾸준함'의 위력을 알게 되었다.

사실 나는 학창시절 꾸준히 공부하는 스타일은 아니었다. 대개 '벼락치기'였다. 시험을 2주 정도 앞두고 시험 모드로 돌아간다. 교과서를 5번 정도 읽고 시험을 봤다. 수학문제도 이해하고 풀었다기보다 외워서 푼 것 같다. 군대에서 실시하는 체력측정 준비도 마찬가지다. 한 달 전, 아니 2주 전부터 3km 달리기를 준비한다. 그때부터 체중을 줄이기 위해 저녁도 거르고 매일 달린다. 집중적으로 한다. 체력측정이 끝나면 다시 몸 상태는 원래대로 돌아가곤 하였다.

뭐든지 꾸준히 하라는 얘기는 많이 들었다. 꾸준히 해야 효과가 있다는 것도 몇 번 체험하였다. 그런데 꾸준히 한다는 것은 말처럼 쉽지 않다.

꾸준히라는 말은 매일 한다는 말로도 풀이할 수 있다. 내가 매일 하는 것은 무엇인가 생각해본다. 기본적인 의식주 활동 외에 매일 하는 것은 출근하는 것, 핸드폰을 이용한 인터넷 검색이다. 출근이야 일이니 어쩔 수 없는 것이라 친다면 남는 것은 핸드폰 검색이다. 나는 핸드폰 네이버 검색은 매일 한다. 최근 몇 년간 거의 매일 한 것 같다. 특별한 일이 있지 않은한 거른 적이 없다. 매일 할 수 있었던 것은 무엇일까? 흥미롭기 때문이고 관심거리가 있기 때문인 것 같다. 그렇다, 내가 재밌어하는 일. 적어도 흥미를 끄는 일은 아무런 어려움 없이 꾸준히 할 수 있다. 골프나 테니스를 매일 하라고 해도 나는 꾸준히 할 수 있을 것 같다.

바꾸어 말하자면 내가 흥미 있어 하지 않는 일은 꾸준히 하지 않는다는 것이다. 꾸준히 해야 효과가 있다는 것을 알면서도 꾸준히 하지 않는 것이다. 결론적으로 나는 어떤 일의 효과를 내기 위해서는, 목표를 달성하기 위해서는 인위적으로 꾸준히 하게 만들어야 한다. 매일 하게 만들어야 한다. 그렇다면 흥미가 없는 일을 어떻게 하면 매일 하게 만들 것인가? 어떻게 '나만의 꾸준한 시스템'을 만들 것인가를 생각해 보았다.

첫째는 정확한 목표를 설정해야 한다. 나는 지금 한 달째 매일 꾸준히 글을 쓰고 있다. 글쓰기를 통해 책을 발간하고 이를 통해 나를 세상에 알리겠다는 목표가 명확하다. 월간계획과 주 단위 로드맵을 수립하였다. 올해가 가기 전 책을 발간하려면 계산결과 나는 매일 원고를 6~8페이지를 써야 한다. 목표와 일일단위 해야 할 과업이 명확해지니 나는 꾸준히 할 수 있는 동력을 갖게 되었다.

둘째는 하루의 일과를 규칙적으로 만들어야 한다. 적어도 내가 꾸준히 하고자 하는 일은 매일 같은 시간대에 하도록 해야 한다. 나는 요즈음 매일 18:00부터 글을 쓴다. 새벽에 일어나서 쓰기에는 일어나기가 쉽지 않다. 저녁 늦게 쓰려니 피곤함에 잠이 쏟아진다. 그래서 가장 적절한 시간을 찾은 시간이 18:00다. 매일 18:00부터 20:00까지는 책을 쓰는 시간이다. 밥을 금방 먹은 시간이어서 그리 졸립지도 않고 집중도 잘 된다.

셋째, 내가 매일 실시한 일을 기록으로 남겨야 한다. 나는 책을 쓰면서 핸드폰 메모기능을 이용한다. 매일 작성한 내용의 제목과 작성한 페이지 수를 누적해서 기록한다. 매일 메모장에 기록을 하다 보니 하루라도 안 하면 기록할 내용이 없다. 그리고 이 기록을 아내에게 보낸다. 혼자만의 약속은 지키기 어렵기 때문에 아내에게 보내서 나를 스스로 관리하고 모니터링 받는다.

둘째 딸 혜원이의 장점은 꾸준하다는 것이다. 요즈음에는 검도 학원에 다닌다. 매일 간다. 빠질 것도 같은 상황인데도 간다. 다시 혜원이를 구심점 삼아 학창시절로 기억을 거슬러본다. 나는 왜 매일 학교에 갔을까? 아파도, 집에 일이 있어도 학교에 매일 갔다. 학교 가기 싫어하는 사람도 학교는 매일 간다. 엄밀히 따져보면 학교 며칠 안 간다고 처벌받지도 않는데 말이다. 그것은 나의 의지이기보다는 주변 사람들의 의지의 결과물로 판단한다. 내가 학교에 안 가면 선생님, 친구, 부모님 할 것 없이 많은 사람에게서 전화가 올 것이다. 내가 학교에 가는 것은 나의 의지이기보다는 사회가 만들어낸 '반강제적 시스템'이다. 내가 매일 다이어트 학원에 다니기 위해서는 두 가지 방법이 있다. 혼자서 목표를 설정하고, 규칙적인 일과를 하고, 일일 진도를 작성하는 방법이 첫 번째다. 두 번째는 나의 행위를 주변과 공유하여 '반강제적 시스템'을 만드는 것이다. 다이어트 학원을 친구와 같이 등록하고 매일 나의 학원 활동을 SNS에 올린다. 하루라도 빠지면 주변에서 연락이 오고 왜 빠졌느냐고 물으면 나를 통제할 것이다.

'꾸준'은 『마흔 살, 불혹전략』의 핵심전략 중 하나인 것인 분명하다. 꾸준은 우리가 상상하는 것 이상으로 많은 것을 달성할 수 있게 만든다. 나 혼자만의 시스템과 타인과 결부한 소위 '반강제적 시스템'을 동시에 구축하는 것이 '꾸준'을 실천하는 가장 현실적인 방법이다.

'위기'를 극복하여 '호기'로

전화위복…. 내가 올 3월부터 혼잣말로 그리고 주변 사람들한테서 가장 많이 들었던 말이다. 인간사 새옹지마(塞翁之馬)라고 했듯이 전화위복은 '안 좋은 일이 있으면 좋은 일도 있기 마련'이라고 해석된다. 그러나 내 경험상 '전화위복'은 자연스럽게 되는 것이 아니다. '화'는 아무런 노력 없이 저절로 시간이 지남에 따라 '복'이 되지는 않는다. '전화위복'이 되기 위해서는 어떤 계기와 노력이 있어야 한다. '전화위복'은 결과론적인 용어이다. 운명론적 관점의 용어가 아니다.

그렇다면 화를 복으로 바꾸기 위해서는 어떤 노력을 해야 할 것인가? 이에 대한 대답은 상당히 다양하다. 내가 말하고 싶은 것은 '화가 복이 되기 위해서는 항시 준비해야 한다.'는 것이다. 인생도 그렇지만 일상에서도 항시 위기, 사고 등이 발생할 수 있다. 물론 이러한 불행이 나에게 일어나지 않으면 좋겠지만, 불혹의 내가 느끼는 생각은 좀 다르다. '위기와 사고는 올 수 있다.'가 아니라 '위기와 사고는 반드시 온다.'이다. 위기와 사고가 반드시 나에게도 찾아온다는 것을 예상할 수 있다면 준비를 해야 한다.

이것은 어떤 안 좋은 일이 발생할 때 신속하고 현명하게 당시의 상황에 대처한다는 것과는 조금 다르다. 위기와 사고는 반드시 찾아오기 때문에 그런 일이 발생하면 어떻게 해야 할지를 미리 구상해 놓는다는 것이다.

특히, 조직 관리자는 자기가 속한 조직에 몰입되어 있으면 어떤 점이 취약하고 어떤 위기와 사고가 발생할 것이라는 예상을 할 수 있다.

그런 예상이 들 경우 실제로 그런 일이 발생하기 전 예방차원의 조치를 하는 것이 중요하다. 그러나 구성원과 조직원들은 실제로 그 위기와 사건이 발생하기 전에는 경각심을 크게 느끼지 못하는 경우가 많다. 조직관리자의 다가올 미래에 대한 예측과 예감, 그러나 이를 잘 판단하지 못하는 구성원과의 괴리감에서 점점 위기와 사고는 다가오고 결국 위기와 사고는 일어난다. 사고가 난 그 찰나에 조직관리자는 자신이 그동안 예방차원에서 강조하고 추진했던 일들에 대한 논리성과 당위성이 불을 붙이듯 힘을 받는다. 흔히 "거봐 내가 그렇게 될 거라고 했지?"가 발생하는 순간이다.

이 상황이 올 것을 대비하여 조직관리자는 그 위기와 사고의 발생 시점에 맞추어 강력히 추진해야 할 사항들을 평시부터 준비해 놓아야 한다. 이왕이면 목록화하여 유지해 놓아야 한다. 논리성과 당위성을 확보한 상태에서 목록화된 추진사항을 과감히 추진해야 한다. 구성원들은 조직관리자의 예언과 예감에 신뢰를 하며 자연스럽게 조직관리자의 지시에 따를 것이다. 그리고 당분간 그러한 위기와 위험은 발생하지 않을 것이다. 오히려 그 조직은 전보다 더 위기와 사고의 대처 면에서 더 발전될 것이다. 조직관리자의 예언이 정확하였음이 증명되었고, 조직원들은 조직관리자에 대한 신뢰와 존경심이 상승하기 때문이다. 이것이 위기가 극복되며 호기로 전화되는 일련의 과정이다.

대대장을 하면서 군용차량 과속 방지가 여러 차례 강조되면서 하달될 때가 있었다. 타 부대에서 과속단속에 적발되어 경고를 받은 사례가 하루가 멀다 하고 전파되었다. 대대장에 의한 과속차단 대책 강구 등 과속방지 교육을 시키라는 지시가 하달되었다. 대대를 되돌아보았다. 23대의 차량, 다수의 장거리 운전, 일부 운전이 미숙한 운전병들, 이러한 부대의 실정을 1년여간 직접 경험한 지휘관으로서 느낌이라는 것이 있었다. '분명 과속위반은 우리 대대에서도 발생할 것이다. 누가 위반할 것인가의 문제이지 분명 발생한다. 시간 문제다.' 이런 생각으로 나는 전 구간 '구간단속' 개념을 적용한 군용차량 운행을 강조하였다. 적어도 군용차량을 운행 또는 선탑을 함에 있어서는 도로의 정해진 최고속도를 반드시 지키라는 지시였다. 일리는 있었지만 부하 중 일부는 시큰둥한 반응을 보이는 인원이 있었다. T맵 등 과속방지 스마트폰 앱이 친절히 과속단속 카메라 위치를 알려주는데 전 구간 구간단속을 적용하는 것은 불필요하다는 것이다. 일과가 바빠서 차량을 신속히 이동할 필요도 생기는데 어떻게 규정된 속도를 모두 지킬 수 있느냐는 것이었다. 다르게 말하자면 과속단속에 걸리지 않고 충분히 운전할 수 있다는 것이었다.

몇 주가 경과 후 아니나 다를까 과속단속으로 적발된 인원이 나타나기 시작했다. 모두 잘못을 뉘우치고 후회를 하는 모습이었다. 대대장의 '구간단속 개념을 적용한 군용차 운전' 체계는 탄력을 받았다. 이와 관련 교육을 재강조하면 참석자들은 이제는 고개를 끄덕거리면서 공감해 하는 모습이었다. 구간단속 개념을 적용한 운전이 탄력을 받아 급속도로 퍼져나갔다. 간부들도 운전병도 모두 적극적으로 동참하였다. 입에서 입으로 전 구간 구간단속 개념의 군용차량 운전이 전파되었다. 연대와 사단을 구간단속 개념을 준수하여 운행하기 위해서 전보다 30분 먼저 출발하자고 자기네들끼리 얘기하는 소리를 들을 수 있었다.

언제든지 발생할 수 있는 조직 내의 위기와 사고…. 그것은 조직을 관리하는 관리자라면 누구나 예상할 수 있는 과학적 선견지명이다. 그러나 미래를 예측할 수 있다고 미래에 발생할 수 있는 일까지 막는 것은 공상과학영화가 아닐까 하는 생각이 든다. 발생할 것이다라는 광경은 곧 눈앞에 발생한다. 발생한 위기와 위험에 대하여 어떻게 대처하느냐에 따라 그 결과는 상상 이상으로 달라질 수 있다.

위기와 사고에 대한 대처는 눈앞에 발생한 일에 대하여 급조된 대책을 세우느냐, 아니면 평시부터 일어날 일에 대한 대비책을 행동으로 실천하느냐로 나눌 수 있다. 급조된 대책을 세울 경우 위기는 극복되는 수준에서 끝날 것이다. 반면 준비된 대비책을 시행할 경우 위기는 단순한 극복을 넘어 호기로 전환된다. 위기를 호기로 전환하기 위해서는 평시부터 준비해야 한다. 위기와 사고 발생 시 준비된 매뉴얼에 의해 기세를 몰아 호기로 전환시켜야 한다.

'추정과업' 리더십

새삼스럽게 리더십이란 무엇일까를 생각해본다. 세상에 수많은 리더십 관련 책들이 발행될 만큼 리더십은 어렵다. 무엇이 어려울까 생각해보니 리더십은 정의조차 내리기가 쉽지 않다. 내가 원하는 방향으로 부하들을 따르게 하는 기술인가 아니면 조직의 목표 달성을 위해 조직원들을 꾸려 나가는 방법일까. 리더십에 대한 정의가 다양해질 수 있기 때문에 리더십 관련 이론들이 많이 나올 수밖에 없다.

리더는 조직을 지도, 경영, 관리하면서 조직 목표를 달성한다. 결국, 리더십의 완성은 목표 달성이다. 목표를 달성할 수 있는 리더는 훌륭한 리더이다. 어느 조직이나 명시과업이 있다. 기업은 이익창출, 공무원은 사회정의 구현, 군인은 전투준비태세완비이다. 그런데 이것은 조직이 추구하는 한 가지 과업에 불과하다. 달리 말하면 어느 조직이든 과업은 여러 가지가 있다는 것이다. 명시과업을 달성하기 위해서는 추정과업이 있기 마련이다. 추정과업이란 목표를 달성하기 위해 명시되지는 않았지만, 반드시 달성해야 할 추가적인 과업을 의미한다. 군대 전술에 보면 명시과업과 추정과업이라는 것이 공식적으로 존재한다. 명시과업은 목표를 확보하기 위해 상급자가 명확히 명시하여 하달하는 과업이다. 추정과업은 명시과업 외에 행동의 주체자가 반드시 추가적으로 수행해야 할 과업을 의미한다.

삶에 있어서의 명시과업은 주어진 일과시간 내에서의 과업목표 달성이 될 수 있고 추정과업은 조직 구성원들의 인권 보장, 저녁이 있는 삶, 워라밸 이러한 것들이 될 수 있다. 명시과업은 공식적으로 명문화되어서 하달되었기 때문에 중요하고 추정과업은 그렇지 않다고 해서 덜 중요한가? 그렇지 않다. 조직 또는 조직의 최고리더는 주로 명시과업 위주로 하달한다. 따라서 추정과업을 염출해 내는 것은 중간 리더의 역할이다. 시기에 따라 추정과업이 명시과업이 되어 하달되기도 한다. 조직 구성원들의 인권, 저녁이 있는 삶, 워라밸 등의 추정과업이 최근에는 명시되어 하달되기도 한다.

리더십에 대한 명확한 정의를 내리는 것은 어렵다. 그러나 분명한 것은 시대가 요구하는 리더십은 시대에 따라 변화한다는 것이다. 지금 우리 시대가 요구하는 리더십은 '조직 목표달성을 위한 추정과업의 올바른 염출과 이행'하는 리더십이다. 이런 의미에서 이 시대의 이상적인 리더의 모습을 찾아보자.

첫째, 리더는 목표달성을 위해 추정과업을 잘 염출해야 한다. 대체로 명시과업은 단순한 반면 추정과업은 복잡하고 가짓수도 많을 수 있다. 조직이 올 한 해 1/4분기 영업이익 120% 향상이라는 명시과업을 하달했다고 가정해 보자. 중간 리더는 영업이익 120% 향상을 위해서 여러 가지 추정과업을 염출해야 한다. 그런데 여기서 추정 과업을 이익 극대화를 위해 근무시간 연장, 생산성 향상 대책 마련 등 이익 창출에 직접적인 영향을 끼치는 요소로만 접근하기 쉽다. 이익을 올리기 위해서는 구성원들의 노력이 더욱 필요하다. 그런데 구성원들이 더욱 노력해야 한다는 것은 피곤함과 업무 과중을 불러올 수 있다. 그렇다면 구성원들의 복지와 추가적인 노력에 대한 공정한 혜택 제시 등을 중간리더는 추정과업으로 염출해야 한다. 추정과업을 염출해 내는 것은 개인마다 다르다. 어떤 것에 가치를 두고 어떠한 방법이 옳다고 생각하는 것은 중간리더마다 다르기 때문이다. 그러나 분명한 것은 추정과업 염출은 중간리더의 중요 역할이라는 것이다. 그리고 추정과업의 염출 결과에 따른 최종 결과에 대해서도 중간리더는 책임을 져야 한다.

둘째, 이 시대의 진정한 리더는 변화에 민감하고 이를 적극 수용하여 추정과업을 염출해야 한다. 리더십 관련 좋은 책은 많다. 그런데 이 책들을 읽고 실행한다 하여 좋은 리더가 되기에는 부족하다. 왜냐하면, 책들은 지금의 변화를 읽고 그에 따른 추정과업을 염출해 주고 있지는 못하기 때문이다. 지금의 젊은 세대들의 특징을 설명하는 책은 있다. 신세대의 특징, 욜로족의 삶의 추구하는 방향 등을 설명한다. 그렇다면 리더는 이러한 세대들의 특성을 고려한 추정과업을 염출해야 한다. 지금 세대들은 '저녁 있는 삶'을 추구한다. 저녁 있는 삶을 통해 삶의 만족도를 느끼고 자아 존재감을 느낀다. 이는 조직을 위해 희생할 수 있는 부분이 더는 아니다. 그렇다면 리더의 한 가지 과업은 조직 구성원들의 저녁 있는 삶을 보장하는 것이다. 오늘 아침 회의의 첫 번째 확인사항이 과원들의 업무성과 중간 체크였다면 두 번째 항목은 저녁 있는 삶에 대한 체크여야 한다. 분명히 말하지만, 이것은 업무성과를 50분 얘기하고 시간이 남으면 할 얘기가 아니라는 것이다. 아침 회의가 끝나고 커피 한잔 하면서 "어제저녁에 뭐했나? 최근에 영어 학원에 다닌다고 했던가? 잘 되어가나?" 이런 식으로 물어볼 사항이 아니다. "어제 영어 학원은 갔다 왔는가? 성적은 오르고 있는가? 추가적으로 내가 조직차원에서 도와줄 수 있는 것이 있는가?" 이런 식의 엄연한 공식 업무가 되어야 한다.

마지막으로 리더는 추정과업이 항시 조직의 목표 달성 방향과 부합하도록 지속적으로 관리해야 한다. 추정과업은 명시과업보다 가변성이 충분하다. 과업을 수정, 삭제할 수 있고 추가적으로 염출해 나가야 하기도 하다. 그리고 명시과업과 다양한 추정과업 중에서 어떤 것에 우선순위를 둘 것인가를 늘 고민해야 한다. 이 우선순위는 시간과 상황에 따라 바뀔 수 있다. 그러나 우선순위가 바뀌어서는 안 되는 것도 있다. 예를 들면 조직 구성원의 인권 등은 시간과 상황에 따라서도 바뀔 수 없는 최우선시되는 추정 과업이다.

시대에 따라 바람직한 리더의 모습은 변한다. 리더의 일반적인 실체를 운운하기는 쉽지만 새로운 시대에 맞는 리더십을 정의하기는 쉽지 않다. 리더는 조직이 추구하는 목표를 위해 구성원들을 이끌어 나가는 역할을 한다. 조직 목표 달성을 위해서는 명시과업과 추가적인 추정과업이 필요하다. 추정과업은 중간 리더 스스로 설정하고 이행해야 하는 경우가 많다. 그런데 추정과업을 어떻게 염출하고 이행하느냐에 따라 조직의 성패는 좌우되기도 한다. 따라서 추정과업을 잘 염출해야 하는데 이 추정과업은 구성원들의 성향과 특징을 충분히 이해하고 받아들여야만 가능하다.

결론적으로 리더의 역량은 조직 목표달성을 위해 명시과업 추진과 이에 걸맞은 추정과업 염출과 실행에 의해 판가름난다고 할 수 있다. 추정 과업은 시대의 변화를 잘 읽어야 제대로 염출해낼 수 있다. 하라는 것만 하는 것은 쉽다. 하라는 것을 잘하기 위해 추가적으로 필요한 것들을 찾아내어 병행하는 것이 어렵다. 리더십 발휘가 쉽지 않은 이유이다.

전주한옥마을 캡틴(Captain)

"뭐라고? 제주도 수학여행을 배를 타고 간다고?, 비행기 놔두고 왜 배를 타지?"

"200여 명의 학생을 한꺼번에 비행기에 탑승시키는 예약이 잘 안 된 것 같아요."

첫째 딸 아이는 제주도로 수학여행을 간다고 벌써부터 들떠있다. 그러나 나와 아내는 마음이 이만저만 불편한 것이 아니었다. 왜 굳이 수학여행을 제주도로 가야 하며, 그것도 배를 타고 가야 하는지. 나름대로 여수교육청에 문의도 해보고 담당 선생님께 연락도 해 보았다. 다른 부모들도 배를 타고 제주도로 가는 수학여행에 반대 아닌 반대를 하고 있었다. 4년 전의 세월호 트라우마가 생생히 남아있기 때문이다.

캡틴(Captain)

우리는 항상 친숙한 조직 내에서 활동을 한다. 그 조직 내에는 위계질서와 지휘체계가 확립되어 있다. 오랜 전통에 의해 나름대로 지휘체계가 잡혀있다. 나름 일사불란하다. 둘째 딸은 지금 여도초등학교에서 5학년 3반 회장을 하고 있다. 학교 생활이 어떠냐고 물어보면 항상 급식메뉴만 주로 얘기했던 아이다. 그런데 회장을 하고 나서 몰라보게 변했다. 요즈음에는 아이들 상담까지 하느라고 바쁘다고 한다. 친구들 챙길 것이 한둘이 아니라고 한다. 그렇다. 둘째 딸은 학급의 리더가 되었고 5학년 3반은 서로 친밀한 친구들 사이에서 리더중심으로 자치활동이 진행되고 있다. 그런데 우리가 사회생활을 하다 보면 낯선 조직과 사람들과 갑작스럽게 조우하는 경우도 많이 있다. 전주 한옥마을에 최근 다녀온 적이 있다. 한옥마을에 관광객이 많다 보니 한옥마을과 인근 공용주차장까지 셔틀버스를 운행한다. 24인용 노랑버스가 15분 간격으로 반복적으로 관광객들을 실어 나른다. 사람이 붐비고 여기저기서 사람들이 버스 탑승장소로 몰리기 때문에 자칫하면 무질서해지기 쉬운 상황이었다. 그러나 실제 모습은 정반대였다. 관광객들은 질서정연하게 줄을 서고 버스가 오면 순서대로 탑승한다. 아이들이 많은 터라 합리적으로 가족 대표자만 줄에 서 있고 나머지 가족들은 주변에 있는 의자에 앉는다. 남루한 옷을 입고 있는 통제요원 한 분이 이 모든 것을 통제하고 있었다. 능수능란하다라는 표현과 정말 열심히 하신다라는 생각을 나와 옆에 있는 가족이 같이 하였다. 그곳에 있는 관광객들 상당수도 비슷한 생각을 했을 것이다. 통제요원은 오랜 기간 그곳에서 근무하신 것 같았다. 친절하고 매우 합리적이었다. 왕복 버스가 24인용이었지만 사람이 밀리는 것을 인지하고 적정인원의 입석인원을 추가 탑승시켰다. 인근 숙소, 버스터미널 등을 묻는 관광객들에게도 친절하게 응대하셨다. 그분은 적어도 전주한옥마을 셔틀버스 승하차 지점의 캡틴이었다. 그곳에서 어떤 불의의 사고가 났을 때 누구를 현장통제관으로 임명해야 할 것인가. 직위가 높은 사람? 서열이 높은 사람? 아니다. 현장을 잘 알고 통제능력이 있는 사람으로 임명해야 한다. 그 통제요원이 현장통제관으로 임명되어야 한다. 현장을 가장 잘 알고 현장을 통제할 수 있는 사람을 captain으로 임명해야 한다.

현장 매뉴얼, 그것이 알고 싶다

가끔 비행기를 탈 때가 있다. 비행기 하면 생각나는 단어는 드넓은 공항, 쾌적함, 스튜어디스, 면세품, 기내서비스, 긴 대기시간 이런 것이다. 비행기가 출발 전 스튜어디스에 의한 산소마스크와 구명조끼 착용법 설명이 이루어진다. 그런데 나는 수차례 경험했지만 아직까지 비행기 구명조끼 착용에 자신이 없다. 이유는 여러 가지다.

첫째, 나는 구명조끼 착용 설명에 적극적으로 귀를 기울이지 않은 것 같다. 비행기를 탑승하면 많이 바쁘다. 적합한 좌석의 등받이 각도도 설정해야 하고, 창문을 통해 바깥도 봐야 하고, 핸드폰을 비행기 모드로 전환시키기 전에 전화도 해야 한다. 같이 탄 인원과 설레는 마음으로 얘기도 해야 한다. 그러다 보니 스튜어디스의 말에 집중하지 못한다.

둘째, 나는 여러 번 비행기를 타 보았지만 단 한 번도 실제로 구명조끼를 만져보지 못했다. 스튜어디스가 설명한 구명조끼는 왠지 좀 복잡하게 생겼다. 착용이 쉽지 않을 것 같다. 좌석 밑에 있다고 늘 말하지만 정말 어디에 있는지 눈으로 보고 손으로 만져본 적은 없다. 과거에 『에어포

스원』영화에서 비행기 탑승객들이 구명조끼를 전원 착용한 것을 본 적은 있는 듯하다.

　　현장에서 필요한 사고발생 시 행동요령 조치 매뉴얼을 좀 더 보완해야 한다. 비행기 좌석 앞에는 흔히 면세품 등을 광고하는 책자가 한 권씩 꽂혀있기 마련인데 그보다는 비상시 행동요령에 대한 안내 매뉴얼을 간단히 팸플릿화하여 개인 좌석마다 꽂아 두는 것이 필요하다. 그리고 비행기는 다른 대중교통수단에 비하면 공항에서의 대기 시간이 길다. 최소 한 시간쯤은 기다린다. 수화물 선적시간이 있기 때문이다. 이때 탑승객들은 대부분 대기석에서 무료하게 시간을 보낸다. 탑승하기 직전 구명조끼 착용법을 실습하는 공간을 만들어서 의무적으로 한 번씩 실제로 착용하도록 한다면 좋을 것 같다. 승객들은 구명조끼 착용이 숙달될 것이고, 스튜어디스, 탑승객 모두 비행기 출발 직전의 바쁘고도 흥분되는 시간을 빼앗지는 않을 것이다.

　　사고가 나면 또는 사고를 방지하기 위해서 각 기관은 수없이 많은 사고 대응 매뉴얼을 작성한다. 그러나 현장에서의 행동 매뉴얼은 취약하다. 눈에 잘 보이지도 않는다. 사고가 났을 때 현장에 있는 사람들이 해야 할 행동에 대해서 교육이 이루어져야 하고 시각화되어야 한다. 첫째 딸이 수학여행 가는 배에서 사진을 보내왔다. 반드시 구명조끼 근처에서 앉아 있으라고 출발 전에 강조해서인지 사진 배경에 구명조끼 보관함이 보였다. 안내 방송에서 배에 문제가 발생하여 잠시라도 정지하면 무조건 집으로 전화를 하라고 했다. 이번 수학여행이 시행되기 전 학교에 요청한 사항이 있다. 배에서 사고가 나면 해경과 연락이 되는지, 긴급상황 발생 시 긴급구조팀은 누구이며 출동하는 데 걸리는 시간은 얼마인지, 배에는 충분한 수량의 구명보트가 준비되어 있는지, 학생들에게는 어떤 안전조치 매뉴얼 교육을 누구에 의해 실시하는지에 대한 정보를 알고 싶었다.

매번 수학여행을 갈 때마다 학부모들에게 위와 같은 사항을 공지하는 것에는 다소 무리가 있었을 것이다. 그러나 적어도 언론에서 세월호 4주기에 대한 언급이 되고 있는 한창, 배를 타고 수학여행을 보내는 학부모의 심정을 이해한다면 위와 같은 정보들은 학부모에게 사전에 마땅히 통보가 되었어야 한다고 생각한다.

2018 남북 정상 회담 프레스센터가
새삼 부럽게 느껴지는 이유

2018년 4월 27일 판문점에서 남북 정상 회담이 진행되었다. 정상 회담의 실시간 중계를 위해 고양 킨텍스에는 2018 남북 정상 회담 메인 프레스센터가 설치되었다. 프레스센터에는 전 세계에서 모인 3천여 명의 기자들에 대한 2018 남북 정상 회담 취재지원 서비스가 이루어졌다. 현장 취재단의 사진과 영상 그리고 브리핑 자료들이 실시간대로 제공되었고 기사 작성에 필요한 여러 부대시설이 갖춰졌다. 또한, 기자들을 위해 마련한 다양한 체험부스들도 준비되어 있었다. 평균 나이 81세, 이산가족을 대표하는 사연들을 가진 분들을 만나 직접 사연을 전해 듣고 그분들의 고향에 대한 추억과 그리움을 조향사들이 직접 향수로 만들었다. 마르셀 프루스트의 소설 『잃어버린 시간을 찾아서』에서 주인공이 마들렌 향으로 어린 시절을 추억한 데에서 발상한 것이었다. 그밖에도 기념사진 현장 인화, VR 기술을 통해 회담이 진행되는 판문점을 360도 영상으로 볼 수 있는 부스도 준비되었다. 그리고 취재와 기사작성으로 고생하는 기자들을 위해 '남북 정상 회담을 축하하는 선물'이라는 이름으로 소정의 먹거리가 제공되었다.

2018 남북 정상 회담은 현장취재단을 한정시키고, 대신 프레스센터를 통해 현장에서 일어나고 있는 상황을 실시간으로 브리핑한 것이다. 그리고 현장을 좀 더 오감으로 생생하게 간접 체험할 수 있는 부스 공간을 마련하여 현장의 생생함을 전달토록 노력한 것이다. 현장에 있는 취재단만큼은 아니지만 프레스센터에 있는 기자들은 실시간으로 정보를 획득할 수 있었을 것이다. 적어도 판문점에서 상황이 어떻게 진행되고 있는지에 대한 궁금증은 일어나지 않았다.

그런데 세월호 당시에는 위와 같은 모습과 사뭇 대조적이었다. 한정되지 않은 취재단은 사실과 사실이 아닌 추측, 짐작 등을 섞어 보도하기에 급급했다. 현장을 볼 수도 없는 팽목항에는 유가족들이 돌아오지 못하는 학생들을 기다려야만 했다. 당시의 진행되고 있는 상황을 2018 남북 정상회담 프레스센터 브리핑처럼 했으면 어땠을까 하는 생각이 든다.

'학부모들은 일산 킨텍스처럼 일정 장소로 안내를 받는다. 현장 취재단은 엄정하게 사실만을 취재하고 학부모들은 실시간대로 취재사진과 영상을 볼 수 있다. 또한 구조 현장과 구조 진행경과, 앞으로의 예정사항이 책임자에 의해 브리핑이 되고 궁금한 사항에 대하여 질문을 받는다. 연일 계속되는 기다림에 지친 학부모들을 위해 다양한 부스를 마련한다. 급작스런 일로 인하여 생계에 문제가 생긴 것을 고려한 생계지원센터, 심신 피로를 회복시켜주는 건강 관련 지원센터, 다양한 먹거리를 제공해주는 센터 등이 체계적으로 마련되어 유가족들은 그나마 적어도 의식주와 생계에 관한 걱정은 하지 않게 된다.' 이런 모습이 이루어졌었다면 하는 아쉬움이 있다.

정확한 정보에 대한 실시간 브리핑. 이것은 유가족들에게는 어쩌면 자식의 생사만큼이나 더 알고 싶었던 사실이 아니었을까 생각된다. 사고가 나면 현장에 구조팀을 보내는 것과 동시에 브리핑룸을 신속히 구축하는 것이 중요하다.

사고라는 것은 언제나 발생할 수 있다. 사고는 과거에도 발생했고 지금 이 순간에도 발생하고 있다. 또한, 안타깝지만 미래에도 발생할 수밖에 없다. 문제는 사고에 대한 예방과 대처이다. 몸으로 체험하고 눈에 항시 보이는 안전 관련 현장 매뉴얼이 좀 더 우리 곁으로 다가와야 한다. 현장에는 적시적소에 계급 고하, 직위에 상관없이 현장을 가장 잘 아는 적임자를 현장 캡틴으로 임명해야 하며 그에게 현장을 통제할 수 있는 권한과 힘을 실어주어야 한다. 그리고 사고를 당한 가족들에게 가장 빠른 실시간대 정보와 예정사항에 대한 브리핑을 해주어야 한다. 그렇다면 사고로 인한 후유증을 최소화할 수 있다.

'자아 불성실', '변화 미수용'
매너리즘

"경계 작전에 있어서 매너리즘을 없애는 좋은 방법이 있나요?"

"마인드 컨트롤이 중요할 것 같습니다."

"상급자에 의한 일종의 정신교육을 말하는 건지요?"

"그것보다는 자기 스스로 매일 아침 매너리즘에 빠지지 말자고 다짐을 하자는 말입니다."

"매일 마인드 컨트롤을 한다는 것이 어렵지 않을까요?"

"어렵습니다. 그래서 때로는 제가 하고 있는 일을 정기적으로 바꾸는 방법을 사용하기도 합니다. 그래서 6년간 실시해오던 행정보급관 일을 스스로 그만두었습니다. 대신 참모 부서로 옮기는 것을 신청하였습니다."

참모부 과장으로 보직된 후 전방지역 경계 체험을 했다. 비슷한 시기에 전입해 온 간부와 차 안에서 매너리즘에 관련한 이야기를 나누었다. 우리가 오늘 체험할 GOP 경계부대는 매일 시행하는 일이 비슷하므로 자칫하면 매너리즘에 빠지기 쉽다. 지휘관들은 이 매너리즘을 타파하기 위해 항시 고민한다. 어쩌면 이미 매너리즘에 빠진 지휘관 본인 스스로를 채찍질하기 위함일지도 모른다.

매너리즘은 항상 틀에 박힌 일정한 방식이나 태도를 보임으로써 신선미와 독창성을 잃는 것을 말한다. 좀 더 깊이 생각해보면 매너리즘의 원인은 두 가지로 나눌 수 있다.

첫째는 '자아 불성실 매너리즘'이다. '그제도 이상 없고 어제도 이상 없었으니 오늘도 이상 없을 것이다.'라고 생각하는 것이다. 상당기간 이상 없었으니 오늘 하루쯤은 불성실하게 대충 처리해도 별문제가 발생하지 않을 것이라고 생각하는 것이다. 적은 며칠째, 아니 몇 달 몇 년 동안 우리 책임 지역으로 침투하지 않았다. 그런데 오늘 책임 지역을 감시하는 감시 장비가 고장 났다. 수리하기 위해서는 여러 가지가 번거롭고 이미 밤은 깊었다. '그래 어제까지 별일 없었으니 내일 수리하기로 하자.'와 같이 생각하는 경우가 발생할 수 있다.

두 번째는 '변화 미수용 매너리즘'이다. 나는 매일 똑같이 내가 하고 있는 일을 열심히 하지만 주변 환경이 변할 수 있다. 그래서 나는 비록 어제, 오늘 과거와 비슷한 노력을 했지만 주변인으로부터 매너리즘에 빠졌다는 평가를 받게 되는 것이다. 우리 동네의 치킨점은 정말 맛있다. 가격도 비싸다는 생각이 들지 않는다. 매번 그 가게에 전화를 걸어 치킨을 주문하곤 한다. 시간이 흘러 주변에 경쟁 업체가 많이 생겼다. 맛은 비슷하다. 가격은 오히려 1,000원 더 저렴하다. 그리고 APP을 통해 주문이 연결되어 신속히 배달된다. 나는 자연스레 단골치킨집을 바꾼다. 미안한 말이지만 전에 이용했던 치킨집 사장은 '변화 미수용 매너리즘'에 빠졌다고 판단한다.

'자아 불성실 매너리즘'에 빠지지 않기 위한 수단을 생각해 보자. 이는 무형적인 방법과 물리적인 방법으로 나뉜다. 먼저 무형적인 방법에는 상급자와 주변 사람들에 의한 충고와 조언이 있다. 정기적인 정신교육도 효과적일 수 있다. 사람은 망각의 동물이기 때문에 정기적으로 자극을 줄 필요가 있다. 본인 스스로 매일 아침 마인드 컨트롤을 하는 것도 방법이 될 수 있다. 잠을 깨고 나서 바로 또는 일과를 시작하기 전 묵상과 참선 등을 통하여 마인드 컨트롤을 할 수 있다. 매일 눈으로 자연스럽게 바라보는 곳에 명언, 격언과 같은 문구를 붙여 놓는 것도 효과적이다. 책상머리나 화장실 변기 눈앞에 문구를 붙여서 자연스럽게 볼 수 있도록 하는 방법도 있다.

다음은 물리적인 방법이다. 매일 저녁 일기를 쓰는 것이다. 하루를 반성하고 내일을 다짐하는 데 효과적이다. 다음은 다이어리 등을 통해 일과를 빼곡히 계획하는 것이다. 일과를 시간단위로 계획함으로써 자칫 나태해지기 쉬운 마음과 다음으로 미루려는 습성을 없애는 방법이다. 조직과 집단의 차원에서 본다면 매일 아침 체조와 같은 운동을 하여 머리를 맑게 하는 시간을 갖거나, 팀 또는 조 단위로 공동의 목표를 제시하고 '화이팅' 구호를 외치는 등의 방법도 효과적인 방법이 될 수 있다. 또 하나 중요한 것은 나 스스로 또는 조직에 재미와 활기를 불어넣는 것이다. 해도 그만, 안해도 그만의 분위기를 만드는 것을 차단하고 성과가 있으면 칭찬받고, 열심히 하면 쉴 수 있다는 철저한 성과제, 신상필벌도 '자아 불성실 매너리 즘'을 타파하는 좋은 방법이다.

'변화 미수용 매너리즘'에 빠지지 않기 위해서는 자신이 하고 있는 노력 과 열정의 일정 부분을 주변을 바라보는 데 할애해야 한다. 주변 사람들 은 지금 무엇을, 어떻게 하고 있는지 혹은 내가 뒤처지고 있는 것은 없는 지를 항시 모니터링해야 한다. 치킨집 사장은 매주 일요일 인접 치킨집에 가서 저녁을 먹어보는 것이 필요하다. 그리고 내 가게에 대한 사람들의 의 견을 청취하고, SNS를 통해 이용 후기 등을 확인하도록 해야 한다.

'변화 미수용' 매너리즘에 빠지지 않기 위해서는 주변의 변화를 알아야 한다. 날씨와 계절도 변화될 수 있다. 여론과 과학기술도 변화의 영역이 다. 영어자막에 핸드폰 앱을 설치하여 갖다 대면 한글로 자동적으로 번역 이 되는 시대다. 세계화를 위해 통역사, 번역사를 양성해야 한다고 외치는 것이 변화 미수용 매너리즘에 빠질 수 있는 시대가 도래했다.

스스로 오늘의 일에 최선을 다하도록 마음을 다잡고 시스템을 구축하 며, 항시 주변에 눈을 돌려 나를 객관적으로 평가해보자. 이것이 '자아 불 성실 매너리즘'과 '변화 미수용 매너리즘'에 빠지지 않는 방법이다.

임무형 지휘를 통한 '일하는 문화' 개선

최근에 일하는 문화 개선에 대해서 우리 사회에서도 바람이 불고 있다. 어느 조직이든 일하는 문화에 대해서 항시 고민한다. 다르게 말하면 그만큼 중요하고도 좀처럼 잘 해결되지 않는다는 것이다.

일하는 문화 개선은 상·하급자가 모두 요구한다는 특징이 있다. 상급자들도 분명 하부 조직의 일하는 문화가 개선되기를 희망한다. 상부 조직에서 일하는 문화 개선을 언급하면서 주로 언급하는 단어는 '효율성', '선택과 집중'이다. 내가 지시하는 사항에 대해서나 해야 할 일들을 효율성, 선택과 집중에 의해 처리한다면 금방 될 것 같은데 조직원들을 그렇지 못한다고 생각한다. 상부 조직 사람들은 그 점이 늘 불만이다. 반면, 하급자들이 일하는 문화 개선을 얘기하면서 주로 언급하는 단어는 '의사소통', '휴식'이다. 상급자가 원하는 것을 좀 더 정확히 그리고 빨리 결심해주고 정보를 알려달라는 것이다. 정확히 빨리 결심해주고 알려주면 나는 그 일을 좀 더 조속히 처리하여 휴식을 취할 수 있다고 생각한다. 이렇게 상급자와 하급자 사이에는 보이지 않는 생각의 차이와 괴리감이 발생한다. 결국,

일하는 문화를 개선하기 위해서는 상급자가 요구하는 것과 하급자가 생각하는 사항의 접점을 찾아 그 해결책을 찾아야 한다.

임무형 지휘

임무형 지휘란 지휘관은 명확한 의도와 임무를 제시하고, 임무수행 방법은 최대한 위임하는 것이다. 부하는 지휘관의 의도와 부여된 임무를 기초로 능동적이고 창의적으로 임무를 수행하는 지휘개념이다. 임무형 지휘를 간결하게 집약하면 '개념기반 능동주도' 정신이다. 임무형 지휘가 제대로 이루어지게 하려면 하급자에게는 창의적으로 능력을 십분 발휘하여 일할 수 있도록 해 주어야 한다. 단, 하급자가 자유롭게 일을 하는 데 있어서는 두 가지 전제조건이 필요하다.

첫째는 개념을 기반으로 일을 해야 한다는 것이다. 일을 하는 데 있어서 그 항목은 왜 그렇게 하는지, 어떤 이유와 근거로 그렇게 하는지에 대한 명확한 생각이 있어야 한다는 것이다. 규정, 매뉴얼, 상위 조직의 지시, 합리적 판단 등이 이러한 이유와 근거가 될 수 있다. 간혹 일을 하다 보면 특정 사항에 대해서 왜 이 기준을 적용했는지, 왜 이러한 방법을 적용하게 되었는지에 대한 질문에 답변을 못 하는 하급자가 있다. 그런데 이것은 그 친구만의 문제라고 말하기는 어렵다. 실무자가 보고서의 워딩을 하면서 단어 하나하나를 근거와 이유를 찾아가면서 쓰는 것은 쉽지 않다. 그것은 상급자가 짚어주어야 할 몫이다.

두 번째의 전제조건은 하급자는 능동적이고 주도적으로 일을 해야 한다. 상급자가 하급자에게 일을 하는 데 있어 자율과 창의 발휘를 보장했는데 하급자가 이를 악용하여 불성실하게 한다거나 시간을 장시간 지체시킨다거나 할 경우 제대로 된 임무형 지휘를 할 수 없다.

임무형 지휘는 가장 이상적인 지휘방법이면서도 일하는 문화를 개선할 수 있는 기법이다. 상급자의 불필요한 지시와 간섭을 최소화할 수 있다. 상급자는 부하에게 임무를 부여한다. 하급자는 부여된 임무를 완수하기 위하여 자신의 역량 내에서 자율과 창의를 발휘하고 개념기반 능동주도 정신에 입각하여 임무를 완수하면 되는 것이다.

임무형 지휘가 제대로 안 되는 이유는 여러 가지가 있는데 그중에 하나는 상·하급자의 개념의 일치가 잘 이루어지지 않기 때문이다. 즉, 상급자와 하급자가 어떤 대상을 바라보는 관점, 대상과 문제에 접근하는 방식 등이 일치하지 않기 때문이다. 임무형 지휘라고 해서 임무만 완수한다고 되는 것은 아니다. 그 임무를 완수하기 위해 일을 처리하는 개념이 상·하급자 간에 일치해야 하는데 그렇지 못한 경우가 흔히 발생한다.

예를 들어 상부에서 업무 관련 지침서를 새로 발간하라는 지시가 조직의 최고 윗선에서 내려졌다고 생각해보자. 중간 상급자는 지침서 발간을 하급 실무자에게 임무형 지휘로 하달한다. 그러면 하급자는 상급자가 생각하고 있는 업무추진 개념에 입각하여 일 처리를 해야 한다. 가장 먼저 지침서를 어떻게 만들 것인지 개념 보고서를 작성해야 한다. 여기에는 지침서에 어떠한 내용을 얼마만큼의 분량으로 반영하겠다는 내용이 들어가 있어야 한다. 두 번째는 지침서 발간의 로드맵을 작성해서 보고해야 한다. 지침서 제작에 필요한 각 과정을 언제까지 실시할 것인지를 보고하는 것이다. 이런 일 처리 과정은 평상시 상급자와 하급자가 부단한 의사소통을 통해서 일하는 방식에 대한 개념을 일치시킨 내용이다. 임무형 지휘라고 해서 하급자가 중간보고를 생략하고 혼자서 장시간이 지난 후에야 지침서 작성을 완료하였다고 떡하니 내밀면 이것은 임무형 지휘가 아니라는 것이다. 개념보고와 로드맵을 만들어서 보고 후 상부의 OK가 나면 그다음부터는 하급자의 자율과 창의가 발휘된다. 지침서의 양식과 각종 자료 종합, 하루에 작성하는 지침서의 양은 하급자의 자율과 창의에 맡기는 것이다.

임무형 지휘 성공을 위한 지휘자의 역할

임무형 지휘가 결실을 보지 못하거나 성공하지 못하는 또 다른 이유는 지휘자의 역할과 관련이 크다. 임무형 지휘에서의 지휘자, 다시 말해서 상급자의 역할에 대하여 심도 있는 고민을 해 보아야 한다. 상급자는 임무를 하달하고 퇴근 시간에 칼같이 퇴근을 한다. 하급자는 밤늦게까지 주어진 임무를 완수하기 위해 야근을 한다. 다음날 전날 늦게까지 작성한 내용을 보고하면 다시 수정지시가 떨어진다. 그러면 주간에 그 일을 수정하기 위한 과정이 계속되어지고 하급자의 피로는 쌓여간다. 이러한 악순환이 되지 않기 위해서 임무형 지휘에서의 상급자의 역할을 분명히 해야 한다.

첫째, 하급자에게 임무를 하달한 상급자는 임무수행 여건을 보장해야 한다. 하급 실무자는 상급자의 지시사항 외에도 기본적으로 할 일이 많다. 타부서에서 전화도 많이 오고, 야간 당직근무도 서야 한다. 각종 회의나 소집에도 참가해야 하고, 점검관 및 감독관 등으로 차출되는 등 부가적인 업무를 수행해야 한다. 상급자는 하급자가 원활하게 업무를 할 수 있도록 이러한 제한요소를 적극적으로 해결해 주어야 한다. 하급자의 일과 상급자의 일이 따로 정해져 있다는 생각을 버려야 한다. 예를 들어 여유가 있다면 하급자를 대신해 회의도 참석할 수 있고, 점검관 및 감독관으로 하급자를 대신하여 나갈 수 있어야 한다. 이러한 것들이 제대로 되려면 기본적으로 전제되어야 하는 것이 있다. 그것은 상급자의 머릿속에 '상급자와 하급자는 일의 내용은 다를 수 있으나 일하는 양은 동일하다.'라는 관점과 생각이다. 상급자는 일의 양이 적은 것이 아니다. 흔히들 상급자는 주요 정책사항에 대한 결심 등 중요하고 어려운 일을 하기 때문에 근무시간은 상대적으로 적어도 무관하다는 생각을 한다. 상급자와 하급자는 일의 종류가 다른 것이지 일을 하는 양이 다르다는 생각은 옳지 않다. 상급자와 하급자는 동시에 출근하고 동시에 퇴근해야 한다.

둘째, 자신이 알고 있는 정보를 하급자와 지속적으로 세부적인 사항까지 공유해야 한다. 조직 내에서는 아무래도 윗사람일수록 다양하고 고급 정보를 갖게 된다. 서로 대하는 사람, 연락하는 사람의 수준이 다르기 때문에 생기는 당연한 원리이다. 따라서 특정한 임무를 수행하는 데 있어서 상급자는 본인이 획득한 정보를 바로 하급자에게 알려주어야 한다. 전화를 통해서 또는 대화를 통해서 최신화된 정보를 지속적으로 하급자에게 알려주어야 한다. 더군다나 특정 업무를 맡은 하급자는 일에 집중하다 보면 아무래도 의도치 않게 주변 정보에 귀를 열지 못하는 상황이 발생한다. 항상 최신화되고 세부적인 정보를 하급자에게 신속히 전파하는 것은 상급자의 몫이다.

셋째, 임무형 지휘 실현을 위해 상급자는 하급자와의 원활한 의사소통이 이루어지도록 해야 한다. 상·하급자 사이에서 의사소통이 잘 이루어지지 않는 것은 전적으로 상급자의 책임이다. 상급자는 하급자가 자연스럽게 모든 것을 얘기할 수 있도록 분위기를 만들어 주어야 한다. 그러기 위해서는 아침에 출근해서부터 밝은 표정으로 인사해야 한다. 상급자의 밝지 못한 표정과 무표정 그리고 날카로운 어투는 의사소통을 저해시킨다. 업무를 하는 과정에서도 가벼운 대화, 사적인 일 등에 대해서도 서로 자연스럽게 얘기할 수 있는 분위기를 만들어야 한다. 업무시간에도 어제저녁에는 어떤 일이 있었으며 주말계획은 무엇인지 서로 얘기할 수 있어야 한다. 집안 아이들로 인한 고민도 서로 얘기할 수 있다. 이런 대화를 하다 보면 말문이 트이고 이는 업무 관련해서도 자연스럽게 이어진다. 하급자가 일을 하다가 잘 안 되는 것, 해결하기 어려운 문제 등을 얘기할 수 있고 상급자는 이를 적극적으로 조치해 주려는 태도를 지녀야 한다. '이런 것까지 내가 해 줘야 하나.'라는 생각을 가지고 있다면 진정한 의사소통이 될 수 없다. 하급자 나름대로 몇 번 정도는 고민하고 상급자에게 얘기하는 것이기 때문에 충분히 그 의견을 들어주어야 한다.

멜 깁슨이 주연한 영화 『위 워 솔저스』를 생각해본다. 대대장은 전장에 가장 먼저 발을 딛고 가장 나중으로 전장에서 이탈할 것을 부하들 앞에서 약속한다. 조직의 최상급자가 '나는 가장 마지막으로 퇴근을 하겠다.'라고 공포한다면 어떤 일이 벌어질까? 사람들은 일을 더욱 치열하게 하여 빨리 끝내려고 할 것이다. 특정인 몇 명의 일이 오늘 일이 많아서 최상급자의 퇴근이 늦어지는 것이 예상된다면 일을 타인에게 분배할 것이다. 마치 테트리스 퍼즐을 맞추는 것과 마찬가지로 떨어지는 임무를 빈 곳, 오늘 상대적으로 한가한 곳에 채워넣는 것이다. 그러면 아마도 타부서의 일을 떠안게 되는 처부가 불만을 가질 수 있을지도 모르겠다. 그렇다면 모든 조직원이 매일 같은 시간에 퇴근한다는 내부규정을 만들면 어떻게 될까? 오래전부터 생각해왔고 실현해 보고 싶은 과제였다 그러나 실제로는 이행해 보지 못했다. 내가 생각하는 이상적인 일하는 문화 개선방안이다.

임무형 지휘는 일하는 문화를 바꿀 수 있는 하나의 좋은 방법이다. 임무형 지휘는 단순히 임무를 하달하고 임무를 부여받은 자가 전적으로 알아서 일을 하나부터 열까지 처리하는 것이 아니다. 임무 수행자는 자율과 창의에 기반하여 성실히 임무 완수를 위해 노력하여야 하며 상급자는 임무 수행자가 임무를 원활히 수행해 나갈 수 있는 여건을 보장하고 지휘 감독을 해 주어야 한다. 넓은 초원에 양 떼가 마음 놓고 뛰어놀기 위해서 양 떼 주인은 외부의 어떤 동물의 침입이 발생하지 않도록 견고한 울타리를 쳐주어야 하며 멀리서 양 떼의 움직임을 바라봐야 한다. 이것이 임무형 지휘를 완성해 나가는 모습이다.

김성근 펑고 vs 염경엽 자율야구

"박진만은 연습 때 게으름을 피우는 게 몸에 배어 있었다. 한번은 박진만이 평범한 상황에서 에러를 두 개나 범하는 바람에 팀이 패배한 일이 있었다. 경기가 끝나고 박진만 앞으로 500개의 펑고를 쳤다. 500개를 다 받고 나서 박진만은 거의 반 죽으려고 했다. 네발로 기어다니고 난리도 아니었다. 바로 그날 박진만의 몸과 마음이 많이 바뀌었다. 선수로서 다시 살아났다. 몸은 힘들어도 선수로서 살아났으니 결과를 얻은 것이다."

– '감독으로 말할 수 없었던 못 다 한 인생이야기' 『김성근이다』 중에서 –

"염경엽 감독은 부임 이후 '자율훈련'과 '목표 의식'이라는 철학으로 팀을 운영했다. '자율훈련' 제도는 한 번 스윙을 해도 선수 스스로가 만족한다면 훈련을 끝내는 방식이다. 염경엽 감독은 공수에서 실수가 많았던 임병욱에 대한 팬들의 원성이 높아지자 "병욱이는 넥센의 미래다. 믿고 꾸준히 기용하겠다."며 공식적으로 선언했다. 임병욱 선수는 현재 고척돔의 외야를 책임지는 선수가 되었다.

– 오마이 뉴스 「왕위를 향한 네 번째 도전,
염경엽의 야구 철학 빛을 발할까(16.10.13)」 중에서 –

펑고는 어쩌면 화풀이다. 김성근 감독도 인정했다. 그러나 화풀이가 다는 아니었을 것이다. 반복된 학습을 통해 근본적으로 변화를 시켜보겠다는 감독의 의지였다. 한두 번의 펑고로는 몸이 기억을 하지 못할 것으로 판단하여 500개의 펑고를 한 것이다. 그날을 박진만 선수는 잊을 수 없을 것이다. 훈련을 대하는 태도가 바뀔 것이다. 그러나 정말로 반복된 연습으로 인해 몸이 변화한 것인지, 아니면 또다시 그와 같은 힘든 펑고를 하지 않기 위해 몸이 놀란 것인지는 생각해 볼 필요가 있다.

자율야구는 선수에 대한 신뢰를 기본으로 한다. 프로선수라는 것은 이미 배울 만큼 배웠다는 것을 전제로 한 것이다. 추가적인 학습이 필요하다면 본인이 느낄 것이요, 그렇다면 본인이 먼저 필요한 것을 코칭 스태프에게 물어볼 것이다. 감독은 스스로에 대한 물음을 갖고 물어보는 선수에 대하여 적절한 코칭을 하기만 하면 된다. 필요하면 본인이 직접 나서지 않고 유능한 코치를 붙여줄 수도 있을 것이다. 프로선수는 직업야구인이다. 좋은 타격, 수비, 실수는 모두 기록으로 남는다. 이 기록은 곧 연봉과 연결된다. 그래서 자율야구에는 목표의식 부여가 필요한 것이다. 너는 잘할 수 있을 것이다. 너는 올해를 마지막으로 재계약에 들어간다. 이런 자극을 줄 수 있는 목표의식 병행이 필요하다. 자율만으로는 자율야구를 완성하기는 어렵다.

'펑고'와 '자율야구'는 곧 관리야구와 자율야구를 의미하고 이는 다시 감독의 솔선수범에 의한 야구와 선수 자율에 의한 조직 활성화를 통한 야구로 표현할 수 있다. 관리냐 자율이냐 과연 어떤 것이 더 효율적일 것인가.

3년 전만 해도 이에 대한 결론은 내리기가 쉽지 않았다. 김성근 감독은 과거 SK 와이번즈 왕국을 만들었던 유능한 감독이었다. 염경엽 감독도 '제갈량'으로 불릴 만큼 선수 육성에 있어 타의 추종을 불허했다. 지금 객관적으로 평가해보면 '자율야구'가 승리했다는 의견에 좀 더 무게감을 둘 수 있다. 2018년 현재, 적어도 한국 프로야구팀 중에서 감독이 관리야구를 하는 팀은 없다. 감독과 코칭에 의한 몸이 기억하는 연습을 하는 방식보다는 선수 스스로가 왜 훈련을 열심히 해야 하는가를 느끼게 하는 자율야구가 대세다.

자율 야구를 완성하기 위해서 감독과 코칭스태프는 선수에게 목표의식을 지속해서 불어넣어 주어야 한다. 올해 우리 팀과 개인의 목표를 설정하고 이를 달성할 수 있도록 선수를 관리해 주어야 한다. 지금 다른 팀 선수들은 어떻게 하고 있는지, 2군 후보들은 지금 얼마나 처절하게 연습하고 있는지 등의 정보 또한 알려줄 필요가 있다. 선수 한 명이 만에 하나 불성실하게 연습하여 주전 자리를 빼앗긴다면 그 자리를 차지할 선수가 줄을 서고 기다리고 있다는 것을 상기시켜야 한다.

대대장 당시의 지휘에 대해서 돌이켜본다. 참모들이 내 기준으로 무엇을 잘못했으면 혼을 냈다. 호통도 치고 진술서를 쓰게 했다. 대대장도 휴일에 몸소 출근하면서 필요한 인원을 휴일에 출근하도록 지시했다. 결과적으로 모든 것은 대대장이 생각한 대로 의도한 대로 변화해갔다. 나는 그것을 조직의 성숙과 성장이라고 스스로 결론을 내렸다. 급작스러운 성장은 다소간의 성장통을 겪게 되는 것이 어쩌면 당연한 것이라는 스스로의 결론을 내렸는지도 모른다. 그러나 지금 와서 다시 한 번 스스로에게 질문을 던져 본다. 나는 키가 크지 않다. 왜 크지 않을까 여러 번 생각도 해보고 아내에게도 물어본 적이 있다. 갑자기 너무 많이 커서 그렇다는 의견이 지배적이다. 내가 나름대로 확인한 의학적 사실에 기인해서도 원인은 동일하다. 갑자기 너무 크는 것은 결코 좋은 것이다. 무리해서 큰 것이다. 겉으로는 큰 것 같지만 속으로 크지 못했다. 한계에 봉착해 버린 것이다.

솔선수범은 집단의 무리가 모두 특정 행동을 하려는 의지가 있을 때 우두머리가 먼저 앞서 시행하는 것이다. 집단의 무리는 전혀 그런 행동의 의지가 없는데 우두머리가 먼저 시행하고 그것을 따라오게 하는 것은 '강요'가 될 수 있다. 진정한 솔선수범은 조직을 활성화할 수 있지만 강요는 조직을 주눅 들게 한다. 진정한 의미에서의 솔선수범은 조직의 자발적인 참여와 자율경쟁을 이끌어 내지만 '강요'는 조직원들에게 타율적인 참여와 복지부동을 유발하기도 한다.

조직 리더는 나의 행동이 진정한 의미의 솔선수범인지 강요인지를 냉철하게 분석할 수 있어야 한다. 쉽게 혼동할 수 있는 사항이다.

사고(事故)를 붙들다

"김 중위는 차량이 후진할 때 무엇을 확인했지?"

"운전병이 갑자기 후진하는 바람에 확인을 못 했습니다."

"그렇다면 핸들을 잡았던 김 상병, 후진 전에 무엇을 확인했나?"

"백미러를 통해 뒷부분을 확인했습니다."

"좌우측 백미러를 다 확인했나?"

"아닙니다. 급한 나머지 왼쪽 백미러만 확인했습니다."

대대장 하면서 연달아 차량 사고가 발생했다. 그런데 사고의 유형이 비슷했다. 군용차량 후진 간 발생한 사고였다. 사고가 일어난 원인을 정확히 분석해봤다. 운전자가 대부분 차량 뒤에 무엇이 있는지 확인하지 못했기 때문이다. 군용차량은 요즈음 일반 차량처럼 후방카메라가 전부 부착되어 있지 않다. 요즈음 차량 기술은 차량이 후진할 때 후방카메라 및 물체 접근 시 경보음을 발생시킨다. 그러나 일부 군용차량에는 이런 기술이 접목되지 않았다. 그래서 차량을 후진시키다가 백미러 사각 등에 있는 물체와

접촉하는 사고가 종종 일어난다. 나는 연속되는 동일한 유형의 사고를 예방하기 위해 '11·3 특별수칙'이라는 것을 만들었다. 11월 3일은 연이은 차량 후진 간 사고가 발생한 세 번째 날이었다.

특별수칙 주요 내용은 첫째, 운전병은 후진하기 전 반드시 '후진하겠습니다.'라고 외친다.

둘째, 선탑자는 가용 시 하차하여 차량 후미를 직접 관찰한다.

셋째, 후방 지역이 불명확할 경우 가용 시 운전병도 직접 내려서 차량 후미 지역을 관찰한다.

'11·3 특별수칙'을 제정하고 자가 운전을 하는 간부와 운전병 대상으로 반복교육을 하였다. 더는 차량 후진 간 사고는 발생하지 않았다.

사고발생 메커니즘

지휘관 교체 전에는 특별 사고예방활동을 한다. 지휘관이 바뀌고 나서 얼마 있다가 사고가 발생하는 경우가 많기 때문이다. 그런데 지휘관이 바뀌고 나서 사고가 흔히 발생하는 것은 어떻게 보면 과학적이다. 지휘관이 부대를 1년 정도 지휘하다 보면 이를테면 사고 관련 '촉'이 생긴다. 우리 부대에서는 이런 환경적, 인적 특성 때문에 어떤 사고가 발생할 것이라는 것을 예상할 수 있다. 실제로 그런 촉에 이은 사고를 몇 번 경험하기도 한다. 물론 후임자도 전임자로부터 또는 부사관단으로부터 과거의 사고 사례를 듣기도 하지만 실전처럼 와닿지는 못한다. 직접 사고를 경험하고 나서야 머릿속에 각인되는 경우가 많다. 발생할 수 있는 사고의 유형을 예상하고 그에 대한 대처를 하면 사고는 신기하게도 발생하지 않는다. 대처라는 것이 어떤 특별한 노력을 의미하지 않는 경우도 많다. 단지 후진 관련 사고가 발생할 수 있으니 조심하라. '11·3 특별수칙'을 준수하라라고 간부와 병사들에게 상기시키는 것만으로도 사고는 현저히 줄어든다.

전 구간 '구간단속' 적용

사고를 예방하는 방법은 크게 교육과 시스템이다. 매일 아침 차량 선탑자 대상으로 요즈음 쉽게 발생할 수 있는 사고 유형을 설명하고 기본적인 안전수칙 등을 지킬 것을 강조하는 '교육'은 지휘관의 열정과 신념이 중요하다. 황색 신호등에서 통과하지 말 것, 선탑자는 휴대폰을 사용한다든지 졸지 않도록 할 것 등을 교육해야 한다.

다음은 시스템이다. 시스템이 가장 잘 발달한 부대는 최근에 그 시스템의 부재로 사고가 발생했던 부대이다. 부대에 전입하고 나서 위병소를 통과하는 데 다른 부대와 다른 점이 있었다. 위병근무자가 차량 탑승자의 안전벨트 착용 여부를 확인하고 "안전벨트 착용 확인되었습니다."를 외치는 것이었다. 순간 최근에 안전벨트 미착용으로 사고가 났을 수 있다는 생각이 들었다. 며칠 후에 쉽게 정답을 찾을 수 있었다. 얼마 전 부대에서 병력이 탑승한 버스가 터널 통과 후 전복이 된 사고가 있었는데 안전벨트를 미착용한 병사들만 크게 다친 사례가 있었다는 것이다. 시스템은 하게 되어 있는 것을 제대로 하게 하는 것과 새로운 제도를 도입하는 것으로 나눌 수 있다. 위병소의 안전벨트 착용 확인시스템은 하게 되어 있는 것을 제대로 하게 만든 것이다.

대대장 하면서 새로 도입한 제도는 '전 구간 구간단속 적용'이다. 차량사고와 교통법규 위반의 대부분은 과속에서 비롯된다.

고속도로 등을 달리면서 평소 가장 강력한 과속 차단 방법은 '구간단속'이라는 생각을 여러 번 해왔다. 고속도로에 과속카메라가 많지만 사실 무용지물이나 다름없다. 내비게이션도 카메라를 단속하기 때문이다. 그런데 구간단속 구간은 '꼼짝 마라'다. 실제로 단속 구간에는 모든 차량이 규정속도를 준수한다. 그래서 대대에 구간단속 개념을 도입했다. 과속카메라 앞에서만 규정속도를 준수할 것이 아니라 전 구간에서 규정속도를 준수하게 하였다. 대대에서 연대까지 규정속도를 준수해서 이동하는 시간을 체크했다. 37분에서 40분이 소요되었다. 이렇게 전 구간 코스별 소요 시간을 산출하였다. 간부들은 차량 출발 시 대대장에게 문자 보고를 했다. 군부대는 모두 위병소가 있기 때문에 출입한 시간을 체크할 수 있다. 결국, 군용차량이 구간단속을 준수했는지 물리적으로 확인이 가능했다.

이 시스템을 도입하면서 여러 가지 부수적인 교육을 병행했다. 구간단속 개념을 적용할 때 걸리는 시간을 미리 확인하고 준수할 수 있도록 충분히 일찍 출발할 것을 강조했다. 결과적으로 속도위반 등 규정 위반 및 차량사고는 현저히 감소하였다.

'보고'는 사고를 막는 도구

보고를 하면 사고가 발생하지 않는다. 통계적으로도 어떤 사고가 발생했을 때 원인을 분석해보면 보고를 하지 않은 경우가 많다. 보고한다고 해서 행위자의 행동이 바뀌지는 않는다. 중대장이 오늘 음주 회식을 한다고 대대장에게 보고를 한다. 중대장이 음주하는 행위는 보고를 하든지, 안 하든지 바뀌지 않는다. 중대장의 음주 회식 보고는 대대장과의 약속이다. 중대장이 술을 먹는 순간에도 이런 술 먹는 행위를 대대장도 알고 있다는 생각이 머리에 든다. 자연스레 과도한 음주를 한다든가, 시간을 초과해서 먹는 것을 자제하게 된다. 또한, 음주를 마치고 회식에 참석한 간부들이 모두 집에 안전하게 도착했는지를 확인하게 된다. 그렇게 되면 음주 회식 종료보고까지 마치게 된다. 회식의 목적과 회식을 통한 중대장의 의도를 충분히 전달했고 사고도 발생하지 않았다. 반대로 보고를 하지 않으면 처음부터 불안하다. '이 정도쯤은 괜찮겠지' 하는 스스로의 안심을 계속 속으로 되뇐다. 쓸데없는 뇌의 활동까지 해야 한다.

보고하기 위해 말을 하는 순간, 문자를 보내는 순간 음주 회식 주관자는 이미 행동이 계획되어 있다. 계획 없이 보고할 수는 없기 때문이다. 언제 어디서 무엇을 할 것인지 고민하고 회식을 계획하게 된다. 보고는 생각을 하게 만든다. 생각은 계획된 행동을 유발한다. 계획된 행동은 사고를 예방한다, 보고는 결국 사고예방의 도구가 되는 것이다.

사고예방은 손에 유리잔을 붙들고 있는 것과 같다. 유리잔은 언제든지 바닥에 떨어져 깨질 수 있다. 떨어뜨리지 않으려면 다섯 개의 손가락에 골고루 힘을 주어 지탱하고 있어야 한다. 지휘관은 부대 활동 전반에 걸쳐 관심을 가지고 촉을 살려 놓아야 한다. 이 촉이 제대로 가동하면 지휘관은 사고를 예방할 수 있다. 부대 관련 많은 정보는 지휘관에게 집중될 수밖에 없다. 따라서 지휘관은 부대에 대한 가장 정확한 정보를 바탕으로 촉을 세우게 된다. 따라서 그 촉은 매우 정확하다. 촉을 바탕으로 한 취약한 부분에 대한 관심과 지도는 사고를 미연에 방지한다. 그러나 이 촉은 매우 섬세한 것이어서 유리잔을 들고 있는 손가락의 끝마디와도 같다. 다섯 손가락 중 단 하나의 손가락 끝 마디라도 감을 잃으면 균형을 잃게 되고 유리잔은 손에서 벗어나 땅에 떨어지게 된다. 지휘관은 균형된 감각으로 촉을 유지한 상태로 유리잔을 지속해서 들 수 있도록 해야 한다.

개선 vs 행정 간소화

"늘 하던 대로 하는 것에는 의미를 부여할 수 없다. 보고서에 상급부대에 필요한 자산을 건의하면 그것이 보급되는지 추적 하는가?"

"추적까지는 제대로 못하고 있습니다."

"지휘관에게 보고를 하여 결재를 맡는 것이 중요한 것이 아니라 일을 끝까지 추적하여 되게 하는 것이 중요하다! 필요하면 보고서의 양식을 바꿔서라도 실질적인 도움이 될 수 있는 보고를 하기 바란다."

월요일 아침 준비태세보고서 회의 간 지휘관께서 보고서 방향 개선에 대한 지시를 하셨다. 기존의 보고서는 효율성이 떨어지고, 필요한 물자 획득을 포함시켜도 잘 추적이 되지 않는다는 것이 주된 내용이었다.

우리 군은 70여 년간 발전해 온 것도 사실이지만 1년을 70번 반복했을 수도 있다. 그만큼 우리 군의 업무는 반복되는 경우가 많다. 무에서 유를 창조하는 것보다는 기존에 있는 것을 잘 관리하고 변화된 상황에 맞게 응용하여 사용하는 것이 대부분이다. 행정 간소화라는 것은 이렇게 매년 반복되는 일 중에서 꼭 필요하지 않은 일, 다시 말해 본질에 어긋나는 방향으로 흘러가 불필요하게 시간투자가 많이 되는 일을 없애는 것이다. 행정 간소화를 하는 이유 중의 하나는 불필요한 야근을 최소화하기 위해서다. 물론 야근을 최소화하는 것이 궁극적인 목표가 될 수는 없지만, 행정으로 인해 업무 담당자가 야근하는 것을 차단하고자 함이다.

우리가 1년을 70번 반복해오면서 비슷한 일을 해왔지만 아이러니하게도 늘 일이 많다. 행정 간소화 회의를 하고 나면 당장에는 일이 줄어든다. 퇴근 시간도 빨라진다. 그런데 우리는 또 생각하지 못한 업무지시를 받는다. 그래서 다시 퇴근 시간은 지연되고 야근을 하게 된다. 이와 같은 과정은 늘 반복되어왔다.

그런데 곰곰이 살펴보면 상급자의 지시사항은 크게 기존자료의 취합 정리와 해오던 일에 대한 개선책 요구로 구분할 수 있다. 기존자료의 취합을 제때 하지 못한다면, 그런 준비가 되어 있지 않다면 야근을 감수해야 한다. 개선에 대한 요구는 발 빠르게 대응하고 결과물을 만들어야 한다. 개선이 필요하기 때문에 개선 지시를 받는 것이다. 그리고 개선에 대한 요구와 그 결과물은 차후에 행정 간소화라는 결과를 낳게 된다.

업무 담당자는 자신이 하고 있는 일에 정통해야 한다. 정통하다는 것은 여러 가지 의미가 있지만, 자료를 정리해 놓아야 한다는 의미도 있다. 상급 및 인접부서 누가 요구하던지 그 요구 양식에 맞추어 자료를 제출할 수 있는 준비가 되어 있어야 한다. 그 자료는 이미 70여 년간 만들어 왔다. 여러 가지 상황으로 자료가 부재할 수도 있지만, 그것은 분명히 어딘가에서 잘못된 것이다. 전임자에게서 인수인계를 제대로 받지 못 했다든지, 자료를 분실했다든지, 자료 준비를 평시에 안 했기 때문이다. 내 업무에 대한 현황을 항시 준비하는 것은 행정 간소화에도 반드시 필요하다. 요구하는 자료를 제출할 준비가 되어 있지 않아 우리는 늘 허둥지둥하고 시간을 소비한다.

상급자의 개선에 대한 요구는 다시 기존에 해오던 양식과 방법의 변화, 발전 방향 제시, 상급부대에서 하달된 지시 사항에 대한 세부 지침 작성 등으로 나눌 수 있다. 개선에 대한 요구는 스마트하고 발 빠르게 대응하여 결과물을 작성하여야 한다. 그것은 기존에 없던, 70여 년간 아무도 작성하지 않았던 내용이다. 결과물을 만들 때는 행정 간소화를 염두에 두어야 한다. 이 결과물로 인해서 불필요한 행정 소요를 낳지는 않는지 고민해야 한다. 상급자의 개선 요구에 충족하면서도 행정 간소화라는 성과물이 되도록 지혜를 모아야 한다.

상급자의 지시에 대하여 두려워해서는 안 된다. 또 일이 생겼다고 불평해서는 안 된다. 워라밸 시대에 우리는 행정 간소화를 지속해서 추진해야 한다. 개선은 행정 간소화에 역행한다고 생각해서는 안 된다. 개선은 행정 간소화의 한 부분이다. 업무에 정통하여 자료를 잘 유지하고 그 자료가 언제 어디서 어떤 양식으로 쓰일 수 있도록 준비하자. 내가 가진 자료가 줄어드는 것이 아니라 내가 자료를 준비하기 위한 시간이 줄어든다. 개선에 대한 지시를 받으면 그 개선이 행정 간소화의 한 수단이 되는 결과물이 되도록 하자. 개선과 행정 간소화는 상반된다는 고민에 빠져서는 안 된다. 개선은 행정 간소화를 한 발 가깝게 할 수 있다.

사람맞이, 사람 보내기

어느 조직이나 새로운 사람을 맞이하고, 떠나야 할 사람을 보낸다. 사람을 맞이하고 보내는 것은 금방 그에 따른 가시화된 결과가 나오지 않는다. 사람을 맞이하고 보내는 방식은 조직에 따라 천차만별이다. 그러나 세상에는 눈에 보이는 결과도 있지만, 눈에 보이지 않는 결과도 있다. 사람을 맞이하고 보내는 것은 단순히 가고 오는 사람만의 문제는 아니다. 이는 조직 전체의 분위기를 좌지우지하고 일의 성과와 궁극적으로 조직의 사기를 좌우하는 눈에 보이지 않는 결과를 만들기도 한다.

사람맞이

어느 조직이든 처음 전입 오는 사람은 낯설다. 직위 고하를 막론하고 모든 것이 새롭다. 화장실, 식당 위치 등 편의시설 위치도 찾기 어렵다. 사람들도 낯설다. 식당과 빨래방의 위치도 궁금하기만 하다. 전에 생활했던 익숙한 장소에 비교한다면 지금 환경은 매우 새롭고 때론 불편하다. 사람이 새로운 환경에 적응한다는 것은 어찌 보면 익숙하지 못한 불편함을 편리

함으로 바꾸어나간다는 말과 같다. 특히, 새로운 조직에 갔을 때 이름도 모르는 많은 사람과 마주하게 된다. 내가 먼저 찾아가서 전입인사를 하는 것은 당연하다. 그러나 처지를 바꾸어 생각하면 조직에서 먼저 새로운 사람에게 인사를 할 수 있다. 회의석상이나 단체가 모일 수 있는 자리에서 새로운 사람을 소개한다면 전입자는 훨씬 편안한 느낌을 받을 것이다. 필자는 『마흔 살, 불혹전략』을 집필하면서 '이러한 경우에는 어떻게 하면 좋지?'라는 생각을 할 때 가장 먼저 생각하는 것이 유년시절과 학창시절이다. 학교에 전학을 가면 선생님께서 급우들에게 나를 소개한다. 비록 짧은 시간이지만 나는 그 기회를 통해서 긴장을 조금 덜어 놓을 수 있었다. 내가 먼저 아이들에게 인사하는 것이 아니라, 급우들이 나에게 먼저 인사를 하는 것이다. 우리가 성인이 되어서도 마찬가지다. 내가 먼저 인사할 수도 있지만, 전입자의 낯섦을 고려한다면 조직이 나에게 먼저 인사를 해주는 것은 효과가 클 수 있다. 내가 전입 올 때의 그런 낯선 환경과 불편함 등을 기억한다면 새로 전입 오는 간부는 따뜻하게 환대해 주어야겠다는 생각이 든다.

전입 온 사람에게 안내 전담자를 지정하여 편의시설 등을 설명해주고 업무에 필요한 장비 등을 우선적으로 불출한다. 숙소도 해결해주고 이사 문제도 같이 고민한다. 자녀를 위해 학교 문제도 상담해주고 애로사항을 청취해서 해결해 주려 노력한다. 이렇게 하면 전입 온 사람은 금방 조직에 적응하여 자신의 일에 집중할 수 있을 것이다.

사람 보내기

조직에서 사람이 떠날 때는 진심으로 환송해줘야 한다. 그 사람이 조직을 위해서 어떤 일을 했건, 성과가 어떠했는지는 중요하지 않다. 조직에서 같이 생사고락을 함께했다는 자체만으로 전출자는 환송을 해주어야 함이 마땅하다. 짧은 생각으로 저 사람은 갈 사람, 떠날 사람이라고 생각하여 소홀하게 대할 수 있다. 그러나 조직에 남아 있는 사람들은 떠나는 사람이 어떻게 떠나는가를 눈앞에서 보게 된다. 떠나는 자가 쓸쓸히 떠난다면 '나 역시 저렇게 떠나겠구나.' 하는 생각이 들게 된다. 그렇다면 자신을 희생하면서까지 조직을 위해 헌신해야겠다는 생각 등은 쉽게 들지 않을 것이다.

대대장을 하면서 전역하는 병사가 있는 날이면 간단한 행사를 했다. 내가 특별히 생각해낸 것은 전출 환송식 때 노래를 불러주는 것이었다. 성악을 공부했던 인원을 선발하여 「작별」이라는 노래를 인파 속에서 부르게 했다. 전역하는 용사들이 그 노래를 듣고 어떤 마음을 가졌는지, 어떠한 생각이 들었는지는 모르겠다. 그러나 나는 전역하는 용사들, 21개월 동안 부대를 위해 애쓰고 헌신한 용사들에게 마지막으로 해줄 수 있는 답례라고 생각했다. 군문을 떠나 민주시민이 되는 그들에게 군대에 대한 좋은 기억을 남겨주고도 싶었다. 전역자는 대대장 차량, 흔히 말하는 1호 차량을 이용하여 가까운 기차역 또는 버스 터미널역까지 데려다 주었다. 많이 좋아라 했다.

조직에 몸을 담고 있다 보면 많이 바쁘다. 정말 일이 많아서 바쁘기도 하고, 내가 좀 게을러서 일이 몰리다 보니 바쁘기도 하다. 그러나 일에 경중 완급이 있듯이, 아무리 바빠도 반드시 할 일이 있다. 그중의 하나가 사람을 맞이하고 보내는 일이다. 새로 전입 오는 사람에게는 진정으로 환영하는 마음으로 불편함을 덜어주도록 해야 한다. 좋은 첫인상을 갖게 해야 한다. 전출자는 최대한 석별의 정을 나누어줘야 한다. 전입, 전출에 있어서 중요한 것은 진정으로 환영하고 환송하는 마음이다. 사람을 관리하는 것, 내 사람으로 만드는 것, 나아가서 조직을 하나 되게 하는 것의 시작은 사람을 맞이하고 보내는 일에서 시작된다고 해도 과언은 아니다.

집이 직장보다 편한 또 다른 이유

A 부서는 이렇게 하루의 대화가 시작된다.

"어제 일 어디까지 되었나?, 알아보라는 것은 어떻게 되었지?"

"네 상급부대에 전화해서 관련 인원을 확인하는 데까지 진행되었습니다."

반면 B 부서의 하루 시작은 다르다.

"좋은 아침! 어제 잘 잤나? 얼굴이 밝은데 무슨 즐거운 일 있나?"

"좋은 아침입니다. 잠을 푹 잤더니 컨디션이 좋습니다."

"아침은 먹었나? 머리 잘랐네, 훨씬 젊어 보인다."

"아, 예 지난번에 추천해주신 미용실에서 한 번 잘라봤습니다."

"모닝커피 한잔 하지. 오늘 처리해야 할 일 계획도 세우고…."

"좋습니다."

"여자는 자기를 사랑하는 사람을 위해 화장을 고치고, 남자는 자신을 알아주는 사람을 위해 목숨을 바친다."라는 말이 있다. 나는 살면서 이 말을 조금도 의심해 본 적이 없다. 그러면서도 내 부하를 잘 알아주지 못해왔던 것을 늘 후회한다. 알아만 주면 목숨까지 바친다는데 알면서도 못하는 내가 아쉽다. 그런데 위 명언에서 나오는 여자에 대한 '사랑'과 남자에 대한 '알아주는 것'은 공통점이 있다. 그것은 상대방에 대한 관심에서 시작된다는 것이다. 관심 없는 사랑과 알아주는 것은 불가능하다. 남성들에게 해당하는 '알아주는 것'은 비단 그 사람의 능력을 얘기하는 것일까? 나는 그렇게 생각하지 않는다. 그 사람에 대해서 안다는 것은 사람의 능력과 더불어 모든 것을 의미한다. 태생, 살아온 과정, 가족관계 그리고 그 사람의 장단점 등이 모두 망라된다. 그 사람의 모든 것을 낱낱이 아는 가운데 그 사람이 빛을 발할 수 있는 훌륭한 점, 그중에서도 탁월한 가치와 능력을 알고 인정해 주는 것이 그 사람을 진정으로 알아주는 것이다. 상대방을 알기 위해서는 상대방에 대한 관심이 필요하다.

나의 상관이 나를 알아주면 나는 목숨을 바친다. 그렇다면 상관이 아닌 사이에서는 관심의 역할은 무엇일까. 그것은 다른 사람과 연대하기 위한 삶의 수단으로서의 역할을 한다. 사람은 혼자 살 수 없다. 다른 사람과 같이 살아야 한다. 다른 사람과 같이 산다는 진정한 의미는 서로 간의 고민과 희로애락을 같이한다는 것이다. 이 희로애락을 같이하려면 그 사람을 잘 알아야 한다. 사람을 알기 위해서는 관심이 필요하다. 직장 동료가 내 딸의 이름을 불러주며 학교수업은 잘 받고 있는지? 고등학교 진학 문제는 잘 해결되고 있는지? 이런 질문을 해준다면 어떨까? 나는 가족은 아니지만 가족 이상의 친근감을 느낄 것이다. 고민을 같이 해결하고 싶을 것이다. 그리고 나는 그 사람과 삶을 연대하고 싶을 것이고 연대할 것이다. 그런 과정을 통해서 나는 삶의 의미 또한 찾을 수 있을 것이다. 그래서 난 행복해질 수 있다. 단, 이 관심은 간섭이 되어서는 안 된다. 관심과 간섭은 어디에서 차이가 나는 것일까? 여러 가지가 있지만 중요한 것은 주체자의 마음과 진정성이다. 진정으로 상대방을 위하고 걱정하는 마음에서 상대방을 알고 싶어한다면 그것은 관심으로 느껴질 것이요, 흥미 또는 나를 위한 참고를 위해 물어본다면 그것은 간섭으로 느껴질 수 있다. 이심전심이라 하지 않았던가.

　내 직장이 가족같이 편하게 느껴지지 않는다면 그 이유는 무엇일까? 언뜻 생각하면 직장에서는 해야 할 일이 너무 많기 때문이라고 생각할 수 있다. 그러나 생각해보면 집에서 해야 할 일도 직장만큼 만만치 않다. 직장이 편하지 않은 것은 집에서와 같이 편하게 쉴 공간이 없기 때문만은 아니다. 직장에서는 나에 관하여 가족만큼 관심을 표명하는 사람이 없기 때문이다. 아내는 내가 밥은 먹었는지, 아픈 데는 없는지, 낮잠을 왜 오래 자는지 시시콜콜 물어본다. 우리는 그것을 '잔소리'라고 하기도 한다. 아내의 '바가지 긁는 소리'라고 헐뜯는다. 그러나 어느 순간 '잔소리'와 '바가지 긁는 소리'보다 더욱 무서운 것은 '무관심'이라는 것을 깨닫는 순간이 찾아온다. 직장이 집같이 편하지 않다는 것은 집에서만큼 관심을 받고 있지 못하기 때문이다. 나이가 들어감에 따라 느끼는 편안함의 정의는 물리적인 편안함이 아니고 심적인 편안함이다. 심적인 편안함은 그냥 내버려 두는 것이 아니라 적절한 관심을 받는 것이다. 관심을 받기 위해, 나는 상대방에게 관심을 표현할 필요가 있다. 지명을 외우는 노력만큼 직장 동료 자녀의 이름과 학교 그리고 장래희망을 외워보자. 그리고 그것을 통해 상대방에게 나의 관심으로 표명해 보자. 그렇다면 상대방도 나에게 관심을 보일 것이다. 직장에서의 서로에 대한 관심은 내가 집에 있는 것만큼 편안하게 느껴지는 결과를 낳을 것이다.

직장보다 집이 편한 이유는 해야 할 일이 없어서라기보다는 나에 대해서 잘 아는 사람이 내 옆에 항상 있기 때문이다. 직장에 동료들이 가족과 같이 나를 위해 관심을 표명하고 서로를 알기 위해 노력한다면 직장 역시 집만큼이나 편안해질 수 있다.

제4장

한 단계 높은 '불혹'을 위하여

– 하면 좋은 일

'입(口)' 다스리기

"입은 모든 재앙을 끌어들이는 문이다. 그러므로 반드시 엄하게 다스려야 한다." - 자경문 -

세상의 모든 것은 두 가지로 판단한다. 겉과 속.

차가 겉모습은 멋진데 내부 청소상태가 엉망인 경우가 있다. 그림이 겉으로는 보기에는 별 내용 없는 것 같은데 알고 보니 천재 화가 작품이다. 사람도 마찬가지. 겉모습과 마음으로 판단한다. 그런데 마음은 통상 사람의 입으로 표현된다. 결국, 사람은 겉모습과 입으로 판단된다. 사람 사이의 모든 일은 결국 말에서 시작에서 말로 끝난다.

정치, 교육, 문화, 사회, 예술도 사람의 입에 의해 움직이고 좌우된다. 말 한마디로 천 냥 빚 갚고 말 한마디로 원수가 된다. 더군다나 요즈음에는 말 한마디에 사람이 죽고 산다. '말로서 흥한 자 말로서 망한다.' 하였던가. 나 역시 말 때문에 곤혹스러울 때가 있었다. 구설수가 따라다니기도 했다. 말을 어떻게 할 것인지 많이 고민했다.

첫째, 혼자 있을 때에는 '묵언수행'해야 한다. 묵언수행이란 아무런 말도 하지 않고 정신을 집중시키며 행실을 닦는 행위이다. 혼자만의 시간은 자신의 모습을 객관적으로 바라보고 체크하면서 나아가 강인한 내면을 가질 수 있게 한다.[7]

둘째, 둘이 있을 때에는 '침묵'해야 한다. 침묵은 아무 말도 없이 잔잔히 있는 것을 말한다. 둘과 있을 때에 침묵을 해야 하는 이유는 상대방의 말을 들어주어야 하기 때문이다. 상대방의 말과 이야기를 먼저 십분 듣고, 공감을 통해 경청하며 필요 시 자신의 의견을 얘기해야 한다.

셋째, 셋이 있을 때의 말은 '신중'해야 한다. 매우 조심스러워야 한다는 것이다. 내가 하는 동일한 말이 두 명 중 한 명에게는 다르게 받아들여지기 쉽다. 어느 한 쪽은 내 의도와 다르게 이해하기도 한다. 다르게 이해한 나의 말은 흘러 흘러 와전이 된다.

〈상황과 나의 기분에 따른 말하는 방법〉

구 분	말하는 방법	공 통
'혼자' 있을 때	'묵언수행'	정겨운 인사말, 쾌활하고 건전한 유머, 기분이 좋지 않을 때는 묵언 수행
'둘'이 있을 때	'침묵'+'피드백'	
'셋'이 있을 때	신중한 언행	
'넷 이상'이 있을 때	메시지 있는 말	

넷째, 넷 이상이 있을 때의 말은 '메시지'가 있어야 한다. 넷 이상이 모이면 다수가 모인 것이다. 여기서 내가 하는 말은 단순한 대화가 아니라 나

---

7 사이토 다카시, 위즈덤 하우스 『혼자 있는 시간의 힘』, 2015년, 64쪽

의 표현이다. 내 생각과 의도를 담고 있고 나에 대한 평가도 내포되어 있다. 따라서 이때 하는 말은 단순한 대화이기보다는 메시지로 전달되어야 한다. 메시지로 전달되기 위해서는 사전에 메시지는 생성이라는 과정을 거쳐야 한다. 메시지를 생성하기 위해서는 준비를 많이 해야 한다.

여기서 짚고 넘어가야 할 것은 세상을 이렇게 신중히 살면 인간관계가 너무 재미없고 딱딱해질 수 있다는 것이다. 나는 사람들에게 신중한 사람, 재미없는 사람으로만 여겨질 수도 있다. 그래서 위 네 가지 경우에 공통적으로 포함되어야 할 것이 있다.

첫째는 어느 경우에도 정겨운 인사말과 즐거운 유머가 포함될 수 있도록 준비해야 한다. 정겨운 인사말은 나부터가 즐겁고 상대방을 배려하는 마음에서 나와야 한다. 유머는 밝고 쾌활한 마음에서 나오는 것을 전제로 한다. 왜냐하면, 이것도 자칫 잘못 사용하게 될 경우 남에게 오해를 받거나 불쾌감을 주는 경우가 발생할 수 있기 때문이다.

두 번째로 말하기에 있어 주의해야 할 점은 말하는 자의 상태를 고려해야 한다는 것이다. 상대방이 몇 명이건 간에, 어느 자리이건 간에 나의 컨디션을 우선 점검해야 한다. 나의 컨디션이 좋지 않으면 말하는 것을 최대한 자제해야 한다. 나도 모르게 독이 겉으로 뿜어 나오기 때문이다. 그 독은 주위 사람을 오염시킨다. 상처를 주기도 하고 급기야는 죽일 수도 있다. 내가 기분이 별로 좋지 않거나 안 좋은 일이 있으면 말하는 자체를 삼가는 것이 좋다. 혼자 있을 때의 말하는 방법, 즉 묵언수행 상태로 돌아가야 한다.

대화의 상대와 나의 감정을 고려하여 상황에 맞는 말을 꺼내는 것, 이것이 바로 나의 입을 엄하게 다스리는 방법이다.

그냥 들어주면 돼!?

"우울의 원인을 알 것 같아. 주거 불안감. 두 달 안에 나가야 해, 집은 없고. 불안하고 우울해."

"전세자금 알아보는 중이야."

"왠지 자기 만나고 오면 해소될 거란 막연한 생각이 있었는데 만나고 와도 만났는지도 모르겠고."

"요즈음 왜 이렇게 불만이 많은 거야?"

"아쉽다는 거지, 또 보고 싶다는 거고…. 내가 말을 너무 어렵게 했나 보네…."

연합연습 빅토리 파티가 한 참 진행되던 중 나는 아내와 문자를 주고받았다. 불가피한 사정으로 아내와 아이들은 전라도에 머물게 되었고 나는 혼자 이곳 강원도로 오게 되었다. 전라도에 있는 관사는 적어도 7월까지는 빼주어야 하는 상황이다. 내가 이곳 강원도로 오게 된 지도 한 달이 지났다. 지난주에 아내와 아이들은 내가 살고 있는 숙소를 방문하였다.

연습 준비로 많은 시간을 같이 보내지는 못했다. 나는 그냥 내가 사는 곳을 보여주고 싶었고, 미리 가족에게 아빠가 충분한 시간을 같이 하지 못하리라는 것을 알려주었다. 전라도에서 학교에 다니고 있는 두 딸의 교육문제 등을 생각했을 때 강원도로 다 같이 이사하지는 않기로 했다. 현재 사는 관사 근처에 전세를 내서 내년까지 살기로 잠정 결론을 내렸다. 그러나 현재 당장 1억 원에 달하는 전세자금을 마련해야 했다. 나는 군 전세자금 대부를 알아보는 중이었으나 시간에 쫓겨 제대로 알아보지는 못했다. 이사 시기가 다가오니 아내는 많이 불안해하는 것 같았다. 대화 도중 나는 결국 언성을 높이게 되었다. 가족은 내가 전세자금 등을 빨리 알아보지 못하는 것에 대하여 불만을 품고 있는 것 같았기 때문이다. 그런데 전라도에서 강원도로 이사하지 않기로 한 것은 아내의 결정이었다. 이사를 하지 않기로 한 것을 아내가 결정하였으면서 나에게 전세자금을 빨리 알아보지 않는다는 것처럼 말하는 것에 대하여 나 역시 불만이 있었다. 나는 '강원도로 이사하지 말라고 한 적이 없다. 이사를 안 한다고 결정한 것은 아내인데 전세자금도 나에게 알아보라는 식으로 말하느냐?'가 주된 다툼의 원인이었다. 그런데 아내는 뜻밖의 말을 했다. "자기한테 전세자금을 해결하라는 것이 아니다, 그냥 내가 이사문제로 힘들고 고민이 많다고 하소연하는 것을 들어주면 되는 것이다."라는 말을 하는 것이다.

그럼 전세자금을 아내가 해결하겠다는 것인가? 그것은 불가능하다는 것으로 나는 알고 있었다. 전세자금은 내가 군 전세자금을 빌리는 것으로 해결하는 것으로 추진하고 있지 않은가. 그냥 들어주기만 하면 된다고? 나는 분명 나보고 해결책을 마련하라는 것으로 들리는데? 그것이 아니고

서야 방법이 없는데 들어주기만 하라는 것은 어떤 말인가? 시간이 지나면 해답은 나올 것이지만 아내가 얘기한 것은 분명 들어주기만 하면 된다는 것은 아니었음이 확실하다. 그렇지 않다면 나는 말을 정말 이해하지 못하는 사람이다.

책 중에는 어려운 책도 있고 공감하지 못하는 책도 있다. 어려운 책은 전문지식을 다루는 서적으로 그것에 대한 배경지식이 거의 없기 때문에 아무리 쉽게 썼다 한들 이해하기 어렵다. 공감하지 못하는 책은 나의 생각과 전혀 다르기 때문이다. 읽을 때는 잠시 이해되지만 뒤로 돌아서면 이해되지 않는 책이다. 그 대표적인 책은 『화성에서 온 남자, 금성에서 온 여자』다. 시간이 되면 다시 한 번 읽어보고 싶은 책이다. 좀 더 공감해보고자 노력해 보고 싶은 책이다. 적어도 나처럼 남자 한 명, 여자 세 명이 같이 사는 가족에게는 필독서가 아닐까 싶다. 특히, 그 부분 '그냥 들어주면 돼.' 부분을 자세히 정독하고 싶다. 남자는 문제를 들으면 해결해야 한다는 생각을 하고, 여자는 단지 그 문제를 얘기하는 것일 뿐이라는 것이다. 공감을 해주고 힘들겠다고 위로만 해주면 된다는 것이다. 이 말이 사실이라면 나는 전세 관련해서 그냥 '그렇구나, 힘들겠구나.' 하고 위로만 해주었으면 된다는 말이다. 그런데 정말 나에게는 나보고 해결하라는 식으로 들렸다. 이 책을 쓰는 순간에 나는 아내와 통화를 했다. 정말 들어주기만 하면 되었던 것인가 합리적 의구심이 아닌 의심을 하면서 조심스레 물어보았다.

"그렇다면 지금 전세자금을 어떻게 마련하려고 하는데?"

"엄마한테도 물어보고, 마이너스 통장도 확인해 보고….자기도 군 전세자금 대출을 알아보고 있잖아. 그중에서 해결해야지."

내가 싫은 소리를 해서 그런지 몰라도 아내는 정말 나에게 의지하고 있지는 않았던 것 같다. 이미 머릿속에 구상하고 있었다. 정말 나한테 들어주기만 하면 되는 것을 요구했던 것일까?

『화성에서 온 남자, 금성에서 온 여자』는 일회성 독서만으로는 충분하지 않은 어려운 책이다. "얼핏 그녀의 말이 당신을 비난하는 것처럼 들릴지도 모르지만, 그녀가 진정으로 원하는 것은 당신의 이해다."[8] 적어도 이 구절을 체득하여 아내의 사랑을 받도록 노력하는 것도 인생을 살면서 한 번쯤 도전해볼 만한 숙제이다.

---

8 존 그레이 지음, 동녘라이프, 2018년, 『화성에서 온 남자, 금성에서 온 여자(개정 2판)』, 216쪽

칭찬 이상으로 중요한 인정

"여러분 김 과장은 정말 훌륭합니다. 며칠을 골몰하여 상품의 판매 향상 전략을 고민했고, 이는 판매실적 200% 향상이라는 놀라운 결과를 가져왔습니다. 우리 회사의 모범이 될 수 있는 훌륭한 사원입니다. 다 같이 격려의 박수를 보냅시다."

"여러분 김 과장은 상품 판매 향상 전략을 만들어낼 줄 압니다. 그는 그럴만한 경험을 했고, 이번에도 그럴만한 실적을 냈습니다. 판매실적이 향상이 필요한 부서는 김 과장의 노하우를 잘 듣기 바랍니다."

위에서 첫 번째는 칭찬이고, 두 번째는 인정이다.

"칭찬은 고래를 춤추게 한다."

이 말은 누구나 한 번쯤 들어보았을 것이다. 그런데 사실 칭찬이라는 것은 쉽지 않다. 칭찬에는 두 가지가 있다. 단순한 행동의 결과에 대한 칭찬과 한 사람의 업무 능력, 인성과 품성 등 전반적인 사항에 대한 칭찬이다.

유튜브에서 노무현 대통령이 문재인 대통령을 연설 도중 칭찬하는 장면을 보았다.

"사람을 평가하려면 그 사람과 친한 친구를 보라는 말이 있습니다. 저 노무현은 문재인을 친구로 두고 있습니다."

문재인 대통령께서 대통령으로 당선된 이유 중 큰 요인이 아닐까 생각된다. 삶을 마칠 때까지 잊지 못할 칭찬이었을 것이다.

그런데 연설 도중 노무현 대통령께서 하신 말씀은 엄밀히 말하면 칭찬이 아니라 인정이다. 문재인이라는 친구에 대한 인정이다.

사람을 대하는 데 있어서 칭찬도 중요하지만, 더 중요한 것은 상대방에 대한 인정이 아닐까 생각한다. 어느 조직이나 새로운 신규사원을 받는다. 모든 사람은 새로운 사람이다. 그런데 우리는 새로운 사람이 조직에 전입 왔을 때 그 사람을 어떻게 다루는지 생각해보자.

흔히 그 사람의 이력을 본다. 그리고 바로 업무에 들어간다. 업무를 하다 보면 얼마가 지나서 그 사람의 능력을 알게 된다. 간혹 주변 사람들로부터 전입 오는 사람에 대한 평가를 사전에 듣기도 한다.

조직에서 처음 들어온 사람은 먼저 면밀히 다양한 방법으로 평가하고 인정해 주어야 한다. 그 사람이 잘하는 능력과 실력을 인정해 주어야 한다. 칭찬은 인정의 한 방법이다.

인정은 포괄적이고 광범위한 범위만을 말하지 않는다. 아주 작고 사소한 것부터 시작한다. "글씨를 잘 쓴다. 용모가 바르다. 겸손하다, 예의가 바르다. 목소리가 좋다, 주변 정리가 깔끔하다." 등 눈에 보이는 아주 작은 것부터 시작한다. 이런 하나하나의 인정이 그 사람을 좀 더 발전시킨다.

인정받은 사람은 자신의 역량을 발휘하기 위해 좀 더 노력한다. 자신이 가지고 있는 100가지 장점 중에 상대방이 50가지를 인정해주면 나머지 50을 인정받기 위해 노력할 것이다. 그리고 자신이 갖고 있지 않던 능력까지 합한 120을 발휘하기 위해 그 사람은 더욱 노력할 것이다. 그러나 이런 노력은 아무에게나 발휘하지 않는다. 자신의 가치를 인정해 주는 사람을 향해 노력한다. 그렇다면 조직의 리더가 조직을 훌륭하게 이끌기 위해서는 상대방을 잘 인정해 주어야 한다는 결과가 나온다. 사장은 사원들을 인정하면 인정할수록 이윤을 더 얻게 된다.

인정의 반대는 질책이다. 질책하면 그 사람이 가진 능력마저도 보지 못하게 된다. 그리고 100이라는 능력을 갖추고 있는 사람조차도 질책으로 인해 자신의 능력지수를 점점 낮추게 된다. 조직의 사장은 질책하면 질책할수록 이윤이 줄어들게 된다.

상대방을 인정하는 방법에는 여러 가지가 있다. 대화 속의 공감, 이해하려고 노력하는 모습도 방법이 될 수 있다. 상대방의 의사 존중과 경청도 방법이다. 칭찬을 통하여 내가 상대를 인정함을 개인적으로 또는 공개적으로 드러낼 수도 있다. 칭찬이 무서운 힘을 가지고 있는 이유는 상대방이 가지고 있지 않은 능력까지도 발휘하게 하기 때문이다. 고래는 춤을 출 수 없다. 물리적으로 불가능하다. 춤을 추는 것처럼 보이는 것이다. 상상을 초월하는 몸짓을 하기 때문에 우리는 춤이라고 표현한다.

상대방을 인정하면 그 사람은 자신의 능력을 100% 보여주기 위해서 열심히 일하게 된다. 인정에 더해 칭찬까지 하면 그 사람은 자신의 능력을 120% 발휘하게 한다. 그렇다면 이론상으로 칭찬하는 것이 인정만 하는 것보다 더 좋은 것 아닌가? 그러나 현실은 칭찬을 매번 한다는 것이 쉽지 않다는 것이다. 그 사람을 있는 그대로 인정하는 것은 칭찬보다 어렵지 않다. 위에서 언급한 것처럼 내가 경청, 공감, 의견을 존중하는 것만으로도 상대방에 대한 인정이 될 수 있기 때문이다. 조직사회에서 모든 구성원이 칭찬을 통해 120%의 능력을 발휘한다면 더할 나위 없이 좋겠지만, 그것은 쉬운 일은 아니다. 모든 구성원이 100%의 능력을 발휘하게 하는 것만으로도 그 조직은 대성공이다. 그렇다면 현실적인 목표가 조직의 100% 능력 발휘라고 봤을 때, 칭찬이 쉽지 않은 과제라는 것을 인지한다면 '인정'을 할 수 있도록 해야 한다.

표창장은 칭찬이고 자격증은 인정이다. 표창장을 받는 사람은 한때 기분이 좋을 수 있지만, 자격증을 받는 사람의 기분을 이길 수 없다. 표창장은 어떤 특정기간의 공로로 인하여 수여하게 되지만 자격증은 그 사람에 대한 능력과 값어치에 대한 반영구적인 인정이다.

칭찬에 서투른 사람은 그 사람을 그대로 인정하는 표현기술을 쌓아야 한다. '인정'만으로도 당신은 상관을 위해 목숨을 바칠 수 있다. 당신의 부하를 있는 그대로 인정하기만 해도 부하는 당신을 위해 충성을 다할 것이고 목숨을 바칠 것이다.

'질문' 책임 다하기

성장을 위한 질문

지금 내가 살아 숨 쉬고 있는 모든 순간은 바로 과거가 된다. 과거가 되다는 말은 '팩트', 즉 사실이 된다는 말이다. 내가 어제 했던 모든 일은 과거이자 팩트이다. 과거이자 돌이킬 수 없는 역사가 된다. 성인이 되고 나서와 그 이전을 비교해 보면 달라진 것이 하나 있다. 성인이 되기 이전 주변 사람들은 나의 미래에 대한 질문을 하곤 했다. "10년 후에 뭐 할 거야?", "커서 뭐가 될 거지?", "장차 어른이 되어서의 꿈이 뭐야?" 이렇게 미래에 대하여 물어보았다. 그 질문에 대한 답을 하기 위해 나는 아직 내가 생각해 보지 못한 것을 생각하는 기회를 갖기도 하였다. "어른이 되어 무엇이 될 거야?"라는 질문에 나는 미래의 목표를 선정해 보는 기회를 갖는다. 동시에 '미래에 내가 무엇이 되도록 생각해 봐야 하는구나.' 하는 깨달음을 얻는다. 부모님과 선생님 그리고 주변 사람들의 그런 질문이 나를 성장시켰다. 그렇다. 성인이 되기까지 나는 소위 '질문'에 의해 한층 성장할 수 있었다. 성인이 되고 나서부터로 정확히 단정

짓기는 어렵지만 그때 즈음부터 나는 미래에 대한 질문을 받지 못했다. 단지 과거에 대한 질문을 받았다. 주로 나의 이력과 능력에 대한 질문이다. "어디서 근무했나?", "어제 뭐 했어?", "휴가 때 뭐했어?", "주말에 뭐 했어?" 모두 과거에 대한 질문이다. 또는 과거에 왜 그 일을 그렇게 했는지 추궁을 받기도 한다. 성인이 되어 받는 질문은 주로 과거에 대한 질문이다. 그중에서 상당수는 내가 한 행동이 옳았는가에 대한 질문이다. 이를테면 징계위원회나 청문회에 출석하여 답변하는 것은 나의 과거 행동에 대한 답변이다.

어른이 되어도 성장은 지속된다. 생각과 사고의 성장, 삶에 대한 지식의 깨달음. 어쩌면 나는 죽기 직전까지 성장을 계속할지도 모른다. 어른이 되어 성장하는 방법에는 여러 가지가 있다. 책을 읽거나 어떤 경험을 하거나 실패에 의한 반성 또는 깨달음 등을 통하여 성장할 수 있다. 안타까운 것은 어른이 되면 질문에 대한 대답 과정에서의 성장의 기회는 현저하게 줄어든다는 것이다.

여기서 나를 성장시킬 수 있는 질문은 나의 미래에 대한 질문이다. 성인이 된 상대방을 성장시킬 수 있는 방법은 상대방의 미래에 대하여 질문하는 것이다. 미래에 대한 질문을 하는 것은 곧 미래의 계획을 묻는 것이다. 계획에 대한 질문은 상대방으로 하여금 계획을 세우게 만든다. 그 계획이 그 사람의 미래를 만든다. 나이에 상관없이 우리는 미래에 대한 질문을 해야 한다. 그래서 미래에 대한 계획을 세우도록 자극해야 한다. 미래에 대한 질문은 성장을 가져올 수 있다. 우리는 타인의 도움에 의해 성장을 했다. 그렇다면 이제 각 개인은 타인의 성장을 위해 도움을 줘야 한다. 우리는 주변에 있는 성인들, 아직 더 성숙해야 하고 많이 배워야 할 모든 성인을 위해 그들의 미래를 위해 질문을 해야 한다.

피드백으로서의 질문

"질문 있습니까?"

"…"

"질문이 없는 걸 보니 제가 너무 설명을 잘했나 보죠?"

"딱 한 분만 질문을 받겠습니다."

"질문이 없는 것 같은데 그럼 발표 마치겠습니다."

"질문이 있거나 궁금한 사항이 있는 분은 나중에 별도로 연락하시거나 찾아와 주십시오."

프레젠테이션이나 어떤 안건에 대한 브리핑을 한 사람들은 대개 마지막에 이렇게 질문을 한다. '부동산 투자 설명회'나 '대학 입시 설명회'와 같이 사람들의 초미에 관심사에 대한 회의가 끝나면 질문이 빗발친다. 평상시에 갖고 있었던 궁금점을 거침없이 쏟아 낸다. 현장에서의 질문과 답변을 통해 새로운 지식을 얻을 수 있기 때문이다. 그러나 직장 내에서 주변 동료들이 어떤 프로젝트에 대한 질문을 할 경우 질문을 잘 하지 않는다. 질문이 없는 이유는 그 안건에 관심이 없거나 그 과제에 대하여 깊이 고민해 보지 않았기 때문이다.

우리는 그 발표가 좀 더 완벽해지도록 하기 위해서 질문을 해야 한다. 인터넷 글에 사람들이 댓글을 달듯이 우리는 상대방의 주장에 대한 댓글을 달아야 한다. 댓글을 다는 것, 의견을 표현하는 것이 질문이다. 상대방의 주장과 발표에 질문이 없다는 것, 즉 의견이 없다는 것은 관심이 없다는 것을 나타내는 것이다. 극단적으로 표현하면 둘이서 대화를 하는데 상대방의 말에 전혀 대꾸를 하지 않는 것이다. 그래서 우리는 '피드백'의 의미로서 반드시 질문을 해야 한다. 발표자가 다수의 청중 앞에서 발표하게 될 경우 청중 모두는 질문할 의무와 책임이 있다. 그 책임이 모두에게 분산되어 있기 때문에 누구도 질문하지 않는 경우가 종종 발생한다. 간혹 그 책임을 누군가에게 묻기 위해 발표자는 질문자를 지정하기도 한다. 질문자가 없음에도 불구하고 끝까지 특정인을 지정하지 않는 사람은 양반이다. 잘못을 하고 있는 청중에 대하여 책임을 묻지 않는 것이다. 군중에 묻혀서 우리의 책임을 다하지 못하는 비겁함을 더는 저질러서는 안 된다. 청중 모두는 질문해야 할 책임과 의무가 있다. 질문을 하는 사람은 청중을 대표해서 도리를 다하는 것이다. 그렇다면 이렇게 주변 누군가가 나를 대신해 책임을 다하게 내버려두지 않기 위해서는 내가 질문을 하도록 해야 한다. 어떻게 하면 내가 질문을 할 수 있을까? 질문을 하려면 준비를 해야 한다.

첫째, 발표 내용에 대한 적극적 경청이다. 적극적 경청은 발표 현장에서의 충분한 경청도 중요하지만, 시간이 가용할 경우 사전에 발표 내용을 미리 숙지하는 것도 필요하다. 미리 관련 분야에 대하여 공부를 한다든지 자료를 찾아보게 될 경우 여러 가지 질문이 생길 수 있다.

두 번째, 비판적 사고를 견지하는 것이다. 과연 저 내용이 맞는 것일까, 저렇게 주장하는 것이 충분히 근거가 있는 말일까, 발표자가 성급한 일반화의 오류를 범하고 있지 않은가, 편협된 사고를 가지고 있지 않은가 등의 비판적 사고를 가지고 발표 내용을 듣게 되다 보면 질문이 생길 수 있다.

셋째는 내가 추가적으로 알고 있는 사실을 발표자에게 알려주고자 하는 마음이 있다면 질문을 할 수 있다. "그 내용에 대하여 관련 서적에서는 어떤 내용이 있는 것을 보았는데 발표자는 어떻게 생각하십니까?"라고 질문한다면 자연스럽게 추가적인 정보를 발표자에게 줄 수 있다.

농담으로 우리가 흔히 하는 말 중에 '점심시간에 임박해서 질문을 하는 사람은 공공의 적이다.'라는 말을 하곤 한다. 질문하는 사람에 대한 근거 없는 비판이다. 생각을 바꾸어야 한다. 질문을 하는 사람은 누군가는 해야 할 임무를 대신하는 것이다. 발표자에 대한 질문은 피드백이다. '질문이 없을 수도 있지 않는가?' 묻는 것은 책임을 다하지 않기 위한 궁색한 변명이다.

누구나 대중들 앞에서 발표한 경험이 있을 것이다. 내가 나의 생각과 주장 그리고 어떤 지식을 요약해서 발표했는데 아무런 질문을 받지 않을 경우를 상상해 보라. 질문이 없음에, 나의 완벽한 발표에 만족함이 들기보다는 상대방의 '무관심'에 난처해질 것이다.

질문은 상대방에 대한 관심의 표현이자 최소한의 배려이다. 우리는 질문을 통해 서로를 성장시킬 수 잇음을 알아야 한다.

최고의 조직을 만드는 "괜찮아"

"감독님께서 '괜찮다.'고 믿어주시니까, 그게 큰 힘이 됐다. 덕분에 투구패턴을 바꾸며 여유를 갖고 투구할 수 있었다. 제일 중요한 건 감독님 믿음이다. 사실 내가 지금 잘 던지고 있는 것도 아닌데 '괜찮아.' 이 한마디가 참 좋더라. 실패를 두려워하지 말고 씩씩하게 하라는 의미이실 것이다. 지금 우리가 좋은 방향으로 팀이 하나로 가고 있는 이유이다."

2018년 4월 14일 삼성전에서 선발승을 거둔 한화이글스 최고참 배영수 선수가 경기가 끝나고 한 인터뷰 내용이다. 배영수 선수는 1, 2회 연속 만루 찬스를 허용하고 2회에 이미 투구 수가 59개가 되는 등 좋지 않은 내용을 보이고 있었다. 전날에는 같은 팀 이용규 선수가 스트라이크 판정에 항의하다가 퇴장을 당하는 등 모처럼만에 상승세도 주춤하던 시점이었다. 더군다나 배영수 선수로 인해 한화선수단 선발진이 약하다는 외부 평가를 받고 있었다. 팀 내외적으로 어려운 상황에서 팀 내 최고참으로서 뭔가를 해야 할 타이밍이었다. 그런데 막상 투구내용이 좋지 않다 보니 심적 부담감이 컸을 상황이었다. 1, 2회 투구를 어렵게 마치고 더그아웃으로 들어올 때 한용덕 감독이 해준 말은 "괜찮아."였다.

당시의 상황을 미루어 짐작해 봤을 때 배영수 선수에게 '괜찮아.'라는 말은 단순한 말 한마디의 의미 이상이었을 것이다.

"괜찮아, 네가 최선을 다하고 있는 것을 모두 알고 있어."

"괜찮아, 점수 몇 점 준다고 투수 교체하지 않아, 이닝이 거듭될수록 잘 던질 것이라는 믿음을 가지고 있어."

"괜찮아, 점수를 내주더라도 만회할 수 있으니 자신 있게 던져."

배영수 선수는 이런 의미로 귀에 들렸을 것이다.

배영수 선수는 그날의 심정을 단순히 자신에 대한 감독의 믿음에 대한 감사를 넘어서 팀이 하나로 된다는 느낌으로 표현했다. 리더의 최종 목표는 '하나 된 팀'을 만드는 것이다.

리더가 바라는 조직의 이상형을 5단계로 나누어 본다면 1단계는 '성과를 내는 팀', 2단계는 '분위기 좋은 팀', 3단계는 '하고자 하는 의지가 충만한 팀', 4단계는 '모든 구성원이 주인의식을 갖는 팀', 5단계는 '하나 된 팀'이다.

'하나 된 팀'은 조직의 이상적인 모습이다. 하나 된 팀은 성과와 분위기를 뛰어넘는다. 하고자 하는 의지와 주인의식은 이미 바탕에 깔려 있다. 하나 된 팀은 구성원이 바라보는 방향과 목표가 동일하고 강인한 의지를 갖고 있다. 서로를 아끼고 배려하며 기꺼이 남보다 내가 더 뛰고 희생하는 것마저 기쁘게 생각한다. 안 좋은 일이 있으면 남보다는 나의 탓으로 돌리고 이를 만회하기 위해 노력한다. 남의 허물을 비난하지 않고 칭찬과 격려의 말이 조직을 감싼다. 상대방의 약점을 나의 장점으로 덮어주려 하고 베풂을 또 하나의 행복으로 여긴다. 그래서 '하나 된 팀'이라는 것은 단결력과 조직원의 융합으로 상상 이상의 성과물을 내기도 한다.

이렇게 조직의 최고 수준의 상태라 할 수 있는 '하나 된 팀'은 어떻게 만들어지는 것일까. 아이러니하게도 통상 하나 된 팀은 분열되었던 팀에서 나오는 경우가 많다. 오랜 좌절과 실패, 조직 내외부적으로의 갈등이 일정 기간 계속된 조직이 특정 계기를 통해, 아니면 리더의 리더십을 통해 창출되는 경우가 많다. 다음은 조직원 모두가 조직 구성원에 대한 신뢰가 있어야 한다. 팀이 단순한 우승이라는 성과를 위해 일시적으로 모인 인원이 아니라 결과에 상관없이 한배를 계속 타고 갈 사람들이라는 신뢰관계가 형성되어야 한다. 사실 한화이글스가 하나 된 팀으로 가는 과정에서는 과거 한화의 전성시대를 이끌었던 한용덕 감독, 장종훈 타격코치, 송진우 투수코치가 한데 뭉쳐있었다는 것을 배제할 수 없다. 진정한 한화의 프랜차이즈라 할 수 있는 인원들이 코칭스태프를 구성하고 있기에 한화이글스를 구성하는 구성원들은 뼛속 깊은 하나라는 동질감을 바탕으로 서로에 대한 신뢰를 갖고 있다.

한화이글스는 '하나 된 팀'으로 다시 태어나고 있다. 소위 '여기에 뼈를 묻겠다.'는 식으로 뭉친 조직 구성원들의 단결력이 아무도 예상치 못한 기적을 조금씩 만들어 가고 있다. 훌륭한 리더십을 발휘하고 있는 한용덕 감독이 그 정점에 있다. 그는 '괜찮아.' 이 한마디로 수년간 최하위권에서 머물고 있는 한화이글스를 새로운 팀으로 변모시키고 있다.

합리적 의구심과 의심

사전적 의미로 의구심과 의심에는 별 차이점이 없다. '확실하다고 믿지 못하여 생기는 불안한 마음'이라고 정의하고 있다.

믿지 못하는 마음이 생기는 것에는 여러 가지가 있다.

첫째는 나 자신에서 비롯되는 것이다. 자라오면서 믿었던 사람에게서의 결정적 배신, 남을 잘 믿지 못하는 타고난 인성 그리고 내 눈으로 직접 확인하기 전까지는 확언할 수 없다는 신념 아닌 신념 등에서 비롯된다.

두 번째는 상대방에서부터 비롯되는 것이다. 몇 차례 동일한 실행을 했을 때의 경험으로 미루어보아 이 사람은 특정한 일에 대하여 제대로 하지 않았을 것이라는 판단, 앞과 뒤 그리고 시작과 끝이 다른 언행 불일치적인 삶의 패턴, 남을 속이기를 좋아하는 개인적인 인성 등에서 비롯된다.

세 번째, 믿지 못하는 마음이 생기는 이유는 사회적인 환경이다. 조직 자체가 어떤 신뢰감을 주지 못하거나 조직 구성원들 간의 불신 팽배로 인하여 사회 전체가 서로 믿지 못하는 집단이 되는 것이다. 조직 전체의 신뢰 형성 문제는 나와 상대방을 포함한 전반적인 구성원들의 책임이다.

믿음이 생기지 못하는 이유를 위와 같은 세 가지로 이유로 들어본다면 합리적 의구심과 의심의 차이를 좀 더 분명하게 구분할 수 있다. 합리적 의구심은 상대방과 조직사회에서 기인하는 것이다. 상대방의 믿지 못할 행동과 조직 사회의 신뢰감 미형성에 따라 내가 믿지 못하는 마음을 갖는 것이 합리적 의구심이다. 의심이라는 단어 자체는 다소 부정적인 뉘앙스를 가지고 있다. 믿지 못한다, 믿을 수 없다는 말이다. 따라서 이 단어를 상대방과 조직 사회 전체를 대상으로 함부로 쓰기는 어렵다. 의심이라는 부정적 요소의 단어는 상대방에게 좋지 못한 감정을 줄 수 있다. 하물며 의심했던 것이 사실이 아닌 걸로 밝혀진다면 의심을 했던 당사자는 비난과 책임을 면치 못한다.

　상대방과 조직사회에 대한 의심은 함부로 할 수 없다. 따라서 이런 부정적인 뉘앙스를 최소화하기 위해 의심이란 말 대신 합리적인 의구심이라는 단어를 사용한다. 그렇다면 합리적인 의구심, 즉 상대방과 사회에 대한 의심은 절대적으로 과거의 경험과 사례 그리고 그로 말미암은 통계치에 기인한다. 어렸던 학생 시절부터 현재까지, 나는 '모금, 성금'에 적지 않게 참여했다. 연말에 구세군에게 내는 성금, 불우이웃돕기 성금 등에 자발적으로, 때로는 조직의 일원이라는 명목으로 내 뜻과는 다소 동떨어져도 참여한 적도 있었다. 하지만 분명한 것은 이 성금과 모금액이 전혀 엉뚱한 곳에 사용되기도 했다는 것이다. 이런 사실은 언론 등의 고발 프로그램 등에서 접하게 된다. 선의의 의지로 좋은 뜻에서 낸 성금과 모금이 특정 영리단체나 개인의 호주머니로 들어갔다는 사실을 접할 때의 허무함은 이루 말할 수 없다. 따라서 지금도 누가 성금, 모금을 하라고 하면 과연 이것이 도움이 필요한 사람에게 제대로 전달될 것인가라는 의심을 하게 된다. 이 것은 나의 성격에서 비롯한 것이 아니다. 성금과 모금을 악용하는 상대방 과 사회가 그렇게 만든 것이다. 이것은 의심이 아니라 합리적 의구심이다. 성금과 모금의 악용에 대한 경험으로 인해 사람들은 합리적인 의구심을 갖게 되었고, 이는 향후 성금과 모금의 투명한 사용에 대한 정확한 정보 를 요구하게 된다. 결국, 합리적 의구심은 현실 세계를 냉정히 들여다보게 하고 팩트에 기인한 분석을 하게 한다. 과거의 잘못된 행동을 다시 일어나 지 않게 하는 모니터링의 역할을 한다. 그런 의미에서 합리적인 의구심은 필요하다.

　사무실을 같이 쓰던 동료와 나는 우연히 같은 펜을 쓰는 것을 알게 되 었다. 펜은 다소 고가의 가격으로 필기감이 좋아서 펜에 관심이 있는 사 람이라면 누구나 알고 있을만한 펜이었다. 그런데 갑자기 그 친구가 자기 펜이 없어졌다면서 혹시 내가 갖고 있는 것이 아닌지를 물어보았다. "혹시 갖고 계신 그 펜 제 것 아닙니까?"라는 한 문장이었다. 적어도 그 친구와 나는 물건과 관련 과거 사실이 존재하지 않았다. 나는 그 친구의 물건에 손을 댄 적도 없다. 그런데 그 친구는 나에게 그런 질문을 던졌다. 이를테 면 의심이다. 물론 그냥 사실을 물어본 것일 수도 있었다. 하지만 나에게 는 그렇게 들리지 않았다. 의심이었다. 구타의 정의는 상대방이 구타라고 느꼈는지 아닌지에 의해 좌우된다. 의심도 마찬가지라는 생각이 든다. 그 친구는 나를 의심하지 않았을지 몰라도 적어도 그가 하는 말의 느낌은 의 심이었다. 과거에 그런 경험도 없는데 단지 자신의 물건이 없어진 것에 대 하여 상대방을 믿지 못할 대상으로 바라보는 관점 그것은 의심이다.

결론적으로 상대방을 믿지 못하여 생기는 불안한 마음은 합리적 의구심과 의심으로 구분된다. 합리적 의구심은 상대방과 조직사회를 대상으로 한 것이며 과거에 있었던 팩트를 바탕으로 한 어느 정도의 가능성, 다시 말해 확률 및 통계치에서 비롯된다. 과거에 동일한 경험이 있기 때문에 다시 한 번 미루어 짐작해 본다는 것은 충분히 있을 수 있는 일이다. 의심은 본인의 인성과 믿지 못함에 의해서 비롯되는 것으로 부정적 요인을 동반하여 이는 자칫 상대방의 감정을 상하게 할 수 있다.

합리적 의구심과 의심은 분명 매우 조심스러운 요소이다. 의구심과 의심은 분명 예상치 못한 반대의 결과를 가져올 수 있기 때문이다. 어떤 현상에 대한 문제점을 제기할 때에는 반드시 합리적 의구심이라는 전제하에 접근해야 한다. 표현 자체를 그렇게 해야 한다. "아시다시피 과거에 성금과 모금을 개인적인 용도로 악용당한 적이 있습니다. 이번 성금액은 정확하고 투명한 사용이 될 수 있도록 중간 과정을 브리핑해주십시오."라고 한다면 상대방은 기분이 상하지 않을 것이요, 성금의 투명한 사용에 대하여 한 번 생각하게 될 것이다. 그러나 다짜고짜 상대방에게 "그 펜 제 것 아닙니까?"라고 물어본다면 상대방의 감정을 상하게 할 뿐 아니라 본인에게도 안 좋은 영향을 끼칠 수 있다.

합리적 의구심과 의심, 그 미묘한 차이를 인지하고 상황에 맞게 활용할 수 있어야 한다.

영리한 곰 '짜웅(熊)'

"이게 어떻게 스트라이크냐고요?"

"스트라이크존에 들어왔습니다."

"스트라이크존이 도대체 어디까지입니까?, 아이 xx."

"퇴장!"

스트라이크존에 항의하다가 화가 난 이용규 선수는 결국 퇴장을 당하고 말았다.

올해 3월 나는 가족들과 부산 해운대로 휴가를 갔다. 저녁을 먹고 아내와 딸들과 같이 해운대 모래사장을 따라 걸었다. 밤 10시 무렵이었고 해변가에는 폭죽을 터뜨리는 사람이 몇몇 있었다. 흔히 보는 길거리에서 파는 폭죽이었다. 조금 걷다 보니 방송소리가 들렸다.

"이곳 해운대는 관광객들의 폭죽이 금지되어 있습니다. 허가되지 않은 폭죽을 사용할 경우 벌금 처분을 할 예정입니다."

폭죽 소리와 방송 소리를 동시에 듣던 5학년 둘째 딸 혜원이가 갑자기 질문을 했다.

"아빠, 폭죽 하면 벌금 낸다고 하는데 왜 저 사람들은 계속 폭죽놀이를 해?"

"그러게 말이다. 어떻게 설명을 해야 할지, 음…. 혜원아. 이 세상이 반드시 꼭 법대로 되진 않아. 법이 상황에 따라 안 맞는 경우도 있고…."

세상의 모든 일이 법과 규정대로만 돌아가고 있지 않다는 것을 설명하는 자체가 조금 힘들었다. 그러면서 법과 규정이 항상 지켜지는 정의로운 사회를 만드는 것이 중요하다는 생각을 했다.

우리는 항시 법이라는 잣대를 철두철미하게 지키느냐, 법이라는 잣대를 나에게 유리하게 작용할 수 있도록 만드느냐, 법을 무시하느냐 이 세 가지 관점 중에서 택일해야 한다.

스트라이크존에 따라 스트라이크 판정을 내리는 것은 법의 잣대를 있는 그대로 적용한 것이다. 심판이 제대로 판정을 했건 안 했건 스트라이크 판정은 심판의 고유 권한이다. 만약 그 판정이 옳지 못하다면 정당한 절차에 의거해서 항의해야 한다. 감독이 직접 나와서 냉정함과 차분함을 잃지 말고 스트라이크 판정에 대하여 항의해야 한다. 자칫 심판의 감정을 상하게 하는 욕설이나 언행을 할 경우 선수와 감독은 모두 퇴장이다. 그럴 자신이 없으면 심판의 판정에 순응해야 한다.

스트라이크 판정을 내리는 사람은 심판이다. 선수들은 모두 심판의 개인

성향을 알고 있다. 해설자들도 심판의 성향에 대해서 이야기하곤 한다. '매우 까다로운 심판, 스트라이크 존에 인색한 심판' 등 심판을 고유 성향을 알고 있다. 따라서 그에 대하여 미리 준비하는 구단과 선수와 감독이 있다. 방법은 다양하다. 타자가 선수석에 들어가서 심판에게 인사를 한다든지, 미소를 지어 보인다든지 하는 법에 저촉되지 않는 애교 수준이다.

또 다른 선수는 심판의 판정에 강한 항의와 불만을 시종일관 나타내기도 한다. 소위 천적이다. 좋지 않은 감정이 쌓여 있는 것도 사실이다. 누가 봐도 그 선수만 타석에 들면 스트라이크 존이 좁아진다. 그러나 그 역시 심판의 고유 권한이다.

법과 규정의 잣대가 센티미터처럼, 칼날처럼 예리하고 자세하지 않은 이상 일상의 삶을 법과 규정에 의해서만 풀어갈 수는 없다. 물론 법과 규정에 의해 돌아가는 사회가 정의로운 사회이다. 그런 정의로운 사회를 만들어 가야 한다. 그러나 법과 규정이 모든 것을 지배하는 세상은 다소 이상적이라고 할 수 있다.

고속도로에 최고속도가 시속 100km라고 적힌 푯말이 일정 간격으로 설치되어 있다. 과속카메라는 이를 단속하기 위해 일정 간격으로 설치되어 있다. 법과 규정이 우리 사회를 지배하고 있다면 차량의 99%는 시속 100km 이상을 달려서는 안 된다. 그러나 현실은 99% 차량은 시속 100km를 넘는다.

법을 만든 사람도 법대로 세상이 움직이지 않는다는 것을 알고 있을 것이다. 법이라는 것은 사람들의 행동을 제한한다기보다는 하지 말아야 할 금기사항을 강조한다. 따라서 하지 말아야 할 행동을 한 사람에 대해서

법은 관대하지 않다.

결국, 법이라는 것은 살아가는 데 있어서의 옳고 그름과 행동의 마지노선을 제시하는 가이드라인이라는 것으로 정의한다면, 우리는 그 법이 센티미터의 자처럼 정확하지는 않을 수 있음을 받아들여야 한다. 그렇다면 우리는 그러한 융통성이 있는 법을 우리에게 유리하게 사용할 수 있어야 한다.

이를 위해 상관의 정당하고 합리적인 지시는 따르는 것이 옳다. 그러나 하급자가 상관의 수준을 맞추기는 매우 어렵다. 상관의 지도와 가르침이 필요하다. 그것은 어떻게 보면 상관과 부하의 동시적인 책무이다. 상관의 지시에 대하여 나의 실력으로만 승부를 내려 하는 것은 다소 어리석다. 나의 실력이 따르지 않음이 첫 번째요, 나는 상관만큼이나 넓은 세상을 보지 못했다. 따라서 나는 나의 부족함을 인정하고 상관에게 가르침을 구해야 한다. 상관의 지시와 그에 따른 나의 순수한 실력에 의한 이행, 이것만으로는 업무 간의 간극을 발생하고 마찰을 일으킨다. 이 간극을 없애는 것은 상관의 배려와 부하의 배우고자 하는 의지와 겸허함이다. 배우고자 하는 의지와 겸허함을 표현하는 한 수단은 '짜웅'이다. 짜웅은 불법적인 행위가 아니라 윗사람의 가르침을 구하는 아랫사람의 애교이다. 여기서 말하는 짜웅은 돈과 뇌물이 아니다. 겸손한 말 한마디, 커피 한잔이다. 나는 그 짜웅을 영리한 곰이라고 칭하고 싶다. 나의 목적을 성취하고 조직에서의 원만한 대인관계를 이끌며, 가르침을 얻을 수 있는 나의 부족함의 순수한 표현, 그것이 영리한 곰 짜웅이다.

'나름' 표현에 대한 예찬

인근에 있는 대대에 점검차 다녀왔다. 오전에는 필요한 내용을 확인하고 오후에는 대대장을 만났다. 오전에 대대원들로부터 대대장에 관한 얘기를 들었다. 생각과 배려심이 많다고 했다. 특전사 출신이어서 그런지 몰라도 매일 3km씩 달리기를 한다고 하였다. 오후에 실제로 본 대대장의 모습은 상상했던 모습과 비슷하였다. 대대의 현안과 앞으로의 부대운영에 대하여 많은 고민을 하는 모습을 볼 수 있었다. 매복지에서의 모기, 벌레 등에 대한 구서 대책 등 아직 다가오지 않은 일들에 대해서까지 대대장은 지난 과거의 경험을 바탕으로 철저하게 준비하고 있었다. 대대장 책상 위에 놓인 노트에는 고민과 고뇌의 흔적이 그대로 씌어 있었다. 번호의 넘버링을 하면서 빼곡히 적은 글씨들, 그리고 그 위에 다시 살을 붙여 쓴 글씨, 그것도 모자라 여기저기에 붙여놓은 포스트잇에는 필요한 내용이 메모되어 있었다. 단 한 가지도 놓치지 않으려는 대대장의 진심 어린 노력을 볼 수 있었다. 애로사항을 물으니 대대장은 "나름대로 열심히 준비한다고 하였으나 아직 신경 써야 할 것이 많다."라고 대답했다.

살면서 사람들을 만나보면 크게 두 분류로 나누게 된다. 하나는 입에 "할 만큼 했다."라고 하는 부류이고 다른 한쪽은 "나름 했으나 미흡하다."라고 말하는 사람이다.

할 만큼만 하기

'할 만큼 했다.'라고 말하는 사람은 통상적으로 상부에서 주어진 일을 완료하지 못하고 그에 대한 핑계를 대는 사람들이 흔히 쓰는 표현이다. 왜 이것밖에 하지 못했느냐는 질문에 그런 사람들은 '나는 내가 생각하는 만큼, 즉 그 일에 대하여 내가 할애해야 할 시간과 노력만큼 적당히 했다.'라는 생각을 가지고 있다. 즉, 지시한 사람의 요구에는 충족할지 모르겠으나 나로서는 내가 해야 할 도리, 다시 말하면 나의 역할과 책임을 다했다는 식으로 답변을 한다. 이런 유형의 사람들의 특징은 지시하는 사람이 원하는 상태 또는 수준을 제대로 파악하지 않는다. 지시하는 사람의 요구사항과는 무관하게 나의 기준에 의해 판단을 한다. 지시자의 요구를 충족시키느냐 못하느냐는 다음 문제다. 나의 기준으로 판단했을 때 내가 평상시대로 하는 만큼 했으면 '할 만큼' 한 것이다. 이런 부류의 사람들은 통상 자기 자신에 대한 보신주의와 개인주의적 성향으로 인하여 조직 내에서 불협화음을 일으키는 경우가 종종 있다. 또한, 이런 유형의 사람들은 통상 업무에 적극적이지 못하며 남이 하라는 것만 하고 그만두는 경우가 많다. 창의적이거나 집중과 몰입에 따라 착안해서 하는 업무를 기대하기 어렵다. 완료시간을 앞두고 차일피일 미루다가 마지못해 일을 처리하는 경우가 많다. 그리고 왜 그것밖에 못했느냐는 질문에는 "할 만큼 했다."라고 답변을 한다.

나름 하기

무슨 일이든 적극적으로 덤벼드는 사람이 있다. 매사가 적극적이고 앞장을 서서 일 처리를 한다. 놓치는 일이 없다. 적어도 놓치지 않기 위해 노력한다. 물론 모든 일을 다 할 수는 없다. 시간적으로도 물리적으로도 불가능하다. 그러나 이런 유형의 사람들은 적어도 자신이 직접 못하는 일에 대해서는 참모나 대신할 수 있는 사람을 보내서 간접적으로나마 확인을 한다. 관심과 신경을 부단히 쓴다. "할 만큼 했다."라고 말하는 사람보다 두 배 세 배 이상 주어진 일에 대하여 관심을 갖고 신경을 쓴다. 자신이 생각했던 최종모습, 거기에 할애해야 할 시간과 노력을 다하지 못했을 때 그 사람은 그것에 대하여 아쉽게 생각한다. 상대적으로 비교해 봤을 때 누구보다도 많이 신경 쓰고 소기의 성과를 이루었음에도 불구하고 본인은 충분하지 못하다고 생각한다. 그래서 그때 "나름 했는데 미흡하다."라는 표현을 쓴다. '나름'은 따라서 상당히 겸손한 단어이다. '나름'은 '할 만큼 했다.'처럼 핑계를 대는 것이 아닌 겸손과 자기 낮춤의 표현이다.

'나름' 예찬

'할 만큼 했다.'와 '나름 ~했다.'는 화자가 의사를 전달할 때 양자택일할 수 있는 구어체 표현이 아니다. 이는 한 사람의 업무에 임하는 태도, 나아가서는 삶에 임하는 자세를 대변하는 문구이다. 한 사람의 삶의 방식은 결과론적으로 자신이 내뱉는 말을 통하여 겉으로 드러나게 된다. 이는 인위적일 수 없으며 몸에 배어 있는 태도와 살아가는 방식에 대한 거울과 같다. 주변에 있는 사람들을 유심히 관찰해 보면 '할 만큼 했다.'와 '나름

~했다.'라는 표현을 쓰는 사람으로 구분할 수 있다. 반드시 이와 같은 표현을 똑같이 쓰지는 않을 수는 있지만, 말의 어조와 태도를 이처럼 구분할 수 있다는 것이다. 결론적으로 우리는 '나름 ~했다.'라고 말하는 습관이 입에 밸 수 있는 삶의 태도를 지녀야 한다. 그 태도란 성실성, 열정, 진지함, 최선을 의미하는 단어들로 뭉쳐진 살아가는 방식이다.

'나름'은 이를 말하는 사람을 매우 겸손하게 바라보게 만든다.

'나름' 뒤에는 그간 해온 이상으로 이미 숨겨진 많은 성과가 있는 경우가 대부분이다.

'나름'은 전혀 하지 못함에 비해 상당히 많은 결과를 이루었고 '할 만큼 한 사람'에 비하면 몇 배 이상의 결과가 있다.

'나름'은 어떤 일에 대한 주체자의 관심이며 하고자 하는 의지를 반영하는 표현이다.

'나름'을 입에 달고 다니는 사람의 태도는 늘 진지하고 삶에 있어서 깊은 향기와 발자취를 남기는 것이 일반적이다.

하루하루에 '할 만큼 했다.'보다는 '나름 ~했다.'는 말이 입에서 자연스럽게 나올 수 있도록 인생을 열정적으로 사는 것이 필요하다.

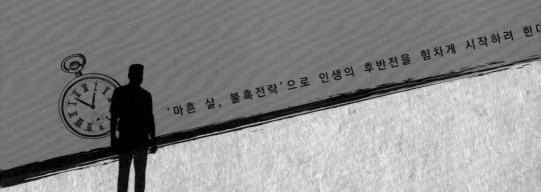

'마흔 살, 불혹전략'으로 인생의 후반전을 힘차게 시작하려 한다

제5장

'불혹'을 지탱하는 다섯 개의 기둥

– 인생 필수 요소 준비

오래 사는 것보다 또렷이 살기 위하여

여자가 남자보다 평균수명이 10년이 길다고 한다. 정확한 과학적 근거를 찾아보지는 않았다. 그러나 지금은 그 말을 의심하지 않는다. 40년을 살아보니 왜 여성이 남성보다 오래 살 수 있는지를 알 수 있을 것 같다.

첫째, 남자는 잘 움직이지 않는다. 나 역시 그렇다. 움직임에는 계획이 필요하다. 등산, 여행 등의 운동은 모두 마음먹고 하는 움직임이다. 이른바 큰 움직임이다. 기타 사소한 작은 움직임에 나는 잘 참여하지 않는다. 그러나 아내는 다르다. 작은 움직임이 많다. 집안일을 해서 그럴지도 모른다. 가끔 아내의 활동과 동선을 의도치 않게 살펴볼 때가 있다. 특히 휴일에 그런 모습을 볼 수 있다. 하루 세 번 밥을 한다고 식탁과 싱크대 사이를 오간다. 반찬을 만들기 위해 대형 마트를 간다. 미처 사지 못한 것이 있다고 집 앞 마트에 걸어서 다녀온다. 세탁기에 빨래를 돌린다. 이어서 건조대에 빨래를 건조한다. 말린다. 구석구석 집 안 청소를 한다. 청소기를 돌린다. 물걸레질을 한다. 물티슈로 마무리를 한다. 애들 학교를 가끔 데려다 준다. 쓰레기를 버리러 간다. 분리수거를 하러 간다. 이렇게 아내의 휴일 하루 이동 거리를 측정한다면 3km 정도는 능히 나올 것 같다.

둘째, 남자의 움직임은 꾸준하지 않다. 내가 하는 움직임, 이른바 계획적 움직임은 정기적이지 않다. 가끔 주말에 한 번 아니면 동료와의 약속이 성사된 이후에 이행하곤 한다. 가족들과의 움직임은 크게 활동량에 도움이 되지 않는 듯하다. 또한 내가 할 일, 해야 할 일 그리고 하려고 한 일조차 아내와 아이들이 상당수 하는 것 같다. 나는 또 그걸 원한다. 일 년 중 내가 가장 건강한 때는 체력측정으로 3km 달리기 측정을 하는 전후 한 달인 것 같다. 체력검정 2주 전부터는 일주일에 두세 번씩은 3km를 달린다. 윗몸일으키기와 팔굽혀펴기도 70여 개씩 한다. 일 년 중 가장 활동적인 기간이다. 몸이 가볍고 활기가 넘치는 기간이다. 일 년 내내 이런 상태를 유지했으면 좋겠다는 생각과 다짐을 17년 동안 매번 한 것 같다.

마지막으로 남자들은 식사를 쉽게 거른다. 나는 휴일에 혼자 있을 때, 아니면 지금처럼 가족과 떨어져 지내는 경우 식사를 거른다. 하루에 두 끼 아니면 한 끼를 먹을 때도 있다. 그마저 식사의 질조차 부실하다. 아내는 식사를 거의 거르지 않는다. 식사때마다 뭐라도 챙겨 먹는다. 다이어트한다고 아무것도 먹지 않겠다고 하지만 가만히 보고 있으면 뭐라도 먹는다. 빈속에 허기짐으로 그냥 지나치는 법이 없다. 이런 아내를 보고 나는 아침밥을 꼭 먹어야 하느냐고 물어본 적이 있다. 아내는 어렸을 때 엄마가 아침을 먹지 않으면 학교에 보내지 않았다고 한다. 이때부터 아내는 아침을 거르지 않는 습관이 생겼다고 한다.

살면서 적당한 병은 조금씩은 있어야 하는 것이 좋다는 얘기는 맞는 것 같다. 본인의 오랜 지병이 있으면 으레 조심하게 된다. 특정 부위에 대한 질병이 있으면 몸 전체를 조심하게 된다. 그런 사람은 몸이 조금만 좋지 않으면 병원을 찾아간다. 병원 진료를 하면서 다른 건강검진도 병행해서 받게 되는 것이 일반적인 패턴이다. 그래서 병원을 자주 가는 사람은 아주 심각한 질병이 있는 사람이거나 건강한 사람 중의 한 명이다. 갑자기 사망하는 사람을 보면 한동안 병원을 가지 않았던 사람이 많다.

'100세 시대'라는 말을 한다. 문제는 100세를 어떻게 사느냐가 중요하다. 인생을 자기 의지대로 살 수 있는 기간과 수명은 엄연히 다르다. 100세 시대는 수명이 100년이라는 의미는 아니다. 건강한 신체와 심신을 유지하고 자기 의지와 판단력을 가질 수 있는 100년을 의미할 것이다. 따라서 100세 시대를 맞이하려면 건강을 유지해야 한다. 우리가 건강을 소홀히 하는 이유는 건강이 나빠지고 있음을 눈으로 직접 보지 못하기 때문이다. 중금속이 몸에 쌓여갈 경우 우리가 보지 못하는 것과 같다. 흡연하면 몸에 해롭다고 그렇게 얘기하고 공익광고하고 해도 사람들은 흡연한다. 알면서도 지키지 않는 것이 건강이다.

나는 100세까지 사는 것을 바라는 것이 아니라 눈동자가 맑은 100세의 삶을 살고 싶다. 몇 날 며칠을 밤새워도 눈빛이 또렷하고 전혀 피곤해 보이지 않는 그런 사람이 되고 싶다. 그것이 남성의 또 다른 매력이 아닌가 싶다. 오래 살기에 앞서 멋진 남성이 되기 위해 나는 건강을 유지하고 싶다.

여성과 같은 작은 움직임을 많이 하고 내 몸에 병이 있을 수 있음을 늘 간과하지 않도록 해야겠다. 정기적인 건강검진을 통해 내 몸을 항상 모니터링해야겠다. 멋진 남자로 건강한 남성으로 100년을 또렷이 사는 모습을 꿈꿔본다.

주변 사람과의 관계 그루핑(grouping)

　내 스마트폰 카카오톡의 친구 검색에는 2018년 5월 19일 기준, 정확히 552명의 친구가 등록되어 있다. 기능상 친구로 맺어져 있지만 실제로는 선배, 후배 그리고 동료 등이 망라되어 있다. 그들과 나는 서로 전화번호를 주고받은 사이다. 최소 한 번 이상은 전화를 했을 것이다. 휴대폰을 한번 잃어버린 적은 있으나 서버에는 번호가 거의 저장되어 있다. 따라서 살면서 어떤 이유에서든지 연락을 한 번이라도 한 사람은 대략 500여 명이 된다.

　그런데 그중에서 한 달에 한 번 이상 연락하는 사람은 거의 없다. 아내가 유일하다. 그만큼 나는 친구라 할 수 있는 지기가 없음을 깨달았다. 어렸을 적부터 친구를 많이 만드는 데에는 별로 관심이 없었다. 언젠가 사람과 사람과의 관계는 이해관계라는 것을 느낀 순간부터는 더 그렇다. 주고받는 것이 없다면 친구가 될 수 없다는 슬픈 공식을 스스로 자처하면서 진정한 친구를 만들지 못했는지도 모른다.

　요즘에는 가끔 중고등학교 시절의 친구들이 생각날 때가 있다. 그 당시 우리는 매일 만났다. 학교에 가야 하니 당연한 일이었다. 학교가 끝나면 가까운 음식점에서 분식을 먹기도 하고 영화를 보러 가기도 하였다. 그때에는 적어도 이해관계라는 것은 없었던 것 같았다.

불혹의 나이를 넘어선 지금 '친구'라는 것에 대한 의미를 새롭게 정리해 볼 필요성을 느낀다. 좀 더 자세히 가다듬으면 친구라는 표현보다는 '주변 사람'이라는 표현이 맞을 것 같다. 지금 나를 기준으로 내가 알고 있는 모든 사람은 주변 사람이다. 그 주변 사람을 분류하고 나름대로 관계를 정리하는 것이 막연한 관계를 유지하는 것보다 효과적일 수 있다. 나의 주변 사람은 친구, 자주 연락하는 사람 그리고 내가 필요로 하거나 나를 필요로 하는 사람으로 나눌 수 있다.

첫째, 친구는 필요에 의해 만나는 관계가 아닌 추억을 같이 간직해 나가는 사람이다. 앞에서 언급했듯이 학교 다닐 때의 친구들, 육사 생도 시절의 같은 중대 동료들이다. 그리고 17년간 군 생활을 하면서 정말 마음이 서로 일치하고 고민을 토로할 수 있는 몇 안 되는 사람, 그들이 나의 친구다. 내가 개인적으로 존경하는 분들도 넓게는 친구의 의미에 포함된다. 이해관계 없이 순수한 마음으로 대하는 사람들 중의 하나이기 때문이다.

둘째는 '자주 연락하는 사람'이다. 자주 연락한다고 해서 그 사람이 친구는 아니다. 친구가 아닌데도 자주 연락하게 되는 사람이 있다. 친구가 아닌데 자주 연락하는 데에는 세 가지 이유가 있다. 먼저 근접성으로 가까이에 있는 사람이다. 그리고 유사성으로 나와 처지가 비슷한 사람이다. 또한, 자주 연락하는 사람은 상보성이 있다. 서로의 부족한 점을 채워줄 수 있는 사람이다. 근접성, 유사성 그리고 상보성은 자주 연락하는 사람

을 만든다.[9]

셋째는 내가 필요로 하는 사람과 나를 필요로 하는 사람이다. 주로 직장 사람들이다. 직장에서 만나는 윗사람들과 주변 동료 그리고 후배들이다. 이 사람들과는 서로 필요로 하고 필요해서 만난다.

나의 주변 사람들을 친구, 자주 연락하는 사람, 필요에 의해 만나는 사람으로 분류했다. 이 세 가지 그룹의 사람들은 당연히 분류의 범주에서 서로 오갈 수 있다. 자주 연락하는 사람이 친구의 관계로 변할 수도 있고 반대로 친구 관계였던 사람이 자주 연락하는 사람으로 재설정될 수도 있다.

인생을 살면서 연대하는 삶을 위해서는 필요에 의해 만나는 사람이 어느 정도 있어야 한다. 내가 필요하고 나를 필요로 하는 사람이 있다는 것은 내가 사회생활을 하고 있다는 것을 의미한다. 필요에 의해 연락하는 사람과의 연락이 많으면 많을수록 나는 공동체 안에서의 나의 존재감과 정체성을 느낄 수 있다.

인생이 외롭지 않으려면 자주 연락하는 사람이 있어야 한다. 근접성과 유사성 그리고 상보성에 의해 연결되는 자주 연락하는 사람은 '외로움'이라는 인간의 근본적인 심리를 덜어내어 준다. 이들을 통해 나는 나 자신을 들여다보게 되고 내가 잘하는 점과 부족한 점을 알 수 있다. 우리가 SNS를 통해 만나는 사람들, 친교단체나 동아리 등에서 만나는 사람들은 대부분 이 범주에 속한다. 우리는 그들과 만나면서 정보를 주고받기도 하고 필요한 것도 나눠 가질 수 있다. 나의 부족함을 채워줄 수 있기 때문에

---

9 오현석 지음, 미래의 창, 2017년, 『호텔 VIP에게는 특별함이 있다』, 27쪽

그 관계를 잘 설정하고 유지하면 삶이 풍족하고 여유로울 수 있다. 즐거움도 찾을 수 있다.

인생이 행복해지려면 친구가 있어야 한다. 행복은 물질적으로 부족함이 없는 상태이고 타인에 대한 증오, 오해, 시기, 갈등이 없는 상태이며 내가 사람들과 함께하는 것을 느끼는 것이다. 여기서 내가 사람들과 함께하는 것을 느끼게 하는 것은 필요에 의해 만나는 사람, 자주 만나는 사람도 될 수 있다. 그러나 가장 높은 수준 차원에서 내가 사람들과 함께하는 것을 느끼게 해 주는 것은 친구이다. 친구는 수적으로는 큰 의미가 없다. 단 한 명의 친구라도 나를 이해해주고 알아주는 친구가 있으면 충분하다. 그 친구를 통해 나는 인생이 혼자가 아님을 느끼고, 연대하는 삶을 살고 있다는 것을 느낄 수 있다. 또한, 인생은 이해관계에 의해서만 이루어지는 것이 아니라 사람과 사람과의 연결이라는 의미를 체감하게 된다.

내 주변에 있는 사람들 중에 친구, 자주 연락하는 사람, 필요에 의해 만나는 사람이 각각 몇 명씩인지는 중요하지 않다. 보고서를 작성할 때 그루핑을 잘해야 하듯 주변 사람도 그루핑을 잘해야 한다. 각각의 그룹으로 나누고 그에 맞는 관계 유지를 잘 해나가는 것이 필요하다. 그것은 인생을 좀 더 정리되고 의미 있게 살 수 있게 하는 방법이 될 수 있다.

'오래오래' 직업

"도전한 적이 없다. 하다 보니까 기록도 만들어졌다. 오래 했기 때문이다. 10~20년에 많은 걸 이룩할 수는 없다. 오래 해서 이런저런 수식어도 붙었다. 음악을 건강하게 오래오래 해서 팬들과 평생을 갈 수 있다면 정말 행복하겠다."

『불후의 명곡』에 출연한 가수 조용필 씨가 남긴 말이다. 최근에 『불후의 명곡』에 조용필 씨가 출연했다. 3부작 특집이니 어렵게 초대했느니 하면서 16명의 가수가 조용필 씨의 노래를 나름 편집, 편곡해서 열창을 이어갔다. 조용필 씨는 2018년 올해로 가수인생 50년이 되었다고 한다. 조용필 씨는 1950년생이다. 올해 한국 나이로 일흔이다. 스무 살부터 일흔 살까지 50년 동안 한 가지 직업으로 살아왔다. 그동안 많은 것을 이루었다. 얼마나 많은 것을 이루었는지 잘은 모르겠다. 그러나 내가 어렸을 적부터 지금까지 조용필 씨는 늘 TV에 나온다. 사람들은 그를 가왕이라 부르고 조용필 씨는 가왕보다는 영원한 오빠로 불리고 싶다고 한다. 10~20년이라는 기간이 짧다고 말하는 그의 말이 참으로 겸손하기도 하면서도 대단하다는 생각이 들었다.

　하루에 적어도 한 번 이상 핸드폰을 통해 네이버 통합 검색창을 들여다
본다. 요즈음에는 아내가 추천한 다음 홈페이지를 자주 보기도 한다. 통
합검색기사를 보면 매일 반복되는 기사가 몇 가지 있다. 그중에서도 한 가
지가 은퇴 후의 삶이다. 노후와 은퇴 이후의 삶에 대해서는 정기적으로
기사가 오르내린다. 그런데 막상 기사를 읽고 나면 댓글은 그리 많지 않
다. 댓글은 다르게 표현하면 대중들의 관심 정도이다. 핫이슈나 찬반양론
이 팽팽한 기사에 대해서는 순식간에 댓글이 몇천 개에 이른다. 그러나
노후 관련한 기사에 대한 댓글은 100여 개가 채 안 된다. 댓글이 많지 않
으면서도 매번 기사에 오르는 것은 의미가 있다. 별다른 대책과 의견은 없
지만 반드시 해야만 하는, 겪어야 한다는 것이다.

　그렇다. 노후의 삶이란 누구에게나 공통된 점이 있다. 한 번도 경험해보
지 않았다는 것, 그러나 반드시 찾아온다는 것 그리고 수많은 사람이 이
미 경험을 했다는 것이다. 노후 관련 기사를 보면 몇 가지 공통점이 있다.
일거리, 건강, 돈, 친구 그리고 취미가 있어야 노후를 행복하게 보낼 수 있
다는 것이다. 노후에 필요한 것이 여러 가지가 있겠지만 적어도 이 다섯
가지는 준비가 되어 있어야 한다는 것이다. 노후, 즉 은퇴 이후의 삶은 생
각보다 길다. 통상적으로 말하는 은퇴는 55세 정도이다. 100세 인생 도래
를 기준으로 판단했을 때 근 40년이 은퇴 이후의 삶이다. 100세 인생과
사람의 건강수명을 고려했을 때 55세 은퇴는 너무 빠른 감이 있다. 어쨌
거나 은퇴를 길게 연장하는 방법을 찾아야 한다. 더 좋은 방법이 있다면

은퇴가 없는 직장을 찾는 것이다.

은퇴가 없다면 은퇴 후의 새로운 삶을 새롭게 준비할 소요도 없어진다. 지금 하고 있는 일을 할 수 있는 나이까지 계속하게 된다면 모든 것이 해결된다는 것이다. 이론적으로는 쉽게 도출할 수 있는 가능한 일이다. 실제로도 그런 직업은 있다. 본인 스스로 사장이 되는 것이다. 내가 어떤 회사의 CEO나 사장이 된다면 나의 의지에 의해 일을 그만둘 때까지 계속할 수 있다. 다음은 어떤 분야의 전문가가 되는 것이다. 특정분야의 장인(匠人)이 되는 것이다. 제조 또는 무형문화의 장인이 된다면 이 또한 평생직업으로 삼을 수 있게 된다.

분명 오래 한다는 것만으로는 훌륭한 직업이 될 수는 없다. 오랫동안 어떻게 하느냐가 중요하다. 분명한 것은 한 가지 직업을 꾸준히 갖고 있다는 자체만으로도 많은 것을 남길 수 있다는 것이다. '오래'는 꾸준함이자 인고의 시간이다. '오래'는 수많은 사연과 변화 그리고 역경을 이겨낸 산물이다. 한 가지 일을 오랫동안 하고자 하는 장인정신이 필요하다. 무슨 일이든 오래 해야 뭐라도 남는다. 언젠가 1년 사이 음식점의 70%가 망하거나 상호를 변경한다는 통계치를 봤다. 물론 수익성이 안 맞기 때문에 폐업하거나 업종을 변경한 것이다. 그러나 상점주는 오래오래 장사를 하기 위해서 얼마나 준비를 했는지 분석해볼 필요가 있다. 살아남은 30%의 음식점은 몇 차례의 위기를 거쳐 변화와 혁신을 거듭하여 오래오래 남을 수가 있었다.

나 스스로의 상품가치를 높여서 직업을 오랫동안 유지하는 방법도 있다. 책 쓰기는 그런 의미에서 매우 가치 있는 직업이다. 책을 쓰면 인세도 받을 수 있고, 강연도 나갈 수 있다. 물론 수입이 일정하지 않고 정기적인 강연을 보장할 수 없다. 그러나 책을 발간하면 작가가 된다. 작가라는 직업은 건강이 허락하는 한 평생 할 수 있는 직업이다. 책을 쓰는 소재는 무궁무진하다. 아침에 일어나서 저녁에 잠들기 전까지 보고 듣고 생각하는 것은 모두 책 쓰기의 소재가 된다. 조용필 씨가 50년을 노래하듯이 책 쓰기도 50년 정도는 해야 이렇다 할 글이 나오지 않을까 싶다.

100세 인생이 다가오면서 사람들은 제2의 인생, 은퇴 후의 삶을 얘기한다. 인생을 크게 2막으로 구분 짓는 것이다. 그러나 은퇴 후의 삶이라는 것이 그리 녹록지만은 않을 것이다. 누구나 맞이하지만 누구나 준비되어 있는 것은 아니다. 대나무의 마디처럼 인생을 2막으로 반드시 나눌 필요는 없다. 인생을 1막과 2막으로 나누는 것은 통상 은퇴로 구분 짓는다. 그렇다면 은퇴라는 것을 하지 않는다면 1막과 2막으로 나눌 필요가 없게 된다. 은퇴를 안 하려면 은퇴가 없는 직업을 구하면 된다. 거창하게 은퇴 후의 삶을 새롭게 시작하고 싶지는 않다. 책을 쓰면서 여건이 되는대로 강연을 나가고 싶다. 나에게 책 쓰기는 50년간 할 수 있는 '오래오래' 직업이다.

고기능 고어텍스 '돈'

책을 쓰면서 각 챕터마다 제목을 붙이는 것도 하나의 재미였다. 통상 제목을 먼저 쓰고 제목을 바탕으로 풀어나가다 보면 글이 완성된다. 그리고 다시 완성된 글의 핵심내용을 바탕으로 제목을 수정하기도 한다. 이 챕터에서는 '돈'이라는 한 글자를 썼다. 리더십만큼이나, 아니 그 이상으로 범위가 넓은 것이 돈이 아닐까 싶다.

돈이라는 단어는 조심스럽고 어려우면서도 인생을 살면서 빠질 수 없는 단어이기 때문이다.

돈의 사전적 의미는 "사물의 가치를 나타내며, 상품의 교환을 매개하고, 재산 축적의 대상으로도 사용하는 물건"이다. 참으로 점잖은 표현이다. 내가 생각하기에 돈은 실물세계에서 세상을 움직이는 대기권의 공기와도 같다. 대기권의 바람은 사람에게 직접 체감으로 느껴진다. 차갑기도 하고 따갑기도 하다. 때로는 거센 바람으로 모든 것을 날려 보내기도 하고 때로는 비를 만들어 눈물을 흘리게 한다. 얼어붙은 눈과 얼음을 만들기도 하고 홍수와 재난을 만들기도 한다. 싱그러운 봄날을 만들기도 하고, 짜증 나고 무더운 여름 날씨를 만들기도 하며, 선선한 가을 날씨를 만들기도 한다.

돈도 그렇다. 대기권의 공기가 부지불식간에 나에게 영향을 미치듯 돈도 나에게 그렇게 영향을 미친다. 떼어낼 수 없으니 소유해야 하고, 소유하되 잘 관리해야 하며, 항시 변할 수 있기 때문에 그 피해와 영향을 최소화할 수 있도록 해야 한다.『피터 팬』의 팅커벨처럼 늘 내 주변에서 빙빙 맴돌며 나를 보고 있기도 한 것이 돈이 아닐까 싶다.

육군대학을 6개월 동안 다닐 때였다. 토요일에는 할 것이 별로 없었다. 토요일까지 공부할 마음은 없었고 그렇다고 마음 편히 놀러 다닐 수 있는 상황도 아니었다. 그래서 나는 가까이에 있는 세종시를 찾아갔다. 2012년이었으니까 세종시가 처음 기반을 잡을 때였다. 여기저기 공사가 진행되고 있었고 대부분 기반만 잡혀 있는 상태였다. 이곳에 서울에 있는 관공서가 모두 이전을 한다는 것을 언론을 통해 접해 들었다. 서울에서 40년을 살았지만 이제 서울은 포화되었다는 생각이 들었다. 그리고 세종시에 행정수도가 세워진다는 비전과 계획이 있었다. 10년 뒤쯤이면 이곳 세종시에는 공무원을 포함한 30여만 명의 인구가 채워질 것이다. 무엇보다 서울보다 여유롭고 계획된 도시여서 깨끗하고 정비가 잘 된 듯한 느낌이었다. 먼저 자리잡은 호수공원을 중심으로 주말마다 가족들과 산책을 할 수 있는 모습을 꿈꿔보았다. 그래서 아내와 상의 끝에 세종시 첫마을 아파트를 구매했다. 소위 때부터 모아왔던 5천만 원에 대출 1억, 전세 1억을 끼고 구매했다. 실제로 내가 구매한 집에 가본 것은 단 한 번뿐이다. 나는 10년이라는 장기적인 안목을 가지고 투자를 했다. 하지만 아내는 매달 대출금

이자를 내는 것을 부담스러워했다. 어머니께서 살아계실 때 나에게 말씀하셨던 아파트 구매 절대 법칙도 내가 세종시 아파트를 계속 유지하는 데 흔들린 한 가지 요소로 작용하였다.

1. 서울에 있는 아파트를 구매할 것
2. 대단지의 아파트를 구매할 것

결국, 2017년 초에 매입가에서 차익 없이 아쉬움을 뒤로 하고 매매하였다. 2017년 후반부터 세종시 아파트값 상승률이 전국 최고라는 얘기를 들었을 때의 그 허탈함은 이루 말할 수 없었다. 아내에게 괜히 팔았다, 조금만 더 참지 하며 아쉬움을 토로했다. 돌아가신 어머니께서 무조건 서울에 있는 아파트를 사라고 말씀하셨는데 세종시가 서울이 되고 있다는 중요 변수를 제대로 읽지 못한 것도 투자 실패의 한 원인이 되었다고 생각한다.

전역한 친한 동료와 종종 연락을 한다. 생각과 마음이 많이 통하는 친한 동료이다. 한 번은 재산증식과 관련하여 얘기를 한 적이 있는데 이 친구가 부산에서 먼 길을 마다치 않고 찾아왔다. 그리고 여러 가지 펀드, 그중에서도 벤처 기업에 대한 투자상품을 설명해주었다. 이 친구의 재산증식 이론은 일명 '수도꼭지 이론'이었다. 다양한 곳에 소액 투자를 하여 수도꼭지에서 물이 조금씩 계속 흘러나오듯이 수입원을 마련해 놓아야 한다는 것이다. 그 친구의 투자방식대로라면 1년에 1억을 투자하여 1천만 원 정도를 늘릴 수 있는 방식이었다. 서울에 똑똑한 아파트를 제대로 구매하면 몇 년 안에 2~3억을 늘리는 것이 보통이라고 하던데 10년에 1억이라…. 주제넘을 수도 있는 얘기지만 내가 생각하는 투자방식과 이론과는 다소 괴리가 있었다.

부동산 관련한 책을 4~5권 정도 구매하여 정독하였다. 그리고 세종시를 여러 번 왔다 갔다 하면서 느낀 점을 차근차근 생각해보았다.

재산증식은 정말 어렵다. 투자와 투기는 차이점이 있다. 투자는 자신의 돈을 수익이 예상되는 곳에 인풋하여 일정액의 수익을 창출하는 정당하고 값어치 있는 생산활동이다. 투자는 불로소득이 아니라 근로 소득이다. 투자를 제대로 하려면 발품을 팔고 지식을 얻어야 하며 세상의 변화 흐름을 빨리 읽고 대응해야 한다. 그런 의미에서 본다면 투자에는 크게 2가지 방법이 있다고 생각한다.

첫째는 일종의 박리다매라고 할 수 있는 '수도꼭지 이론 투자'이다. 친구가 주장하는 방식이다. 다양한 곳에 소액으로 투자하는 것이다. 고이자의 적금, 이를테면 군인우대 적금 또는 은행마다 시행하는 단기 고이율 적금에 가입하는 것이다. 그리고 안정되고 증명된 펀드 투자방법도 있다. 이 역시 많은 금액을 한 곳에 투자하는 것이 아니라 다양한 곳에 소액 투자를 분할하여 실시하는 것이다. 이런 식으로 하다 보면 리스크의 위험은 줄어든다. 여러 개의 통장과 수익처가 있기 때문에 어느 한 곳에서 마이너스가 발생하더라도 전체적으로는 일정액의 수익 창출이 가능하다. 대신 투자와 적금 대상이 많기 때문에 관리 소요가 많은 것이 단점이다. 또한, 비교적 단기간 내에 목돈의 수입을 가져오는 것은 사실상 불가능하다는 단점이 있다.

　두 번째는 '정조준 투자'이다. 정보와 발품을 통해 수익을 낼 수 있는 투자 대상을 찾는 것이다. 토지, 아파트, 상가 등의 부동산이 주 대상이다. 처음에 정말 순진한 생각을 할 때에는 가까운 부동산에 가서 "돈이 좀 있는데 수익을 올릴 수 있는 아파트 한 채만 소개해 주십시오." 하면 해결될 것이라는 생각을 했다. 몇몇 부동산에 가봤지만 "이 아파트는 별로 수익 없어요."라고 말하는 것을 들어본 적은 거의 없다. 무조건 오른다고 한다. 2~3년 안에 1억은 기본이다. 결론은 내가 스스로 공부를 해야 한다는 것이다. 나도 아직 매일경제 신문을 볼 정도로 지식을 쌓고 있는 수준은 아니다. 그러나 몇 권의 부동산 전문서적을 봤을 때 투자대상의 정석이라는 것은 있다. 저렴이 아닌 저평가된 지역인지 여부, 교통, 예정된 호재, 생활편의시설, 학교, 리스크 등[10] 공통적으로 말하는 아파트 구매 대상이 있다는 것이다.

　정말 말하기에 부끄러울 정도의 투자정보 또는 경제 지식을 언급했다. 내가 말하고 싶은 것은 투자에 대한 정보가 아니라 돈은 대기권의 공기라는 것이다. 인생을 살면서 돈에 무관심할 수는 없다. 과유불급이라고 했듯이 지나치게 물질적인 것에만 집착하는 것도 옳지 않다. 그러나 돈은 필요한 것이고, 정당하고 합법적인 투자를 통해서 쌓은 돈을 늘릴 수 있다면 적극적으로 임해야 한다. 악천후가 되면 집에 있는 것이 상책이다. 날씨가 더우면 에어컨을 켜고, 추우면 난방을 틀고 집에 있으면 된다. 그러

---

10 이지영 지음, 다산, 2017년, 『엄마의 첫 부동산 공부』, 152쪽

나 그만큼 나의 행동의 폭은 좁아진다. 대기권의 바람에 상관없이 언제든 출타할 수 있는 든든한 바람막이 옷을 준비하는 것이 필요하다. 바람막이 옷은 땀은 배출하고 춥지도 덥지도 않은 안정된 상태를 유지해 준다. 고기능 고어텍스 돈을 준비해서 나쁠 것은 없다.

인제는(이제는) '스피드'다

강원도로 발령이 났다. 괴산에서 친한 동료를 만나서 하루를 잤다. 하루에 가기에는 너무나 먼 거리였다. 작은 소형차에 개인 짐을 가득 싣고 가는데 때마침 내린 비는 나의 모닝 자동차를 시속 80km 이상으로 달리지 못하게 하였다. 그래도 모닝은 나를 안전하게 부임지로 데려다 주었다. 작지만 기특한 애마이다.

어렸을 때부터 나는 자동차에 관심이 많았다. 지금도 새로운 차를 보면 눈이 간다. 그리고 나는 지난달에도 자동차 관련 잡지를 구매했다. 이제껏 타지 못했던 새로운 차를 직접 타보거나 보는 것은 내 가슴을 설레게 한다. 몇 년 전에는 혼자서 일산 킨텍스 자동차 전시회를 찾아갔다. 분명 내 가슴속에는 400마력 엔진의 자동차가 가슴을 뛰게 하고 있다. 지금까지는 좋은 차를 보는 것만으로 만족했다. 그러나 이제 직접 타봐야겠다는 생각이 많이 든다. 값비싼 자동차를 타보겠다는 생각도 있다. 그러나 정말 나의 마음을 흔드는 것, 나를 설레게 하는 것은 카레이서가 되는 것이다.

강원도 부대에 도착했을 즈음 눈에 들어오는 이정표가 있었다.
'인제 스피디움 15km'
내가 부대에 도착한 시기는 평창동계올림픽이 막 종료가 되고 난 이후였다. 그래서일까, 나는 스피디움을 스케이트장으로 생각했다. 다음에 아이들이 현리에 놀러 오면 같이 가야겠다는 생각을 했었다. 며칠 후 나는 동료에게 스피디움 이용료를 물어보았다.

"이용료가 얼마야?"
"한 시간에 10만 원 한다고 하던데…잘 모르겠어."

올림픽 때문에 물가가 올랐다고 들었지만, 스케이트 한 시간 타는 데 10만 원이라니 이건 아니다라는 생각이 들었다.

"무슨 스케이트 한 시간에 10만 원이야? 잠실 롯데월드보다 좋아?"
"스피디움은 자동차 경주장인데…."

섣부른 나의 판단을 후회함과 동시에 나는 주말에 바로 스피디움을 찾았다. 워라밸, 어떻게 인생을 살 건인가 등을 고민하던 나에게 스피디움은 신선함이었다. 카레이서를 꿈꿔 왔던 터라 나는 운명이라 생각했다. 스피디움은 부대에서 겨우 25분 거리에 있었다. 내가 처음 스피디움을 찾은 일요일에는 자동차 경주는 없었고 오토바이 경주가 진행되었다. TV나 스마트폰으로만 봐왔던 그 윙윙거림과 날쌘 움직임을 모습을 눈앞에서 직접 볼 수 있었다. 그리 놀랍지는 않았다. 놀랄 나이는 지났다. 놀랍다면 나는 아마도 그냥 동경하는 데 생각이 머물렀을지도 모른다. 나는 직접 한 번 해봐야겠다는 생각이 들었다. 저 정도의 스피드면 나도 한 번 해볼 수 있겠다는 생각이 들었다.

일주일 후 나는 다시 스피디움을 찾았다. '인제 스피디움 풀악셀 데이'라는 문구가 걸려있었다. 시간이 부족해서 충분히 관람하지는 못했다. 그런데 생각보다 차종이 좋은 것들은 아니었다. 그냥 고만고만한 차를 튜닝한 차들이었다. 오히려 이것이 나의 욕망을 더욱 자극했다. 나도 할 수 있겠다는 생각이 좀 더 가까이 다가왔다.

경주에 참가한 사람들은 행복해 보였다. 경기 시작 전 포토 타임에 사진을 찍었다. 잔뜩 폼을 낸 자신의 차 앞에서 레이싱 모델과 같이 사진 플래시 앞에 나란히 선다. 그리고 한데 모여 단체 사진을 찍고 '파이팅'을 외친다. 각 지역에서 모인 사람들이 그들 세계에서만 통하는 나름대로의 룰과 에티켓을 지켜가며 일사불란하게 움직이는 모습이었다. TV에서 보는 것처럼 화려하지는 않았다. 그러나 경주에 참석하는 그들의 얼굴은 진지했다. 다소 과장된 튜닝이 언밸런스하게 보이는 차도 있었다. 그러나 차주에게 그 차는 하나밖에 없는 소중한 애마임을 느낄 수 있었다. 그동안 살면서 일반도로에서 과도하게 튜닝을 해서 다니는 차들을 보면서 품었던 의아심이 모두 풀렸다. 그들은 그들 나름대로의 자동차 세계가 있었던 것이다. 내가 길에서 봐왔던 튜닝된 차들은 오늘 참가한 차들에 비하면 유별난 것도 아니었다. 과도하게 두꺼운 타이어를 장착한 차량, 비행기같이 큰 날개를 단 차량, 불과 100m를 비행기 소리처럼 큰 소음을 내며 이동하는 차량 모두 효율성 면에서는 꽝일 수 있다. 하지만 그들에게 효율성은 큰 의미가 없다. 그들은 가슴속에 있는 날개를 피고 있는 것이다. 값비싼 차는 아니지만 자신이 튜닝한 차량을 대중들 앞에 가기고 나와서 마음껏 그 개성을 발휘하고 뽐내는 것이다. 마음껏 트랙을 움켜쥐듯 달리며 드리프트하듯 거친 굉음과 코너워크로 트랙을 휘돌아 달린다. 그들은 동호인, 매니아 아니면 욜로족을 추구하는 멋진 사람들이다.

일상의 긴장과 반복된 일과를 잠시 뒤로 하고 인제를 찾은 사람들, 그들의 얼굴에서 나는 야성을 보았다. 도시에서 느끼지 못하는 마치 짐승처럼 사납고 카리스마 넘치는 메카닉…. 엔진 소리에 집념과 열정이 가득했다. 조만간 그들 무리에 섞여 있는 나를 상상해본다.

'2,000cc 차량, 튜닝하여 350마력, 제로백 3.5초, 절묘한 코너워크, 바닥을 움켜쥐듯 달리는 제동력, 고막을 찢을듯한 마후라 굉음, 마음껏 포효하는 짐승 같은 엔진 심장 소리, 미쉐린 광폭 타이어, 더는 빠를 수 없는 9단 수동기어, 상하의 가죽 점퍼와 바지에 각종 광고 문구로 가득한 헬멧, 골프연습 장갑같이 구겨지고 때가 탄 가죽 장갑…. 대담한 직진성과 파고드는 코너워크로 상대방을 뒤쫓는 검정과 주황색이 뒤엉킨 차량 외부…. 나는 이 차를 타고 트랙을 마음껏 휘젓는다. 저녁 무렵 아쉬움을 뒤로하고 서울 집으로 가는 고속도로에 몸을 싣는다.'

언젠가 이루어질 나의 모습을 꿈꿔본다.

제6장

세상과 마주하는 '불혹'

— 현실문제 적용

진정한 화해는 평화를, 위장된 화해는 공존을

"아빠, 엄마가 밥 먹으래."

"안 먹는다고 해, 라면 끓여달라고 전해."

"아빠가 끓여 먹으래."

"라면만 식탁에다 올려놓으라고 해."

부부싸움을 한 저녁, 저녁 식사를 앞둔 집안의 모습이다. 아내와 나는 직접 대화를 하지 않고 막내딸을 통한다. 멀리 떨어져 있어서 그런 것도 아니다. 직접 말하기가 싫어서다. 거북해서다. 낮에 전화했는데 왜 안 받느냐는 나의 핀잔에서 부부싸움은 시작되었다. 어떻게 늘 전화를 받을 수 있느냐는 것이 아내의 논리다. 급한 일이 있을 수 있으니 전화만큼은 꼭 대기해 달라는 것은 나의 논리다. 이 문제로 또다시 아내와 나는 감정의 마지노선을 넘어 버렸다. 어느 한쪽도 아직까지 서로의 입장과 주장 논리를 굽히지 않았다. 이번에도 마찬가지다. 어제저녁 다툰 이후로 여태까지 우리 내외는 말을 섞지 않았다. 아직 서운한 감정이 남아 있고, 서로의 입장을 이해 못하는 서로가 아쉽다. 이 문제로 몇 년에 걸쳐 몇 번 싸웠고 우리는 서로 양보하지 않았다. 어쨌든 어제저녁부터 며칠 동안 나와 아내는 '정전' 상태다. 이 상황에서 어느 한쪽이라도 서로의 감정을 건드리거나 자신의 주장을 일방적으로 관철하려 노력한다면 다시 싸움은 일어날 것이다. 지난 경험을 돌이켜봤을 때 명약관화하다.

며칠이 지나면 우리는 서로 화해를 하게 될 가능성이 크다. 내가 늘 미안했다는 말을 먼저 건넨 것 같다. 그 미안함이란 내가 잘못 생각했다라고 인정하는 것이 아니다. 다만 부부싸움으로 갈등이 길어질 경우 내 생활이 불편해지고, 아이들 교육상 그냥 미안하다고 사과 아닌 사과를 하는 것이다. 그리고 분명한 것은 나의 전화대기에 대한 생각은 여전히 변함이 없다는 것이다. 나는 단지 다툼 간에 언성을 높인 것에 대하여 사과하는 것이다. 정전 이후에 찾아온 '화해'이다. 그래서 화해는 두 가지로 나뉜다. 과거에 문제가 되었던 것에 대한 진정한 반성에서 나오는 '진정한 화해'와 일시적으로 그 상황을 모면 또는 피하기 위한 '위장된 화해'이다. '진정한 화해' 이후에 기대할 수 있는 것은 '평화'이다. 전쟁, 분쟁 또는 일체의 갈등이 없이 평온한 상태이다. '가장된 화해' 이후에 찾아오는 것은 실익추구이다. 상대방이 다음에 어떻게 나올 것인지를 자세히 관찰해야 한다. 그리고 상대방보다 먼저 앞서 대응해야 한다. 굳이 그 상태를 명하자면 '공존'이다.

정전 이후의 상태는 화해이고, 다시 화해는 질적 분류에 따라 평화 또는 공존의 시대를 가져온다. 우리 집에 공존 아닌 평화가 오려면 아내와 나는 생각과 가치관의 접점을 찾아야만 한다.

"집안 살림을 하는 아내는 직장을 다니는 남편의 예기치 못한 급한 연락을 위해 항시 전화대기를 해야 한다."

"집에서 살림하는 여자도 나름 스케줄이 있고 하는 일이 있기 때문에 때론 전화대기를 하지 못할 수 있다."

분명 서로 다른 가치관과 이념을 가지고 있다. '직장', '급한 용무', '남편', '아내', '가정일' 등의 용어에 대한 관점의 일치가 필요하다. 각각의 단어에 대한 개념정립과 서로 조율된 생각을 하지 못하면 생각의 충돌이 일어난다. 나와 아내가 조금씩 양보한다든지 아니면 둘 중의 한 명이 자기 신념을 포기해야 한다. 아내와 나는 마흔셋 동갑이다. 나름 살만큼 인생을 살았다. 둘 중 한 명이 생각을 포기한다는 것은 쉽지 않다. 17년째 이 문제를 서로 양보하지 않은 것만 봐도 알 수 있다. 적당한 선상에서 조율이 필요하다. 서로가 공감할 수 있는 접점이 필요하다. 상대방이 서로 중요시하는 지킬 것은 지켜주면서 서로 양보해야 한다. 내가 나름 내린 조율안은 이렇다. "아내는 항시 전화 대기를 하지 않는다. 그러나 최소 30분에 한 번씩은 부재중 전화를 확인한다." 또는 "아내는 남편의 직장 일정을 대략 파악하고 중요한 일이 있을 것으로 예상될 때에는 전화기를 수중에서 가까운 곳에 보관한다." 이런 중재안을 아내에게 제시해 볼 생각이다. 아내가 받아들인다면 나는 진정한 화해를 고민할 것이다. 그렇다면 우리 집에 다시 평화가 찾아올 것이다.

반대로 나의 중재안이 받아들여지지 않는다면 위장된 화해의 상태가 계속될 것이다. 평화가 아닌 '공존'의 상태이다. 결국, 평화냐 공존이냐 하는 것은 어떤 중재안을 만드느냐에 따라 판가름나게 되어 있다.

술 마시러 갈 사람?

"자 다들 이번 행사 준비하느라 고생이 많았어, 오늘 과장이 쏠 테니 다 같이 술 한잔하러 갑시다. 혹시 참석 못 하는 사람 있나?"

"자 다들 이번 행사 준비하느라 고생이 많았어. 다들 고생했는데 오늘 술 한잔하러 갈 사람?"

위 두 가지 질문은 언뜻 보면 비슷한 의미가 있다. 과장이 행사를 준비한다고 고생했다고 격려를 하려 한다. 그런데 윗문장은 이미 과장이 술자리를 준비하겠으니 웬만하면 다들 참석하라는 의도가 내포되어 있다. 갑작스럽게 생긴 저녁 약속에 과원들은 다소 어리둥절할 것이다. 개인적인 스케줄을 이미 잡아놓은 사람들도 있을 것이다. 그런데 과장이 의지를 갖고 회식을 할 것을 권고하고 있다. 약속이 있는 사람은 그렇다고 선뜻 거절하기도 어렵다. 참석하겠다고 흔쾌히 동의 의사를 밝히지도 않는다. 이생각 저 생각에 그저 가만히 있는다. 회의에 참석한 사람들은 서로 눈치를 본다. 그러다가 결국 한두 사람만 제외하고 저녁 회식에 참석하게 된다. 수고를 한 과원들을 과장이 위로해준다는데, 더구나 술도 사준다는데 참석 안 할 이유가 뭐가 있는가?

성(性) 인지력(남녀평등)

여자와 남자는 다르다. 생리적으로 다르다. 남자는 근육이 많아 힘이 세고, 여자는 상대적으로 근육량이 적어 힘이 약하다. 과거에는 수렵 행위에 의해 의식주를 해결했다. 근육이 크고 힘이 센 남성이 주로 사냥을 했다. 사냥을 통해 잡은 동물은 여성이 요리를 했다. 요리도 중요하지만, 사냥이 더 중요한 비중을 차지했다. 그래서 남자가 여자보다 우월한 위치에 있었다. 남자도 여자도 그것을 당연시했다. 주된 일이 사냥이었고 인체의 구조로 인해 사냥을 남자가 더 잘할 수 있었고 그래서 남자가 우위를 차지했다.

세월이 흘렀다. 이제는 수렵 행위를 하는 사람은 극히 일부분이다. 사람의 의식주 해결은 수렵 행위에 의해서만 이루어지지 않는다. 의식주 해결은 돈을 통해 해결된다. 그런데 돈을 버는 수단은 다양해졌다. 돈을 버는 행위를 직업이라고 할 수 있다. 직업 중에는 남자가 더 잘하는 것도 있고 여자가 잘하는 것도 있다. 따라서 여자가 남자보다 돈을 더 잘 버는 경우도 있다. 이제 남자가 여자보다 우월한 위치를 차지하지 않는다. 여자가 남자만큼 심지어 그 이상으로 돈을 벌기 시작할 때부터 '남녀평등'을 요구하는 말은 사라지기 시작했다. 과거 수렵 행위를 하던 때는 남성이 여성보다 중요한 역할을 했지만 중요한 역할을 한다고 해서 상대적으로 덜 중요한 역할을 하는 여성보다 권리를 더 갖는다는 것은 불합리한 것이었다. 그런 불합리한 것이 오래 지속되었다. 그래서 남녀평등을 요구하였다. 우월에 대한 인정이냐 인간 앞에 동등이냐 그 사이에서 고민하던 인류는 남녀평등을 외쳤다. 그러나 사회는 돈이라는 물질 앞에서 남녀의 우월을 없앴고 자연스럽게 남녀의 평등문제는 더는 세간에 오르지 않는 문제가 되었다. 양성평등 이해력은 남성과 여성이 같다고 여기는 것이 아니다. 남자와 여자가 잘할 수 있는 일은 분명히 다르다는 것을 인식하는 것이다. 생체학적으로 분석해 봤을 때 남자와 여자는 다르다. 그 신체적 차이점에 비롯되는 남성과 여성의 차이점을 인정하는 것이 양성평등 이해력이다. 잘할 수 있는 일은 다르되 남성만 할 수 있는 일은 따로 정해져 있지 않다. 어떤 일이든 남성과 여성은 다 같이 할 수 있다. 남성 또는 여성에게만 어떤 일을 할 수 있는 권한이 주어져서는 안 된다. 그것은 남녀평등에서 벗어나는 행위이다.

힘 대신 위계

돈이라는 물질 앞에 남녀는 평등함이라는 공정성을 되찾았다. 과거에는 남자만 할 수 있는 일로 남성 우월주의라는 이름을 내걸고 여성을 압도하려 했다. 남자니까, 남자라서 여성에게 시킬 수 있는 일이 있다고 생각했다. 그런데 더는 '남자'가 '여자'보다 우월한 존재라는 인식이 사라지자 이제는 '위계'라는 새로운 단어가 등장했다. 'Me too' 운동은 이러한 위계에 의한 상위의 남성이 하위의 여성에게 강요 아닌 강요를 함에 따라 발생한 범세계적, 범사회적 운동이다. 남성이 여성을 자기 의지대로 하려고 함을 '계급과 직책의 상위'의 힘을 빌려 행하려 하기 때문에 발생한 것이다. 남성이 여성을 힘으로 압도할 수 없고, 우월성에서 압도할 수 없는 시대가 왔다. 그런데 남자는 남자의 성적 욕구 등을 위해 여성을 다루어야 했고 이러한 의지를 상대방에게 투사하고자 '위계'라는 방법을 동원하게 된 것이다.

완전한 자기의사 결정권 보장

위계에 위한 정당한 지시냐, 위계를 빌미삼은 불합리한 지시냐는 구분이 모호할 경우가 있다. 특히, 업무시간 아닌 시간에 발생하는 일들은 더욱 판단이 어려울 때가 많다. 회식을 업무시간이냐 아니냐로 구분하기도 쉽지 않다. 업무의 연장선이라고 보는 사람도 있기 때문이다. 결국, 위계를 이용한 지시의 정당성 여부는 하급자의 의사 반영 여부에 의해 좌우될 가능성이 높아진다. 그런데 우리는 어떤 일을 함에 있어 하급 지위자의 의사가 분명히 반영된 것인지를 분명히 해야 한다. "다 같이 회식하러 갑시다, 혹시 참석 못 할 사람 있나?"라고 물어보는 것은 하급 지위자의 의사를 충분히 반영시키지 못하는 주체자의 의지가 십분 반영된 질문이다. 여기에는 분명 '웬만하면 다 같이 참석하자.'는 주체자의 의도가 담겨 있다는 것이다. 이것은 위계에 의한 불합리한 지시로 비추어질 가능성이 농후하다. 하급 지위자에게 완전한 자발적 의사에 의한 선택의 자유가 주어지는 분위기와 환경을 만들어야 한다. 상위 계급자의 대화와 질문부터가 그러한 분위기와 환경을 만든다.

우리는 남성과 여성의 차이점조차 제대로 이해를 하지 못하는 경우가 있다. 잘못된 양성평등 이해력은 더욱이 남성과 여성에 대한 이해를 더욱 어렵게 한다. 남성과 여성의 차이점을 제대로 이해하지 못하는 사람의 위계에 의한 지시의 합리성 판단 여부는 더욱 어렵다. 이를 해결하는 가장 좋은 방법은 구체적으로 관련 사실을 나열하여 설명하는 것이다. 여성에 대한 양성평등 이해력이 부족한 사람들에게는 여성을 대할 때의 유의사항에 대하여 구체적으로 설명해 주어야 한다. 최근에 모 부장판사는 여자판사와의 행동요령을 배포했다고 한다. 잘 알지 못하고 행동할 바에야 차라리 친절히 설명해 주는 리플릿을 나누어 주는 것이 좋다고 생각한 것이다. 위계에 의한 지시의 합리성 여부도 마찬가지이다. 지위가 높은 사람에게 알아서 하라기보다는 지위가 높은 사람이 아랫사람에게 할 수 있는 일과 없는 일을 구체적으로 사례를 들면서 설명해 줄 필요가 있다.

1. 일과 시간 이후의 호출은 지양해야 하며, 부득이할 경우 시간을 최소화하고 보상방안을 강구할 것.
2. 회식은 며칠 전부터 사전에 통보하고 번개 약속과 같은 우발적 식사약속은 지양할 것.
3. 주말 또는 일과 이후의 동아리 활동, 운동은 하위 직위자를 일방적으로 호출해서는 안 되며 회원제로 운영할 것.
4. 회식과 술자리, 개인적인 만남 등은 '~하자. 가능하지?'라고 묻지 말고 '~할 사람?'처럼 주체자의 의도를 생략한 채 하위자의 완전한 '자기의사 결정권'을 반영할 것.

등이 될 수 있다.

남성이 여성을 앞섰던 시대가 있었다. 사냥이라는 어렵고 중요한 일을 남성이 했기 때문이다. 사냥만큼이나 요리도 중요하다는 생각이 있었다면 당초 남녀평등이라는 문제는 제기되지 않았을 런지도 모른다. 사냥이 요리보다 중요하다는 생각은 남성의 사회적 우위를 가져왔고 이는 남녀평등이라는 요구를 직면하게 하였다. 물질이 돈으로 바뀌면서 남녀 간의 사회적인 지휘는 동일해졌다. 그러나 남성의 일부는 여전히 과거와 같이 '여성 위에' 있기를 희망했다. 희망과 현실의 차이에서 '위계'라는 수단을 동원했다. 그러나 남성의 힘 우월주의가 '남녀평등' 요구에 의해 서서히 막을 내렸듯이 위계는 'Me too' 운동과 같은 사회적 운동에 의해 그 끝을 맞이하고 있다.

'힘'과 '위계'로 남성이 여성보다 우위에 있음을, 아니 여성보다 우위에 있을 수 있다는 착각을 없애야 한다. 그러기 위해서는 다양한 방법을 동원해야 한다. 남성이 여성을 대하는 데 있어서 할 수 있는 것과 없는 것을 선별해 주어야 한다. 여성이 충분히 자기 의사를 결정할 수 있는 여건을 마련하고 보장해 주어야 한다. 남성은 여성에게 울타리를 칠 것이 아니라 이 시대에 부합하는 여성을 대하는 방법을 배워야 한다.

여성이 오랜 기간 남성을 대하는 방법을 알기 위해 노력해 온 것들에 비한다면 남성의 학습요구량은 많지 않은 편이다.

자율주행차에 몸을 맡길 준비

"요즘 애들 큰일이야, 학교에서 뭘 배우는지 몰라."

"그러게 말입니다. 정말 큰일입니다."

"가정교육은 또 어떻게 받은 거야?"

"제대로 못 받았겠죠."

"하여튼 큰일이야, 큰일…."

강남센트럴시티. 서울에서 내려가는 버스를 기다리던 중 우연히 들은 대화 내용이다. 나이가 지긋하신 어른들끼리 주고받은 이야기다. 하지만 새삼스럽지 않다. 살면서 여러 번 들었기 때문이다. 20대 때에는 이런 걱정어린 얘기를 들으면 걱정이 많이 되었다. '이러다 우리 사회가 병들고 정말 어떻게 되는 것은 아닌지, 이런 젊은 세대들이 이끄는 미래가 다가오면 우리 사회는 소위 '폭망'하게 되는 것은 아닌지? 말세가 오는 건가?' 하는 생각이 들었던 것이 사실이다. 그런데 지금은 생각이 많이 바뀌었다. 사회는 쉽게 병들지 않는다. 젊은이들은 늘 기성세대의 걱정거리였다. 나 역시 어른들의 걱정거리였다. 평균을 낼 수는 없지만 약 30년간의 터울을 두고 세대 간의 간격이 생기는 것 같다. 그 터울에서 걱정들을 많이 한다. 50대는 20대를 걱정하는 것이다. 그러나 현실은 우리가 우려하는 만큼 비관적이지 않다. 과거의 걱정거리들이 사실로 이어졌다면 지금 우리 사회는 이렇게 건강하게 존재하지 못했을 것이다.

환경을 먹고 자라는 젊은 세대

인간은 태어나서 부모를 만난다. 부모의 영향을 받고 자란다. 조금 성장해서는 학교 교육을 받는다. 그리고 선생님과 친구들의 영향을 받는다. 그러나 비단 가정과 학교 교육만으로 학생이 성장하지는 않는다. 오히려 이러한 것들보다는 학생에게 영향을 끼치는 것은 시대의 환경이다. 환경적 요인에는 여러 가지가 있다. 사회적인 분위기, 국가의 수준, 사회의 정의 구현 정도가 가치관 형성에 영향을 미칠 수 있다. 그리고 주변에 있는 과학기술은 살아가는 방식에 영향을 미친다. 문화로 표현되는 예술적인 미와 감각은 삶의 질적 수준과 개인의 감성에 영향을 미친다. 어쨌든 한 명의 젊은이를 학생으로 만드는 것은 사회이다. 결국, 젊은이는 사회가 키워낸 산물이다. 따라서 젊은이는 사회상을 그대로 반영한다. 대한민국의 한 젊은이는 그 자체가 대한민국을 대표한다. 따라서 젊은이의 모습이 시대에 따라 변하는 것은 당연하다. 시대에 따라 변하지 않는 것들도 물론 있다. 이를테면 인간의 본성 등은 시간이 흘러도 쉽게 변하지 않는다. 그리고 인간을 인간답게 만드는 진리들, 즉 사랑, 감정, 본능 등은 오랜 시간이 지나도록 변하지 않는다. 이러한 인간의 본질적인 모습을 제외하고는 시간과 세대의 흐름에 따라 변하는 것이 당연하다.

10세대 변화 '혼다 어코드'

인간과 비슷한 것이 자동차다. 혼다 어코드는 2018년 5월 10일부로 국내에서 10세대 모델을 시판하기 시작했다. 어코드는 1976년에 첫선을 보인 이후 세계 160개국에서 2,000만대 이상 팔린 세계적인 자동차다. 어코드는 무려 40년 이상 생산되면서 10번에 걸친 업데이트를 하였다. 자동차는 통상적으로 그 시대의 첨단 기술을 집약적으로 함축하고 있다. 40년 이상 생산된 어코드는 일본의 40년 된 과학기술을 그대로 반영하고 있다. 일본의 1976년부터의 과학기술은 혼다 어코드의 열 번에 걸친 모델 체인지를 통해서 알 수 있다. 어코드에도 오랫동안 변화하지 않는 것은 있다. 자동차로써 사람을 태워 나른다는 것, 이동 수단이라는 것은 변하지 않는다. 그러나 상당 부분은 눈에 띄게 바뀌었다. 과거와 다르게 요즘은 세대 수의 변화에 따른 그 변화하는 내용도 많다. 휘발유와 같은 연료를 넣어야 한다는 절대불변의 법칙이라고 여겼던 것마저도 변화하고 있다. 이제는 전기, 수소로도 자동차는 달리고 있으니 말이다.

사람과 어코드의 비슷한 점

사람을 어코드 차량에 비유한다는 것은 다소 억지스러울 수 있으나 그렇지만도 않다. 사람과 어코드는 여러모로 비슷하다. 둘 다 그 시대를 반영한다. 시대의 환경이 사람을 만들고, 그 시대의 과학이 어코드를 만든다. 따라서 사람과 어코드는 그 시대를 반영한다. 사람과 시대는 지속적으로 변화한다. 변화의 모습은 대부분 발전적이고 첨단과학적이다. 문명의 이기와 과학기술의 혜택을 최대한 받으며 변화한다.

10세대 어코드를 타려면

오늘 시판된 10세대 어코드를 타보지는 못했다. 광고를 통해 간접적으로나마 지식을 얻게 되었다. 그러나 객관적인 사실만으로도 상당한 편의 장치가 장착되어 있다는 것을 알 수 있다. LED 헤드램프, LED 리어램프, 조수석 4방향 파워 시트, 256마력, 10단 자동변속기, 헤드업 디스플레이 등의 기술이 접목되었다. 또한, 차선 유지 보조 시스템, 도로이탈경감시스템과 같이 운전자가 의도치 않게 졸음 등으로 차선을 이탈하게 되면 이를 감지하고 자동으로 원래 자리로 복귀하는 적극적 편의 장치도 설치되어 있다.

어코드의 눈에 띄는 기술 중 하나는 크루즈 컨트롤이다. 어코드의 크루즈 기능은 미국에 어코드를 알린 기술이다. 물론 어코드가 처음 개발한 것은 아니지만 크루즈 기능을 널리 보급하는 데 일조하였다. 크루즈 기능은 운전자가 일정 속도로 세팅을 하면 자동차가 액셀을 밟지 않아도 지속적으로 정해진 속도로 달리는 기술이다. 장거리 운전 시 운전자의 피로도를 해소해 준다. 일정속도를 유지함에 따라 경제적인 운전을 하는 것에도 도움이 된다. 그런데 고속도로 등에서 크루즈를 적용하다 보면 앞차로 인해 크루즈 기능을 수시로 해제하고 다시 재시작해야 하는 번거로움이 생겼다. 그래서 요즈음에는 '어댑티브 크루즈 컨트롤' 기능이 새로 생겼다. 일정속도를 유지한 가운데 앞차와의 간격을 세팅한 거리대로 유지하는 것이다. 간격 유지를 위한 속도의 증감은 자동차가 알아서 한다. 크루즈 기능과 어댑티브 크루즈 기능은 운전 중 선택하는 사항이다. 중령 지휘관리과정 중 대전에서 서울로 복귀하는 길에 동료의 차를 잠시 운전한 적이 있다. 좀 과장해서 표현하면 정신이 사나워서 운전하기가 힘들었다. 옆 라인의 차가 접근해도 경보음, 차선을 이탈해도 경보음, 뭔가 산만했다. 시끄럽다. 차가 말이 많다. 그만큼 지금의 차들은 다양한 첨단기술이 많이 포함되어 있다. 나는 집에 복귀해서 내 차로 갈아탔다. 조용했다. 편안했다. 그런데 왠지 허전했다. 10세대 어코드를 제대로 타려면 어코드가 가지고 있는 첨단 사양들을 이해해야 한다. 첨단 기술 중에는 LED 램프처럼 운전자의 선택 의지와 상관없이 기능을 발휘하는 것들이 있다. 반면 크루즈 컨트롤은 운전자가 선택해야 하는 기능이다. 사용 방법을 모르면 고가의 첨단 사양은 무용지물이 된다. 혼다 어코드를 단순히 잘 달리는 차라고만 표현한다면 그 차를 제대로 이해하지 못한 것이다. 어코드는 잘 달리기도 하지만 첨단기술이 적용되어 운전자 수고를 줄여주는 차량이다.

2018년식 젊은 세대를 타려면

2018년 오늘날 우리가 젊은이들을 이해하려면 우리는 그들을 알아야 한다. 어코드의 크루즈 기능을 모르면 사용할 수 없듯이 우리는 젊은 세대들을 모르면 그들과 함께하기 어렵다. 그들이 갖고 있는 첨단 사양을 배워야 한다. 사용하려고 노력해야 한다. 그것은 옵션이 아니고 필수다. 젊은 세대의 특성을 이해하고 배우려 하지 않는 것은 어코드의 크루즈 기능을 애써 배제한 채 운전을 하는 것과 다름없다. 크루즈 기능을 사용하지 않더라도 목적지까지 갈 수는 있다. 그러나 첨단 기술과 우수한 장치들이 낭비된다. 그렇다면 젊은 세대들이 어떠한 첨단사양을 가지고 있는지 파악을 하기는 쉬운가? 어렵게 생각될 수도 있다. 그러나 필자는 서두에서 사람과 자동차는 그 시대를 반영한다고 했다. 이 시대의 제일 첨단 기술은 이 시대의 젊은이를 반영한다. 사람들은 이러한 경향을 그대로 반영하여 젊은 세대를 호칭한다. 이를테면 요즈음 세대를 'M 세대'라 일컫는다. Mobile의 M이다. 쉽게 말해 '스마트폰 세대'라는 것이다. 그렇다면 스마트폰의 특징을 나열해보자.

1. 혼자서도 시간을 충분히 소비할 수 있게 한다.
2. 집안에서 앉아서 대부분을 해결할 수 있게 한다.
3. SNS를 통해 타인과 밀접한 관계를 유지한다.
4. 빠른 충전이 요구된다. 다양한 기능과 옵션을 가지고 있다.
5. 누구에게나 무슨 말이든 쉽게 할 수 있다.

위와 같은 스마트폰의 특징을 신세대들은 그대로 반영한다. 혼자 있는 시간이 많되, SNS를 통해 사람들과 교류한다. 핸드폰의 빠른 충전이 요구되듯이 젊은 세대들은 급하고 참을성이 충분하지 못하다. 누구에게도 자신의 의사를 쉽게 표현할 수 있다. 지금의 젊은 세대들과 함께하려면 지금의 최첨단 기술을 이해하고 그를 바탕으로 그들의 특징을 이해해야 한다.

자율주행차가 다가온다

혼다 어코드의 가까운 미래는 자율주행차이다. 자율주행차 시대가 오면 우리는 운전석에서 두 손과 두 발을 놔두고 자동차에 그대로 몸을 맡겨야 한다. 간간이 들려오는 자율주행소식과 미래에 대한 상상은 다소 두렵다. 과연 두 손과 두 발을 놔두고 앉아있을 수 있을까 하는 생각이 든다. 하지만 우리의 과학기술은 머지않아 완전한 자율주행의 시대를 가져올 것이다. 나는 분명 자율주행 기능 버튼을 누르고 편안히 누워 자면서 목적지로의 도착을 기다리고 있을 것이다. 그리고 그때에는 또다시 그 시대의 젊은이들과 함께하려는 새로운 노력을 기울여야 한다. 자율주행이 가능한 최첨단 과학기술의 사회의 모습은 새로운 모습의 젊은이들을 만들 것이다. 모든 것이 저절로다. 로봇기술이 사람을 대신한다. 인공지능이 사람의 생각과 판단마저도 대신한다. 가상현실 속에서 젊은이들은 현실과 가상을 오가고 있지 않을까? 대부분의 것들이 기술에 의해 저절로 이루어지기 때문에 고민과 고생이 많지 않을 것이다. 생각이 곧 현실로 이루어지기 때문에 상상의 나래를 펼치는 젊은이들이 많아질 것 같다. 사람과 사람이 만나지 않고도 모든 것을 해결할 수 있다. 그래서 젊은이들은 지금보다도 더 개인주의적으로 변화할 수 있다.

자율주행차 시대가 다가오면 우리는 그에 익숙해져야 한다. 또 자율주행차 시대의 젊은이들에게도 적응해야 한다. 상대가 나에게 익숙하지 않다 해서 저평가하는 것은 나의 잘못이다. 자율주행차에 편안히 몸을 맡길 준비가 되어 있어야 한다. 또 그 시대의 젊은이에게 나를 맡길 준비를 해야 한다. 새로운 변화에 적응하는 것은 선택이 아닌 필수사항이다.

여론과 소수의견 관리

"여보! 신문 좀 그만 보세요! 어디 좀 바람이나 쐬러 갑시다!"

"얼마나 봤다구 그래, 알았어!"

20여 년 전 아버지와 어머니 그리고 형과 나 이렇게 넷이서 살고 있을 때 휴일 종일 신문을 보시는 아버지에게 어머니가 푸념 섞인 불만을 토로하던 때가 기억난다.

"자기야 핸드폰 좀 그만해! 뭘 그렇게 똑같은 걸 자꾸 봐?"

"신문 대신 핸드폰을 보는 거야, 신문 본다고 생각해!"

20년이 흐른 지금 아내와 내가 주고받았던 대화이다. 적어도 핸드폰을 통해 세상 사는 이야기와 정보를 취합하는 사람에게 핸드폰을 많이 본다고 해서는 안 된다. 과거로 따지면 신문을 읽는 것이다. 물론 신문이나 핸드폰이나 지나친 시간을 할애하여 타인과의 삶에 지장을 주지는 않는 것은 기본 전제로 한 얘기다.

사람은 기본적으로 앎에 대한 욕구가 있다. 주변인 그리고 내가 속한 사회, 그리고 국가와 세계에 대해 알고 싶어 한다. 세상에 대한 지식을 얻는 것은 권리이자 의무이다. 요즘 같은 정보화시대에 정보에 둔감하거나 정보를 받아들이기를 거부한다면 살기가 어렵다.

오늘날의 지식과 정보는 대부분 스마트폰을 통해서 얻는다. 90% 이상은 스마트폰에서 정보를 얻는 시대다. 스마트폰에서 뉴스 관련 정보를 실시간대 받아볼 수 있다. 그런데 흥미로운 점은 스마트폰을 통해서 뉴스 관련 기사를 읽고 나서 댓글을 항상 보게 된다는 것이다. 적게는 몇 개, 많게는 수천 개의 댓글이 달린다. 수천 개의 댓글을 다 읽지는 않는다. 투표에서 출구조사를 하듯 댓글도 몇 개만 보면 전체적인 댓글의 내용을 미루어 짐작할 수 있다. 최근에 고속버스를 타기 전 편의점에서 신문을 사서 버스에 탑승한 적이 있다. 차 안에서 신문을 읽을 때 과거 수년 전에 느꼈던 그런 지문화된 정보를 차근차근 읽어 내려가는 재미를 느낄 것으로 기대했다. 그런데 이상하게도 신문의 각 단락을 읽을 때마다 뭔가 허전했다. 그렇다. 댓글이 없다. '이 기사에 관련된 사람들의 의견은 뭘까?' 나는 이 기사를 읽고 이런 생각이 드는데 다른 사람들은 어떻게 생각할까 하는 궁금증이 들었다. 물론 핸드폰에 실린 기사의 댓글이 일부 악플러에 의한 욕설이라든지 헐뜯는 내용으로 채워지는 경우도 있지만 나는 그러한 댓글조차도 궁금했다. 어떤 팩트에 대한 사람들의 생각은 무엇일까? 이것은 단순한 호기심을 넘어서 받아들이고 흡수해야 할 할 제2의 정보가 되어 버렸다.

댓글의 힘은 의외로 세게 느껴진다. 처음에는 잘 몰랐다. 댓글이 얼마나 중요한 영향을 미치는지를. 그러나 핸드폰을 통해 지식과 댓글을 연이어 보는 활동을 지속하다 보니 나도 모르게 생기는 무의식의 영역을 발견하였다. 예를 들어 기사 내용이 잘 정리되어 있고 객관적으로 논리적으로 잘 쓰였다고 생각했지만, 댓글이 내용이 혹평이 나오면 나조차도 생각이 바뀌어버린다. '아 그런 거였어? 이 사람 그런 사람이었어?' 하는 생각이 든다. 댓글의 진위는 즉시 확인할 수 없지만 몇몇 사람들이 공통적인 댓글을 작성하면 본문의 내용마저도 왜곡되어 버린다. 여론은 일반적으로 개인이나 사회에 대한 의견 중에서 여러 사람의 지지를 받고 있다고 인정되는 공통된 의견, 세론, 국론이다. 핸드폰 기사에 실린 글에 대한 댓글이 여론이 되어 버리는 것이다. 핸드폰을 보는 사람은 여론조사기관에 의뢰하지 않는 한 그 댓글들을 여론이라고 믿게 되는 것이다.

분명히 댓글은 여론은 아니다. 하지만 댓글은 여론을 형성하는 하나의 수단이 될 수 있다. 적어도 지금의 시스템은 분명히 그렇다. 댓글은 관련 사실에 대한 어떤 한 사람의 지극히 개인적인 입장이다. 그러나 그것이 한 사람의 입장이라고 해서 간과해서는 안된다. 그것이 어떤 기관이나 단체의 공통적 의견, 즉 여론은 아니지만 분명히 다른 사람에게도 영향을 미칠 수 있는 파급력이 있다. 한 사람의 댓글은 그다음에 댓글을 작성하는 사람에게도 영향을 미친다. 따라서 한 사람의 댓글을 단순하게 처리해서는 안 된다.

조직을 관리하는 위치에 있다 보면 구성원들의 의견을 의도적, 또는 비의도적으로도 수렴하게 된다. 어떤 새로운 시스템에 도입에 대하여 대다수의 조직원은 찬성을 하지만(즉, 여론은 찬성이지만) 소수의 몇 사람은 반대할 수 있다. 과거에 우리는 이런 한두 사람의 의견은 민주주의체제에서 그냥 떠안고 가야 하는 소수의 의견이라고 간과하기도 했다. 하지만 지금은 다르다. 대다수의 사람이 새로 도입된 시스템을 찬성하는 여론이 형성되었어도 반대 측 입장 또한 최대한 존중해야 한다. 그들의 의견 역시 어떤 식으로든 피드백해 주어야 한다. 새로 도입된 시스템이 아무리 잘 운영되더라도 소수의 반대의견에 의해 언젠가는 멈춰 설 수가 있다. 또한, 소수의 반대 의견이 다수의 의견으로 바뀔 수도 있다. 그리하여 최초에 찬성으로 도입된 시스템은 더는 운용될 수 없는 상황에 직면하기도 한다.

민주주의가 성숙하게 정착된 국가나 사회를 보면 선거에 패배한 상대편을 선거에서 이긴 후보가 자기편으로 받아들이는 것을 어렵지 않게 볼 수 있다. 선의의 경쟁을 한 상대후보에 대한 최소한의 배려이다. 동시에 꺼진 불씨에 의한 재점화를 차단하기도 위함이다.

여론을 청취하지 않는 정책은 성공하기 어렵다. 그렇다고 여론에 휘둘려서는 올바른 판단을 내리기가 어렵다. 정책 입안자는 여론에 귀를 기울여야 한다. 다수의 공통된 의견도 여론이지만 소수의 의견도 여론의 씨가 될 수 있다. 소수의견도 곧 대중의 여론이 될 수 있다는 것이다. 여론과 소수의견의 접점을 관리하는 것, 여론과 소수 의견의 상호 흐름을 읽는 것은 정책 입안자에게 필수적이다.

SNS? SOS!

🏃

"아빠, 나도 이제 중2가 되었으니까 스마트폰 바꿔줘, 아이폰 8로 사줘!"

"좋아, 아빠가 아이폰 8을 사줄게. 그런데 그 전에 사용자 협약서를 같이 작성하고 서명을 하자."

나와 큰딸 사이에서 아이폰 8 사용에 관한 일종의 자율규칙이 정해졌다. '학교 갈 때나 외출 시에는 휴대를 허용한다. 집에서는 매일 정해진 시간에 30분 동안만 사용한다. 1회 협약을 어길 시에는 경고, 2회째에는 1주간 사용금지, 3회 위반 시에는 반영구 회수 조치'가 포함되어 있다. 큰딸이 초등학교 5학년 때 처음 스마트폰을 사주었다. 자연스레 집에서 핸드폰을 하는 시간이 늘어났다. SNS도 하고, 카톡도 하고, 게임도 하고 사진도 찍고 남들도 흔히 하는 내용이었다. 아내와 나는 내심 이런 큰딸이 못마땅했다. 책상에 앉아 있어야 하는데 핸드폰을 내내 보고 있다. 그런 찰나에 스마트폰을 바꿀 타이밍이 도래했고, 좋은 스마트폰, 딸이 원하는 스마트폰을 사주는 대신 협약을 한 것이다. 나름 전략적인 치밀한 계산이 깔려 있었던 것이었다.

큰딸의 스마트폰 사용 용도를 눈여겨보았다. 페이스북에 의외로 많은 시간과 노력을 할애한다. 아내는 주로 카톡을 많이 사용한다. 카톡방이 여러 개이다. 그리고 '지역맘'이라는 카페를 많이 사용한다. 중고물건 등을 직거래하는 방이다. 이 모든 것이 SNS이다. 우리는 스마트폰으로 사회 구성원들과 네트워크가 형성되어진다. 내가 '밴드'에 가입하면 나는 원하는 그룹에 속해진다. 좀 더 적극적인 네트워크 구축이다. '밴드'에서는 그룹에 속한 구성원들과 정보를 공유한다. 공통적인 정보를 공유하고 나의 일상을 소개하기도 한다. 나의 일상을 소개하는 것은 밴드 외에도 페이스북, 카카오스토리 등 많이 있다. 그렇다면 사람들은 왜 이런 SNS에 나의 일상을 공개하는 것일까?

첫째는 '매슬로의 욕구 5단계'로부터 기인한다. 욕구의 3단계는 소속감 요구이다. 사람은 공동체에 소속감을 느끼고 싶은 욕구가 있다는 것이다. SNS는 직접적인 만남을 통하지 않고도 이런 소속감을 느끼게 해 줄 수 있는 더할 나위 없이 좋은 수단이 되었다.

둘째는 '어떻게 살 것인가?'에 대한 해답의 일환이다. 사람마다 어떻게 살 것인가라는 질문에 대한 답은 제각기 다르다. '놀고, 일하고, 사랑하고, 연대하는 것'도 대표적인 살아가는 방법이다. 여기서 '연대한다'는 것은 일과 놀이를 함께하고 사랑을 나누는 사람들과의 관계 속에서도 구현되지만, 또한 그것을 넘어선다. 세금을 내고, 병역의 의무를 이행하고, 투표하고, 정당을 만들고, 이웃을 돕고, 시위를 하고, 유기동물을 보살피고, 아프리카 어린이의 교육을 후원하고, 멸종위기에 처한 동식물을 구하고, 온실가스 배출과 에너지 소비를 자제하는 행위들은 모두 사회에, 국가에, 인류에, 생명에, 지구 행성에 대한 귀속감을 느끼고 표현하는 일이다.[11] 사람들은 이렇게 연대하기 위해 하나의 수단으로 SNS를 사용한다.

그렇다면 사람이 소속감을 느끼고 싶어 하고, 연대하기를 원하는 이유는 무엇일까? 사회적 동물이기 때문이다. 사회 속에 내가 있어야 나는 비로소 온전한 내가 되는 것이다. 사람은 자기도 모르게 주변 사람들로부터 모니터링되고 있다. 가족과 친족, 동료들로부터 의도적이든 아니든 간에 모니터링이 되고 있다. 그들은 내가 하는 말과 행동에 대하여 코멘트를 하고 때론 잔소리를 하고 지침을 주고 타이른다. 나의 의지와는 무관하다. 그런데 나는 분명 그런 모니터링으로 인해 성숙한 인간, 유연한 사회적 동물이 되고 있다. 내가 SNS에 나의 사진을 올리는 것은 나의 근황을 알리는 것과 동시에 타인에게 모니터링을 부탁하는 것이다. 내가 올린 사진과 나의 활동이 상식 수준에서 올바르지 않거나, 나의 활동 자체가 오랫동안 게시되지 않는다면 모니터링을 하고 있는 사람들에게 나는 관심 인원이 된다.

또한, SNS 속의 나의 불완전한 모습 이를테면 걱정, 근심, 고민에 상대방은 답을 주고 구원의 손길을 내민다. SNS 속의 나의 활동 부재 역시 상대방으로 하여금 나에 대한 관심을 촉발하기도 한다.

SNS를 하지 않고 있는 사람은 인간의 욕구단계를 거부하고 보편적인 삶의 방식을 거부하는 것이다. 그런 자신은 스스로에게 SOS의 경종을 울

---

11 유시민 지음, 『어떻게 살 것인가』, 생각의 길, 2013, 61~62쪽

리고 있다. '나는 도움이 필요하다.'고 말하는 것이다.

또한, SNS 활동을 활발히 하고 있는 사람의 불완전한 SNS 내용은 타인에게 SOS 신호를 보내는 것이다. '여보세요! 나 좀 도와주세요.'라고 말하는 것과 같다. SNS는 하나의 SOS 신호가 되기에 충분하다.

에필로그

　강원도 기린면(麒麟面)에 새로이 조성하고 있는 공원에는 기린상이 있다. 기린이라는 동물은 상상의 동물이다. 머리는 용, 몸통은 사슴, 꼬리는 소, 그리고 발굽과 갈기는 말의 모습을 하고 있다. 기린은 살아있는 벌레를 밟지 않고, 살아있는 풀을 꺾지도 않으며, 걸음을 걷거나 돌아설 때에도 법도에 맞추고 놀 때에도 반드시 내달릴 곳을 정한 뒤 자리를 잡는 영험한 동물이라 한다. 『마흔 살, 불혹전략』을 마무리하는 시점에서 이 문구가 마음에 와 닿는 이유는 왜일까? 나는 이 한 권의 책을 마무리하면서 참으로 많은 것을 배울 수 있었다. 나 자신에 대한 성찰을 통해 내가 살아온 나날을 되돌아보고 반성하며 정리하는 시간을 가질 수 있었다. 마흔 살, 불혹은 저절로 유혹되지 않는다는 것인가, 아니면 유혹되지 않아야 나잇값을 한다는 것인가에 대한 해답에 잠시나마 고민을 했던 나 자신이 조금 부끄럽기도 하다. 그만큼 나는 세상의 이치와 섭리를 많이 알지 못했던 것 같다. 시간이 흐른다고 저절로 되는 것은 없다. 시간이 약이라고 하지만 정확한 표현은 시간은 아묾이다. 칼날에 베인 상처를 봉합하지 않고 그대로 두면 아물 뿐이지 치료되지 않는다. 인위적인 치료를 하지 않으면 훗날 상처는 더 큰 자국으로 남아 있게 된다. 우리가 삶에 전략적으로 적극적으로 다가서야 하는 이유이다. 전략적인 삶을 사는 데 있어서 전제되어야 할 한 가지 덕목은 '겸손'이다. 겸손해야 세상을 올바르게 볼 수 있고 타인과 연대하며 살 수 있다. 내가 추구하는 이상적인 삶은 겸손이라는 바탕이 깔려 있지 않으면 결코 이루어질 수 없다. 과거 조상들이 상상의 동물인 기린의 모습을 겸손으로 그린 것도 겸손이 그만큼 중요한 덕목임을 말해주는 것이 아닐까 하는 생각이 든다.

책을 쓰는 과정에서 많은 사람의 도움을 받았다. 지면상으로 일일이 다 열거하기는 어렵다. 무엇보다 내가 책을 쓰는 이유와 과정을 누구보다도 잘 알고 이해해준 아내 박소미 여사에게 감사하다. 어제 우연히 만난 동기생이 보여준 그림이 하나 있었는데 "인명재처(人命在妻), 진인사대처명(盡人事待妻命)"이라고 씌어 있다. 피식 웃었지만, 진리인 것 같다. 아빠의 기행을 보면서 호기심과 관심을 표현해준 사랑하는 두 딸 윤영이와 혜원에게 감사하다.

부족한 처녀작을 받아주신 생각나눔 출판사 이기성 편집장님과 최유윤 편집자님께도 깊은 감사를 드린다. 무엇보다 나의 책 쓰기에 깊은 관심과 지지를 보내주신 주변 분들께 진심으로 감사의 말을 전하고 싶다. 그분들의 도움이 없었더라면 이 책은 지지부진하여 끝을 보지 못했을지도 모르겠다는 생각이 든다.

어젯밤 한가위 보름달을 보면서 소원하였듯이 이 책의 내용이 독자분들에게 조그마한 삶의 등불이 되기를 고대한다.

2018.09.28 강원도에서
최문규